Kulturführer Kaiserstuhl

Die etwas andere Adresse
zwischen
Colmar und Emmendingen

Kulturverlag ART + WEISE
Peter Martens

Herbst 2004
ISBN 3-00-014815-9
www.kv-artundweise.de

Wertvolle Neubildungen im Kulturleben haben stets eine Anwendung vom Gestrigen und ein Wiederaufnehmen älterer, vergessener Werte zur Grundlage.

Hermann Hesse

Kulturverlag ART + WEISE
Peter Martens
Im Rudigarten 6
79418 Obereggenen
Tel: 07635 / 821536
Fax: 07635 / 821537
www.kv-artundweise.de

Inhalt

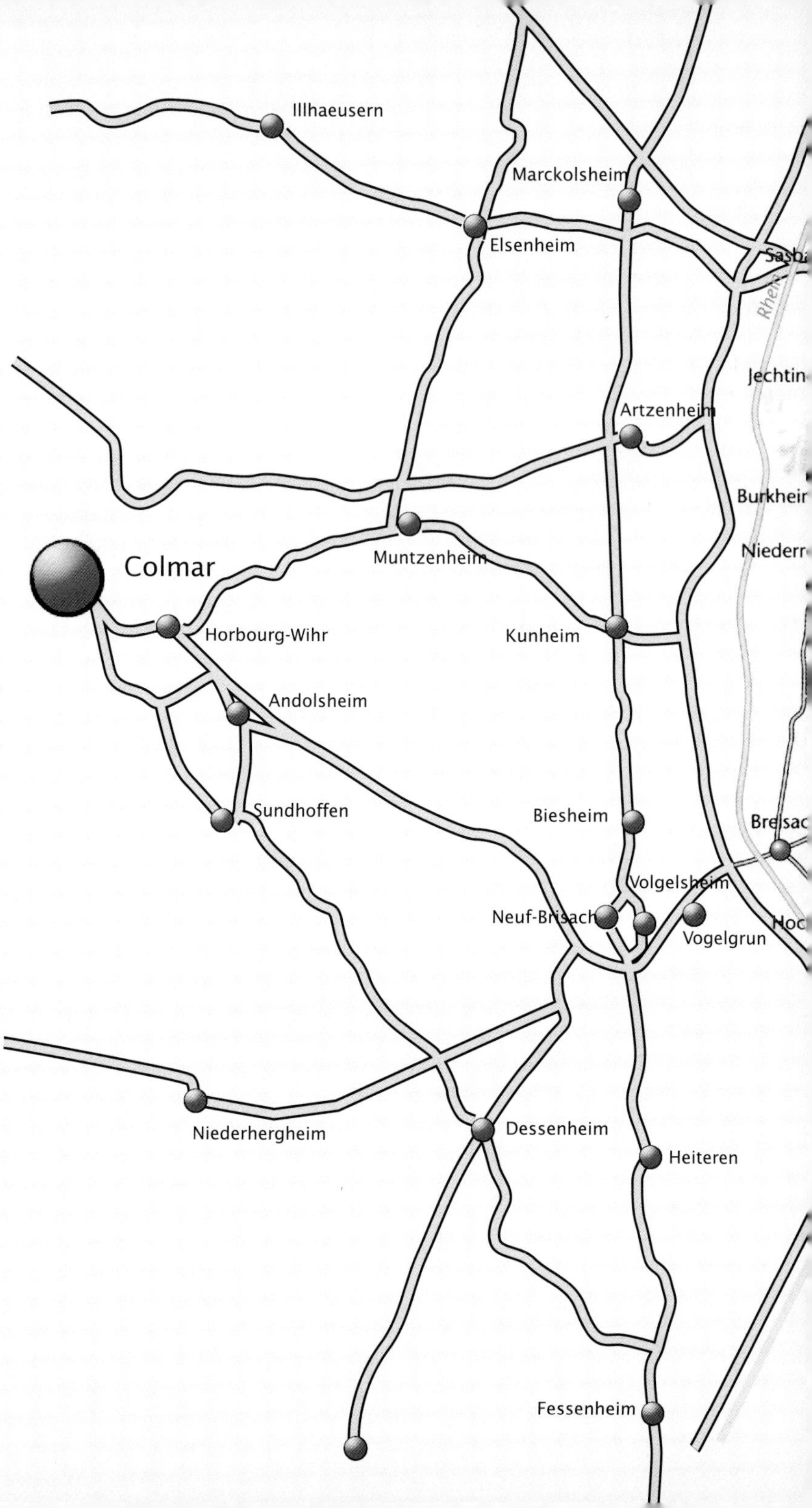
Illhaeusern
Marckolsheim
Elsenheim
Sasba
Rhein
Jechtin
Artzenheim
Burkheir
Niederr
Colmar
Muntzenheim
Horbourg-Wihr
Kunheim
Andolsheim
Sundhoffen
Biesheim
Breisac
Volgelsheim
Neuf-Brisach
Vogelgrun
Hoc
Niederhergheim
Dessenheim
Heiteren
Fessenheim

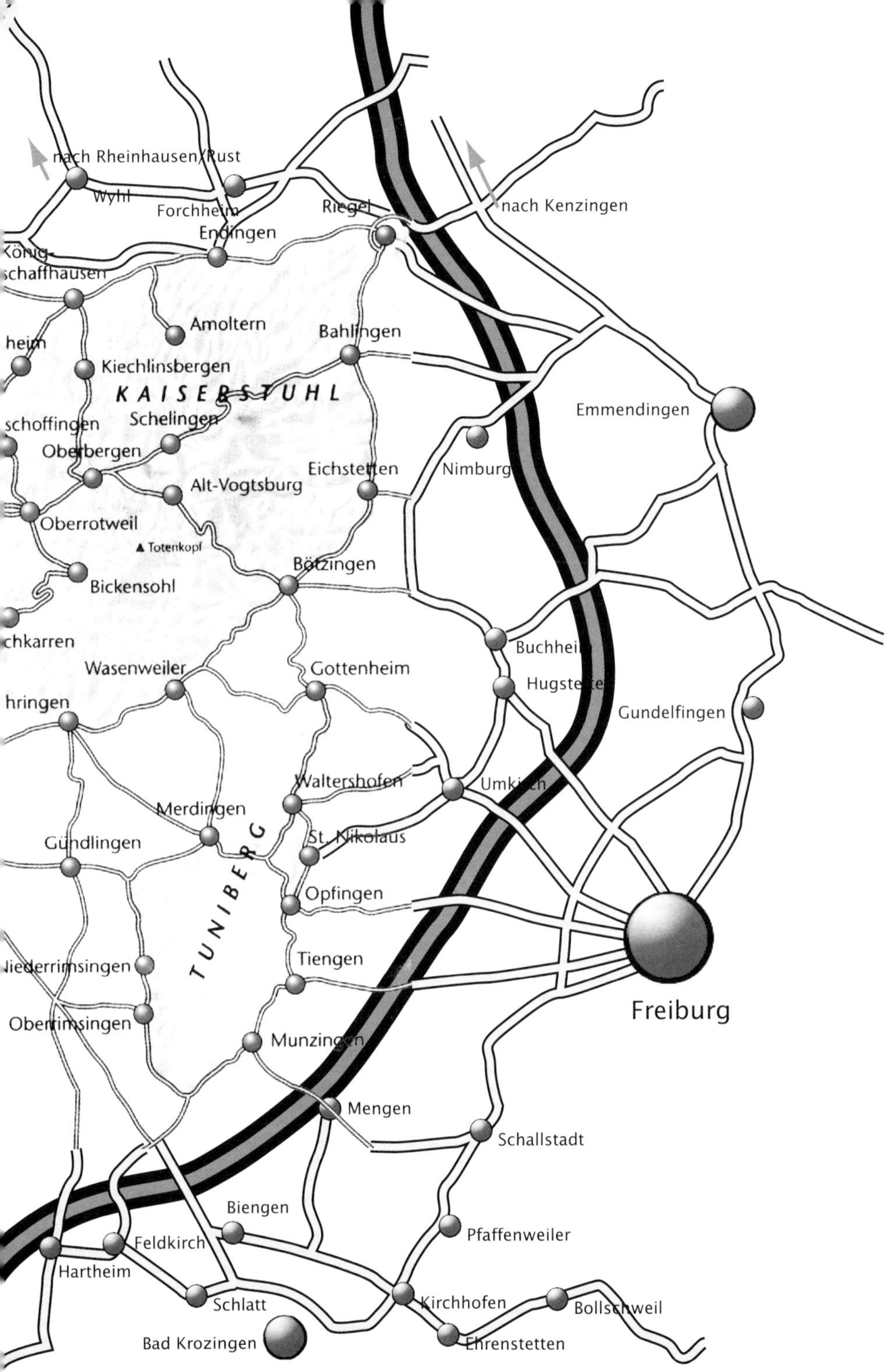
nach Rheinhausen/Rust
Wyhl
Forchheim
Riegel
nach Kenzingen
Endingen
Königschaffhausen
Amoltern
Bahlingen
Kiechlinsbergen
KAISERSTUHL
Emmendingen
Schelingen
Oberbergen
Nimburg
Eichstetten
Alt-Vogtsburg
Oberrotweil
Totenkopf
Bötzingen
Bickensohl
Buchheim
Wasenweiler
Gottenheim
Hugstetten
Gundelfingen
Waltershofen
Umkirch
Merdingen
Gündlingen
St. Nikolaus
TUNIBERG
Opfingen
Tiengen
Freiburg
Oberrimsingen
Munzingen
Mengen
Schallstadt
Biengen
Pfaffenweiler
Feldkirch
Hartheim
Kirchhofen
Bollschweil
Schlatt
Bad Krozingen
Ehrenstetten

Den Kulturvulkan entdecken

Der Kaiserstuhl und der Tuniberg heben sich aus dem gesamten Rheingraben heraus. Ringsum Schwarzwald und Vogesen, mittendurch der Rhein, mittendrin ein längst erloschener Vulkan, noch sehr gut als solcher erkennbar. Hier ist ein einzigartiger Platz: Nirgendwo in ganz Deutschland gibt es mehr Sonnentage, nirgendwo ist das Gemüse und das Obst früher reif als hier, nirgendwo ist das Klima wärmer. Der Vulkan ist erloschen, das Magma steckt weit in der Erde, die ab und zu noch bebt. Heiß und eruptiv geht es in der Region trotzdem zu, sowohl kulturell als auch politisch.

Kaiserstuhl - das ist auch die Assoziation mit ausgezeichneten Weinen, deren Ursprung bis ins alte römische Reich zurückreicht. Für die, die ihre Heimat hier haben, bedeutet „Kaiserstuhl" noch einiges mehr: Naherholungsgebiet mit Rad- und Wanderwegen, Ausblick ins Elsaß und auf den Schwarzwald, das Rheintal hinauf und hinab - Hamburg liegt in dem Fall „dort unten". Eine sehr vielfältige, lebendige und bodenständige Kultur ist hier zuhause und wirkt magisch auf Kreative, Künstler und sonstige Kulturschaffende. Denn diese wissen die besondere Lebensqualität sehr zu schätzen und schöpfen hier auch die Kraft für ihr Schaffen. Der im Vergleich zum Vulkan noch junge Rhein wirkt gleichsam einer Fontanelle, die trennt, aber auch verbindet. Stets werden neue kreative Kräfte beiderseits der Gestade herangespült und neue Impulse mitgebracht.

Wer hier wohnt, geht nicht gern weg und wenn doch, dann um gern wiederzukommen.

Aber für diese Behauptung gibt es auch Gegenbeweise: Die Auswanderungswelle um 1840 trieb die Bewohner wie anderswo in Baden auch weit hinaus in die Welt, nicht wenige nach Amerika. Dort, in Venezuela z.B., wurden dann neue Exklaven gegründet, die **Colonia Tovar** liegt 3 Fahrtstunden von Caracas entfernt. Auch deren Bewohner widmen sich dem Obst- und Gemüseanbau und dem Tourismus. Sie können's nicht lassen - weil sie's können!

Grenzland

Der Rhein als natürliche Grenze hat in der jüngeren Geschichte ebenso viele Wandlungen, Mißhandlungen und Eingriffe durch Menschenhand erfahren wie der Kaiserstuhl selbst. Der Fluß wurde begradigt, der Kaiserstuhl terrassiert, die Nachteile dieser Eingriffe wirken nachhaltig auf die Menschen ein. Renaturierung ist auch hier ein geflügeltes Wort.

Breisach mit seinen Festungsbauten schaut auf Neuf Brisach, Vaubans letzte Großtat machte ein Überrennen schier unmöglich. Auf der linken Rheinseite findet man auch heute noch die Denkmäler und begehbaren Bunker der Ligne Maginot.

Manche Elsässer und Badener haben in ihrem Leben bis zu fünfmal die Nationalität gewechselt - die Heimat blieb die gleiche. Merkwürdig erscheint, daß in einer so freundlichen, sonnigen Landschaft in den letzten 150 Jahren so viel Blut geflossen ist. Die Wunden verheilen, die Nationen rücken näher zusammen. Hier wird Europa gelebt, man ist stolz auf die Unterschiede und übernimmt trotzdem die auf dem anderen Ufer gemachten Erfahrungen. Der „Kulturführer Kaiserstuhl“ trägt auch seinen Teil zur aktiven Völkerverständigung bei.

Kultur im Umland

Markant ist für viele „Umländer“ größerer Städte, daß die Wege mitunter weiter sind, die Lebensqualität jedoch auch höher - bei geringeren Kosten. Für Künstler ist dies nicht unerheblich und Grund genug, raus aus der Stadt zu ziehen und sich die Ruhe und auch die Beschaulichkeit für die eigene Arbeit zunutze zu machen. Die Ateliers, die die Künstler zum Schaffen brauchen, sind einfach günstiger und es gibt dank vieler Initiativen zahlreiche davon. Daraus wieder ergibt sich ein weites Spektrum an unterschiedlichen „Kulturschaffenden“ gerade um den Kaiserstuhl und um den Tuniberg. Zumindest auf der rechten Rheinseite. Linksrheinisch wiederum ist uns bei der Recherche zu diesem Buch aufgefallen, daß auch da gerne auf dem Land gewohnt wird, es aber relativ schwierig sein kann, an die Künstler heranzukommen. Wie überall, braucht es auch hier Kontakte - und der „Kulturführer Kaiserstuhl“ ist nun selbst einer davon geworden.

Wir wollen den Blick und den Horizont nach Westen öffnen. Denn gerade das Grenzgebiet ist doch prädestiniert dazu, Kontakte zu den Nachbarn zu knüpfen. Deshalb spannt sich das Einzugsgebiet nun von Emmendingen über Breisach und Neuf-Brisach bis nach Colmar. Das, was hier jenseits vom Mainstream passiert, gilt es zu entdecken. Da lohnt es sich, auch mal den Grenzfluß Rhein zu überqueren.

Jenseits vom Mainstream

Vorhin schon war von der eruptiven Energie die Rede, die bildende Künstler und Künstlerinnen um den Kaiserstuhl herum entfalten, von den heißen Ideen und brodelnden Initiativen im Land um den alten Vulkan - das wollen wir Sie doch mal genauer betrachten lassen: Wir möchten Ihnen den Spaß an den folgenden Seiten nicht vorwegnehmen, sondern sie neugierig machen - zum Beispiel auf

Helmut Lutz - er schickt seinen „Sternenweg“ auf eine verbindende Europareise mit Ziel „Sarajewo“. Der Hochseilartist **Falco Traber** verknüpft bei diesem Kulturprojekt in Istanbul mit Seil und Balanceeisen Orient und Okzident;

Dirk Sommer pendelt zwischen seinen Ateliers hin und her, das eine in Brooklyn/USA, das andere in March-Hugstetten und macht sich auf den Weg zu neuen Kunstrichtungen, nämlich der „digitalen Multiplikation“.

Dorothea Siegbert-Binder modelliert mit Papier faszinierende Figuren und Skulpturen - eine Kunstrichtung mit ungewöhnlichen Materialien und Techniken. Sie repräsentiert mit Ihren phantasievollen Objekten und dem unermeßlichen Kreativgeist die im Kulturführer vertretenen Kulturschaffenden. Das Titelbild zeigt eine ihrer Figuren.

Kofi Onny - aus Ghana stammend - lebt in Amoltern und begeistert hier mit seinen afrikanischen Rhythmen und seinem Temperament.

Werner Englert und sein Musiclab: Das ist die gelebte und erfolgreiche Idee von neuen Wegen in der musikalischen Ausbildung von jungen Leuten. Er liefert denen, die sich musikalisch ausdrücken möchten, die Befähigung und das Werkzeug dazu, um sich selbst entdecken. Als Musiker eine Ausnahmeerscheinung zwischen „Carmina Burana" und Freejazz, als Lehrer ein Pionier.

Daniel Verdier mit seinem Bass, einem ungewöhnlichen Soloinstrument, versteht es, schon nach wenigen Takten, den Zuhörer mitzureißen und swingen zu lassen.

Michael Schwarze sucht mit seinen bewegenden und zeitkritischen Brunnen den Dialog mit dem Betrachter.

Ebenso herausragend ist die intellektuelle Kunst eines Reinhard Klessinger oder die spielerisch verknoteten Stahlskulpturen von Peter Zimmermann in Riegel, der seine Skulpturen dauerhaft auch in New York ausstellt.

Ethnische und therapeutische Musikinstrumente sind Themen, mit denen Nikolas Fuxus und Cornelia Sprater sich bundesweit inzwischen einen Namen gemacht haben.

Es fällt schon auf, daß sich in diesem Kulturgebiet außergewöhnlich viele private Kulturinitiativen gegründet haben und schon über viele Jahre die Bevölkerung mit Kunstausstellungen, Kabarett, Musik, Theater und Kleinkunst versorgen. Das, was öffentliche und professionelle Konzerthäuser, Theaterhäuser und Galerien in den Städten den Kulturinteressierten bieten, wird hier engagiert und leidenschaftlich privat organisiert. Die Jakobschanze in Breisach ist ein Beispiel dafür. Bemerkenswert auch - sie residiert in einem für seine Architektur preisgekröntem Haus. Der Kunstverein March steht für hochkarätige Ausstellungen in der Region.

Auch die Löwen-Lichtspiele in Kenzingen können nicht unerwähnt bleiben, denn das Engagement von Familie Kauschwitz geht über das Vorführen der aktuellen Mainstream-Filme weit hinaus. Hier ist das Kino immer noch so etwas wie ein Filmtheater - mit einer richtigen Bühne, die auch für Life-Auftritte genutzt wird.

Das Wissen über alte und neue Heilpflanzen vereinigt der Sambuca Verein im selbst initiierten Netzwerk - ein inzwischen sehr bekanntes Heilpflanzenzentrum.

Graswurzelrevolution

Wo die Landschaft ein wichtiger Teil der Identität ihrer Bewohner ist und auch Lebensgrundlage bedeutet, ereignen sich mitunter verwunderliche Dinge. Da gilt es plötzlich, fernab von 68er Studentenunruhen, für einen Ministerpräsidenten Filbinger die Erfahrung zu machen, daß einen die eigenen Stammwähler schlicht ausbuhen. Nicht einverstanden sind mit der Idee, ein „zukunftsicherndes" Kernkraftwerk mit seinen Dampfwolken die Reben abschatten zu lassen. Den ganzen Wein- und Gemüseanbau radioaktiv verstrahlen zu lassen. Mit dem „Restrisiko" eines atomaren Unfalls leben zu müssen. Der heute selbstverständliche Ausstieg aus der Kernkraft hatte neben Gorleben auch hier in Wyhl und Fessenheim (1971) seinen Ursprung, auch das Bleiwerk in Marckolsheim wurde kraft der badisch-elsässischen Bürgerinitiativen verhindert. Wenn der Volkszorn hier einmal brodelt, können auch Wasserwerfer nicht mehr viel ausrichten, besonders, wenn sie plötzlich mit abmontierten Reifen im Wyhler Wald stehen. Wer das wohl angestellt hat? Die revolutionären Gene schlugen auch 1848 schon durch, gestern, heute und morgen erst recht. Der Protest gegen die lebensgefährliche Technologie war verankert in breiten Bevölkerungsschichten. Die „Volkshochschulen" im Hüttendorf auf dem Bauplatz des verhinderten AKWs sind legendär. Weiter als bis zum Mast der meteorologischen Wetterstation kamen die Bauarbeiten einfach nicht, der Widerstand war zu groß und zu breit verwurzelt in allen Bevölkerungsschichten.

Studenten gaben ihr Wissen um technische, gesellschaftliche und politische Zusammenhänge an Bauern, Winzer und Handwerker weiter. Diese boten im Tausch hierzu auch eine aktive Unterstützung, als die damals üblichen Wasserwerfer- und Tränengaseinsätze wieder ihre Opfer forderten. Hier kam gegenseitiges Verständnis auf, wo andernorts die große Boulevardzeitung Erfolge in ihrer Hetzkampagne gegen Studierende feiern konnte. Viele der damals Protestierenden sind heute im kulturellen und öffentlichen Leben integrierter Bestandteil, nicht trotz ihrem damaligen Engagement, sondern gerade deswegen. Und das sind nicht einige Wenige, sondern recht viele. Damals waren es Walter Moßmann, Roger Siffer, René Egles, die als Liedermacher den Sound zum Platzbesetzen kreierten und zum Ausdruck brachten, was für Gedanken hinter dem Widerstand gegen die Regierenden standen. Heute sind es Goschehobel und Fisherman's Fall, die mit neuen Inhalten diese lange alemannisch-elsässische Tradition fortsetzen.

Gleichzeitig begannen bereits in den 60er Jahren, die ersten Bauern auf biologisch-dynamischen Anbau umzustellen. Einige der ältesten Demeter- und

Bioland Betriebe sind hier ansässig und bereichern die ohnehin schon große Angebotspalette der zahlreichen Gemüsestände auf den lokalen Märkten um erstklassige, gesunde und lokal erzeugte Waren.

Ein Beispiel unter vielen dafür ist die **Pulvermühle** bei Volgelsheim, gleich hinter der Grenze, wo bereits 1965 nach der Methode „Nature et Progrés" gewirtschaftet wurde und seit 1980 nach „Bioland"-Richtlinien produziert wird. Gerade die Pulvermühle versteht sich auch als Landschaftsschutz-Unternehmen. Es werden Hecken gepflanzt anstatt zu roden. Und Maisanbau ist sowieso tabu.

Vorhang auf

Diese Auswahl ist willkürlich, mitten in den „Kulturführer" hineingegriffen und stellt nur einen kleinen Teil des bunten, weit und spannend gefächerten Inhalts dar. Wichtig sind Sie als Kulturkonsument. Sie lassen sich hoffentlich anstecken, entzünden und inspirieren, die Kultur, inmitten der Sie leben, nun auch selbst zu entdecken. Vielleicht finden Sie bei dieser Gelegenheit sogar eigene noch nicht erkannte kreative Fähigkeiten, die Sie nun entwickeln können.

Vorhang auf, Film ab, Bühne frei!

Danke

allen Mitwirkenden, die zum Gelingen dieses Buches beigetragen haben. Das sind in erster Linie alle Teilnehmer und mein Mitstreiter Joachim Jundt. Danke auch der Presse und dem Rundfunk für die positive Berichterstattung.

Peter Martens

Breisach

Breisach

Die Europastadt am Rhein

Schon von weitem sichtbar ist der Münsterberg mit dem St. Stephansmünster, dem Wahrzeichen der Europastadt Breisach. Der Bau des Münsters wurde Ende des 12. Jh. begonnen und im 15. Jh. vollendet. Es birgt bedeutende Kunstschätze, wie die Wandmalereien von Martin Schongauer und den aus Lindenholz geschnitzten Hochaltar des Meisters H.L. (Hans Loy).

Vom Münsterplatz genießt man einen herrlichen Ausblick über die Rheinebene bis zum Schwarzwald im Osten und den Vogesen im Westen.

In der Stadt selbst findet man viele Spuren der über 4000jährigen Geschichte. Diese ist eng verbunden mit der elsässischen Partnerstadt Neuf-Brisach, die 5 Kilometer entfernt auf der anderen Seite des Rheins liegt. Auf eigene Faust kann man auf Entdeckungstour durch die Geschichte der beiden Städte gehen. Hierfür liegt ein reichlich bebilderter Faltprospekt vor, der Pläne von beiden Städten enthält und auch Routenvorschläge für die Besichtigung gibt. Die interessanten Gebäude und Plätze, an denen man vorbeikommt, sind im Prospekt beschrieben. Weitere Informationen findet man an den Orten selbst: Dort wurden im September 2003 auf deutscher und französischer Seite einheitliche Tafeln angebracht. Sie sind aus emailliertem Lavastein, durchgehend illustriert mit historischen Abbildungen und Photos und dreisprachig. Auch der Prospekt liegt in den drei Sprachfassungen deutsch, französisch und englisch vor.

Geschichte einmal ganz anders erleben – begleitet von einer historischen Figur und gespickt mit amüsanten Anekdoten. Das kann man bei zwei Erlebnis-Stadtführungen, die seit 2004 im Programm der beiden Städte sind. Ein Brüderpaar – der eine auf der französischen Seite und der andere auf der deutschen Seite – entführen auf schauspielerische Art und Weise in die Geschichte von Neuf-Brisach und Breisach.
Daneben gibt es in Breisach traditionelle Stadtführungen, auf Wunsch kombiniert mit einer Besichtigung des Münsters oder des Museums für Stadtgeschichte.

Die bekannten Breisacher Wein- und Sektkellereien verlocken zu Führungen mit Wein- oder Sektprobe. Wunderbar entspannend ist eine Schifffahrt auf dem Rhein. Breisach ist auch ein hervorragender Ausgangspunkt für Ausflüge und Radtouren dies- und jenseits des Rheines.

Veranstaltungen:

- Gauklertage an Fasnachtssonntag und –Dienstag
- Töpfermarkt im Mai/Juni
- Sektfestival Ende Juni
- Weinfest Kaiserstuhl + Tuniberg Ende August
- Festspiele Breisach (Freilichttheater von Juni bis Anfang September)
- Weihnachtsmarkt am 1. Adventswochenende

Nützliche Adressen:

- **Stadtführungen, Veranstaltungskalender, touristische Informationen:** Breisach-Touristik, Marktplatz 16, 79206 Breisach, Tel. 07667/940155, Fax 07667/940158, breisach-touristik@breisach.de
- **Informationen für Veranstalter und Organisatoren im Kulturbereich (Kunstausstellungen, Konzerte u. a.)**
  Kulturamt der Stadt Breisach am Rhein, Rathaus, Münsterplatz 1, 79206 Breisach am Rhein, Tel.07667/ 83267, Fax 07667/83247

Museum für Stadtgeschichte Breisach am Rhein

In einem der schönsten erhaltenen Festungstore der Barockzeit, im Rheintor, das 1678 von dem französischen Baumeister Jacques Tarade errichtet wurde, ist seit 1991 das Museum für Stadtgeschichte untergebracht.

Auf zwei Stockwerken wird der Besucher auf eine Reise durch 4 Jahrtausende mitgenommen. Anhand zahlreicher Exponate, darunter auch Archäologische Objekte von überregionaler Bedeutung, sowie Bildern wird die Geschichte Breisachs von der Steinzeit bis in die Wiederaufbaujahre der am Ende des Zweiten Weltkrieges 1945 zu 85 % kriegszerstörten Stadt anschaulich dargestellt. Ein besonderer Anziehungspunkt sind die Modelle des Breisacher Schlosses (12.-18.Jahrhundert), des Festungsbaus im 17.Jahrhundert sowie das große Modell der Stadt und Festung im Bauzustand um 1730. Wechselnde Sonderausstellungen thematisieren Ereignisse und Persönlichkeiten der Stadtgeschichte, insbesondere des 19. und 20. Jahrhunderts.

Museum für Stadtgeschichte Breisach am Rhein
Rheintorplatz 1
79206 Breisach am Rhein

Tel.07667/7089 (Museum während den Öffnungszeiten)
Tel. 07667/ 83265 (Museumsverwaltung) Fax 07667/ 83247
stadtarchiv@breisach.de www.breisach.de (historisch – museum)

Öffnungszeiten: Dienstag – Freitag 14.00 – 17.00 Uhr
Samstag, Sonn- und Feiertag 11.30 – 17.00 Uhr

Eintritt frei !
Führungen, auch außerhalb der Öffnungszeiten, auf Anfrage.

Stadtarchiv Breisach

Das Stadtarchiv Breisach als „Schatzkammer der Geschichte" der traditionsreichen Oberrheinstadt verwahrt Dokumente zur Stadtgeschichte vom 13.Jahrhundert bis zur Gegenwart.

Münsterplatz 1 (Rathaus)
79206 Breisach am Rhein
Tel.07667/83265 und 83267 Fax 07667/83247

stadtarchiv@breisach.de

Das St. Stephansmünster
(12. - 15. Jahrhundert) mit dem hochgotischen Chor (um 1300), unter dem sich die offene Krypta, seit 1978 Gedenkstätte der Zerstörung Breisachs im Zweiten Weltkrieg und dessen Wiederaufbau, befindet, und mit der spätgotischen Westhalle (ca. 1350 - 1480), beherbergt bedeutende Werke großer Künstler: den aus Lindenholz geschnitzten Hochaltar des Meisters H.L. (Hans Loi) von 1523/26, den 1500 fertiggestellten Lettner aus gelbem Sandstein, den silbergetriebenen Reliquienschrein der Gebeine der Stadtpatrone Gervasius und Protasius (1496) und schließlich das Wandgemälde 'Das Jüngste Gericht' (1488-1491) von Martin Schongauer, dem weltberühmten Maler und Kupferstecher aus Colmar.

Förderverein ehemalige Spitalkirche

Ehemalige Spitalkirche – Marienau 1
meist klassische Kulturveranstaltungen mit vorwiegend lokalen Künstlern. Gesang und Instrumental - auf hohem Niveau.
Die Spitalkirche verfügt über eine sehr gute Akkustik und ist ein idealer Ort für klassische Musik.

Kontakt : Tel. 07667 / 80285
J. Cook-Müller, Fischerhalde 32

Die etwas andere Stadtführung
« Ritter – Mönche – Blutgericht »
Diese Touren sind Event-Touren, eine fiktive historische Figur führt durch die reale Geschichte der Stadt – eine Mischung aus Theater und Stadtführung!
Stadtrundgang mit dem Geist eines französischen Soldaten mit Schwerpunkt der Zeit der französischen Festungsanlage.
Die Tour steht in inhaltlichem Zusammenhang mit der Tour “Soldaten, Festung, Spukgeschichten” in Neuf-Brisach!
Treffpunkt : Breisach vor der Breisach-Touristik, Marktplatz 16
an folgenden Samstagen: 2.10., jeweils um 18 Uhr - Dauer ca. 1,5 Stunden
Info :07667 / 94 01 55 – Fax.: 07667 / 94 01 58 www.historix.de

Die “Zwillingstour in Neuf-Brisach”:
Treffpunkt : Neuf-Brisach vor dem Office de Tourisme Intercommunal des Bords du Rhin, 6 Places d’Armes
an folgenden Samstagen:2.10., jeweils um 15 Uhr
siehe auch unter: www.historix-Tours.de

Öffentliche Bibliothek
Jahnstr. 1
07667-1477

Vogtsburg

Name		Rubrik		S.
Vogtsburg	Gemeinde		VO-Oberrotweil	15
Schwendi - Keller		Gastronomie	VO-Burkheim	54
Zum Kaiserstuhl		Gastronomie	VO-Niederrotweil	55
Galerie Lankoff		K-INI / Galerien	VO-Oberrotweil	106
Sonner	Hubert	Kunst	VO-Bischoffingen	117
Bukhard	Frank	Kunst	VO-Bickensohl	124
Wiedemann	Beate	Kunst	VO-Oberrotweil	128
Lennig	Frank	Kunst	VO-Oberrotweil	132
Machiedo	Margarete	Kunst	VO-Bischoffingen	142
Atelier-Hof		Kunst	VO-Oberrotweil	162
Bodirsky	Maria-Luise	Kunst	VO-Oberrotweil	163
Millet	Jacques	Kunst	VO-Bickensohl	167
Dross	Mutgard	Kunsthandwerk	VO-Burkheim	187
Badbergladen	Conny Brändle	Kunsthandwerk	VO-Oberbergen	193
Die Trabers		AHA's und OHO's	VO-Burkheim	221
Burkheimer Kräuterhof		AHA's und OHO's	VO-Burkheim	228
Aloke		AHA's und OHO's	VO-Oberbergen	228
Waldorfkindergarten	Burkheim	Körper+Geist	VO-Burkheim	242
Sacherer-Zorn	Bernd		VO-Bischoffingen	255

Vogtsburg im Kaiserstuhl

Kunst & Kultur in der größten Weinbaugemeinde Baden-Württembergs:

Vogtsburg i.K. besteht aus den sieben, ehemals selbständigen Weinorten Achkarren, Bickensohl, Bischoffingen, Burkheim, Oberbergen, Oberrotweil und Schelingen. Handwerk, Brauchtum und Kultur werden hier gerne gepflegt. Die Fastnacht, ein lebendiges Zunftleben und eine Fülle kultureller Veranstaltungen sind Zeugnis einer Verbundenheit mit der Tradition. Von vielen einheimischen Künstlern wird längst vergessenes Kunsthandwerk weitergepflegt und beim Besuch der Ateliers und Werkstätten kann man ihnen bei der Arbeit über die Schultern schauen und sich selbst ein Bild über das jeweilige Kunsthandwerk machen. Kunst und Kultur in Vogtsburg sind auch die alljährlich stattfindenden Künstlertage im historischen Stadtkern Burkheims, die zum Schaufenster des regionalen Kunstschaffens geworden sind.

Kaiserstühler Weinbaumuseum in Achkarren
Für den Weininteressierten ist das Kaiserstühler Weinbaumuseum die beste Möglichkeit, sich mit dem Hintergrund des Anbaus, der damit verbundenen Kultur und dem Kaiserstuhl als außergewöhnliche Landschaft anhand von anschaulichen und liebevoll hergerichteten Ausstellungsgegenständen näher zu beschäftigen. Verschiedene Gerätschaften, Flaschen-Etiketten, Urkunden und Dokumente, verschiedene Bodenprofile und weitere interessante Materialien können besichtigt werden.
Öffnungszeiten: Palmsonntag bis Allerheiligen: Di-Fr 14-17 Uhr, Sa, So & Feiertag 11-17 Uhr. Für Gruppen nach Vereinbarung. Eintrittspreis: 1,50 €/Person; Gruppe: 1,00 €/Person
Infos: Touristik-Information Vogtsburg im Kaiserstuhl, Tel. 0 76 62b – 9 40 11

Kirche St. Michael in Niederrotweil

Foto: Jean Jeras

In der Wehrkirche St. Michael kann man neben eindrucksvollen Wandmalereien (um 1350 entstanden) und einer wunderbaren Barockorgel, ein Hauptwerk der deutschen Schnitzkunst bestaunen, den Marienaltar des Meisters HL (zwischen 1516 und 1520 entstanden), der auch den Altar des Breisacher Münsters schuf. Die Kirche wird bereits 1157 in einer Urkunde erwähnt und ist das älteste Gotteshaus am Kaiserstuhl. Hier findet alljährlich von Mai bis Oktober eine beliebte Konzertreihe statt (Termine unter www.vogtsburg-im-kaiserstuhl.de).
Öffnungszeiten: täglich 9-11 Uhr & 14-18 Uhr

Nachtwächterrundgang in Burkheim (Ostersonntag bis Ende Oktober)
Seit September 2001 dreht der "Burkheimer Nachwächter" wieder seine Runden durch das historische Winzerstädtchen. Zuhören ist angesagt, wenn der Nachtwächter durch die dunklen, mittelalterlichen Gässchen von Burkheim geht und dabei sein Lied in alemannischer Sprache singt. Im Schein der Laternen hat er an markanten Punkten einiges zu berichten. Erleben Sie eine alte Tradition und lassen Sie sich vom Nachtwächter auf eine Reise in die Vergangenheit mitnehmen. Der Nachtwächter startet jeweils sonntags und mittwochs um 22.00 Uhr beim Burkheimer Stadttor. Die Teilnahme ist frei. Für Gruppen können bei der Winzergenossenschaft Burkheim Sonderführungen gebucht werden: Tel. 0 76 62 - 9 39 30.

Burkheimer Mittelstadt
Das historische und unter Denkmalschutz stehende Mittelstädtle von Burkheim mit schönen Bürger- und Fachwerkhäusern, dem Rathaus und dem Stadttor ist auf jeden Fall sehenswert. Der mittelalterliche Charme des Städtchens hat einen ganz eigenen Reiz. Überragt wird es von einer Schlossruine, die schon von weitem zu sehen ist und zu den Wahrzeichens Burkheims gehört. Der historische Stadtkern bildet mit seinem einzigartigen Charakter die Kulisse für die jährlich stattfindenden Künstlertage, die Burkheimer Weintage und den Vogtsburger Weihnachtsmarkt. Städtleführungen werden von der Burkheim-Touristik, Tel. 0 76 62 – 94 77 88 angeboten.

Vogtsburger Kunst- und Kunsthandwerkstage in Burkheim
Immer am letzten Juni-Wochenende präsentieren über 70 Künstler und Kunsthandwerker vorwiegend aus der Region im romantischen Stadtkern von Burkheim ihre Werke und Arbeiten und lassen im historischen „Mittelstädtle“, Kunst und Kultur lebendig werden. Die Bandbreite der Aussteller reicht von Malerei, Bildhauerei und Holzarbeiten über Gold- und Schmiedearbeiten bis hin zur Keramik- und Töpferkunst. Für einen besonderen Rahmen sorgt ein vielfältiges kulturelles Begleitprogramm für Groß und Klein.
Unter dem Motto „Offene Ateliers“ laden zusätzlich zum Markt in Burkheim verschiedene Kaiserstühler Künstler in ihre Ateliers ein und geben Einblick in ihr Schaffen.
Infos: Touristik-Information Vogtsburg, Tel. 0 76 62 – 9 40 11.

Korkenzieher-Museum Kaiserstuhl in Burkheim (mit Museumsshop)
Das einzige Korkenzieher-Museum in Deutschland präsentiert in der historischen Mittelstadt von Burkheim über 800 Korkenzieher, von Raritäten aus dem 18. Jhdt. bis hin zu modernen Designerstücken. Die über 350-jährige Geschichte dieser begehrten Raritäten lassen die Exponate lebendig werden.
Infos: Bernhard Maurer, Tel. 01 73-7 00 12 42; Öffnungszeiten nach Vereinbarung

Lyrical-Sommer im Kaiserstuhl
Winzerorte voller Poesie...
Als 'leise Alternative für stille Genießer' hat sich der Lyrical-Sommer im Kaiserstuhl bereits seit einigen Jahren etabliert. Der Schauspieler Hans Kemner lädt gemeinsam mit dem Jazzpianisten Jan Christoph und dem Trompeter Ralf Probst zu vergnüglichen Abenden bei Musik und Poesie ein. Winzer, Wirte und Köche wirken mit beim Potpourri aus Worten, Klängen und Gaumenfreuden. Schlösser, Weingüter, Gasthäuser und Winzerhöfe bilden dabei eine idyllische Kulisse. Dabei nehmen die Künstler ihre Gäste mit auf eine heiter-skurrile Reise durch die Welt der Worte. Besucht werden Schriftsteller wie Christian Morgenstern, Heinrich Heine, Theodor Storm, Friedrich Schiller, Johann Wolfgang von Goethe und Oskar Wilde.

Weitere Informationen über Kunst und Kultur in Vogtsburg i. K. erhalten Sie bei der

Touristik-Information Vogtsburg im Kaiserstuhl
Bahnhofsstr. 20, 79235 Vogtsburg-Oberrotweil
Tel. 0 76 62 - 9 40 11, Telefax 8 12 46
e-mail: info@vogtsburg.de
www.vogtsburg-im-kaiserstuhl.de

Endingen

Endingen am Kaiserstuhl

traditionsbewusst und zeitorientiert

9.050 Einwohner, 187 - 482 m ü.d.M., mitten im südbadisch – sympathischen Weinland. Umgeben von Natur, Reben, Wäldern und den sanften Bergen und Hügeln des Kaiserstuhls. Endingens historische Altstadt mit ihren romantischen Winkeln und Plätzen, mit Stadttor und Brunnen, ist Geschichte zum Erleben. Mit den Winzerdörfern Amoltern, Kiechlinsbergen und Königschaffhausen ist Endingen eine der größten Weinbaugemeinden in Baden.
Lebensfreude, Kultur und Tradition sind hier daheim. Köche und Kellermeister bringen Feines aus der Natur auf den Tisch. Hier läßt sich's leben und genießen.

Marktplatz

Üsenberger Hof - Vorderösterreich Museum

Die alemannische Siedlung wurde 862 erstmals urkundlich erwähnt. Das heutige Aussehen der Stadt, die 1285/86 durch die Üsenberger das Stadtrecht erhielt, entstand im Spätmittelalter. Der historische Marktplatz, die Stadtmauer und Stadttor von 1581 legen Zeugnis dafür ab. Nach dem Aussterben der Üsenberger gelangte Endingen 1379 unter habsburgische Herrschaft die mit dem Untergang des heiligen römischen Reiches Deutscher Nation 1805 endete. Danach kam Endingen zum neugegründeten Großherzogtum Baden. Der Marktplatz, mit der ehemaligen Kornhalle von 1617, ist der zentrale Mittelpunkt. Das dreistöckige Gebäude wurde in spätgotischem Stile mit Staffelgiebel erbaut. Wein, Getreide, Hanf sind hier bereits seit Jahrhunderten auf dem Markt. Heute befindet sich in dem Gebäude das Rathaus.

Das **„Alte Rathaus“** am Marktplatz wurde 1527 erbaut. Aus dieser Zeit sind 14 kostbare Wappenscheiben im heutigen Ratssaal erhalten. Sie können beim Besuch im Kaiserstühler Heimatmuseum betrachtet werden. Der Charme der Altstadt wird von zahlreichen Fachwerkbauten, aus der Zeit um 1600, und schmucken Bürgerhäusern mit barocken oder klassizistischen Verzierungen hervorgehoben.

Die St. Peter geweihte Pfarrkirche wird 1256 erstmals erwähnt. Das heutige Gebäude wurde 1773-75 im barockem und klassizistischem Stil erbaut. Die Altar- und Deckenmalereien stammen von dem bekannten Breisgauer Maler Johann Pfunner. Ein Kleinod ist die Stiffel-Orgel von 1779. Die älteste Glocke stammt aus dem Jahre 1256 und hängt in der Wallfahrtskirche St. Martin (13.Jh.) am Marktplatz.
Das **Haus Henninger** mit Rokokostuck und einem kunstvoll geschmiedeten Balkongeländer schließt seit 1775 den Marktplatz nach Norden ab.

In Endingen stehen fünf alte Brunnen, darunter der achteckige **Ratsbrunnen** mit

24.000 l Innhalt und einem Brunnenstock mit drei Wappen, sowie der **Jokilibrunnen** im Fronhof. Oberhalb des Ortes liegt das Endinger Wahrzeichen – die St. **Katharinenkapelle** auf dem gleichnamigen Berg, der mit seinen 492 Metern die dritthöchste Erhebung des Kaiserstuhls ist.

Museen in Endingen

Vorderösterreich Museum im Üsenberger Hof, Adelshof 20 Ein Schmuckstück im mittelalterlichen Stadtgebiet ist das Ende 15.Jh. erbaute zweistöckigen Fachwerkhaus mit spätgotischen Fresken (1495). Teile der Originalsubstanz wurden in die Museums-ausstellung zum Thema Vorderösterreich integriert. -von Rudolf von Habsburg bis zur Auflösung der vorderen Lande – Geschichte wird begreifbar! Im Erdgeschoß befindet sich das Kaiserstühler Verkehrsbüro.

Kaiserstühler Heimatmuseum, Marktplatz 1
-Leben, arbeiten, wohnen in einer mittelalterlichen Stadt. Im Museum sind Themen wie Brauchtum, Gerichtsbarkeit (Richtschwert von 1650) Handwerk, sakrale Kunst, Weinbau, Auswanderung nach Tovar (Venezuela) und das Puppenstüble vertreten.

Käserei-Museum, Rempartstr. 7
1901 baute Seraphin Risch eine Käserei an der Rempartstraße und stellte alemannische Käsesorten her. In den bis heute unveränderten Räumen wurde ein Museum eingerichtet. Über 300 Exponate aus der Zeit des 19. bis zur Mitte des 20 Jh. werden gezeigt.
Und eine technologisch modern eingerichtete Hof- und Hauskäserei ist zu besichtigen.

Zunftstube im Torli
Die Fasnet in Endingen zählt zu den bedeutendsten Volksfesten im Breisgau. Im einzig erhaltenen Endinger Stadttor wird ganzjährig eine Ausstellung gezeigt. Narrenkleider, Larven, Bilder und Dokumente geben einen Einblick in das jahrhundertealte Fastnachtsbrauchtum.

Kirschenmuseum, Endingen-Königschaffhausen, Untere Guldenstr. Dorfzentrum
Die Tradition des Kirschenanbaus prägen Königschaffhausen. Viele Exponate sind ausgestellt und zeigen Arbeitsgänge zum Anbau und der Verarbeitung der Kirschen, vor allem der „Scharzen Königin".

Heimatmuseum, Endingen-Kiechlinsbergen, Grienerstr.13
Im ehemaligen Rathaus vermittelt die nostalgische Sammlung von Fotos, Schriften und Gerätschaften einen Einblick in die Alltagskultur unserer Vorfahren. Der Weinbau spielt dabei eine große Rolle.

Information:

Kaiserstühler Verkehrsbüro, Adelshof 20, 79346 Endingen
Tel. 07642/689990, Fax 689999, e-mail: info@endingen.de
Internet: http://www.endingen.de

Torli mit Zunftstube

Riegel

Riegel a. K.

Rathaus. Im Zentrum des Dorfkerns steht das 1784 erbaute Rathaus. Es wurde von den Ortsherren erbaut, die die Gemeinde gemeinsam verwalteten. Von der politischen Gemeinde wurde das Anwesen zwischen 1813 und 1837 auch für schulische Zwecke genutzt. Das heutige Aussehen mit den barocken Elementen geht auf die Renovation von 1909 zurück. Zuletzt wurde das Rathaus 1997 saniert.

Pfarrkirche St. Martin. Das heutige Gotteshaus wurde 1743-1749 erbaut. Ein Brand zerstörte am 28. Okt. 1936 die herrliche barocke Kirche mitsamt der "Silbermannorgel". Bis zum Beginn des 2. Weltkrieges war der Wiederaufbau beendet. An Weihnachten 1944 erfolgte die zweite Zerstörung und nach dem Krieg der Wiederaufbau. Dabei stand die Bemühung im Vordergrund das ursprüngliche Aussehen wiederherzustellen.

Käppele. Im Jahre 1555 wird die Wegekreuzkapelle außerhalb des Ortskerns vor dem Schäfertor erwähnt. Die heutige barocke Gestalt entstand im 18. Jh.

Das Mithräum. 1974 wurden die Fundamente eines römischen Tempels für die orientalische Gottheit "Mithras" freigelegt. Seit 1986 ist die Anlage als Freilichtmuseum gestaltet.

St. Michaelskapelle. Das Wahrzeichen von Riegel ist die Michaelskapelle auf dem 243 m hohen Michaelsberg. 969 n. Chr. ist sie erstmals überliefert. Im 12. Jahrhundert wurde die Kapelle in die Burg integriert. Der Dachstuhl über dem Langhaus entstand 1273 und 1293, wie die dendrochronologische Untersuchung anhand der Jahrringe belegt. Nach dem Verfall der Burg um 1400, entstand in der 2. Hälfte des 15. Jahrhunderts das heutige Aussehen mit dem spätgotischen Chor. Im 18. Jahrhundert war der Kegel ein beliebter Wallfahrtsort.
Seit dem 19. Jahrhundert bietet der Platz neben der Kapelle einen herrlichen Rundblick: der Schwarzwald (Kandel, Feldberg etc.) im Osten und die Vogesen im Westen.

Das ehemalige Schloss. Das Hauptgebäude des Schlossareals entstand im 17. JH; drei Generationen später der Schlossgarten. 1820 wurde das gesamte Areal in 33 Parzellen eingeteilt und versteigert. Stuckreste an der Fassade lassen die ehemalige Herrlichkeit nur noch spärlich erahnen.

Der Luxhof. In dem Schlossareal befand sich eine Zehentscheuer, die 1838 versteigert wurde. Dieser Bereich bis zur neu angelegten Leopoldstraße wurde mit Wohnhäusern bebaut. In einem Teil produzierte Franz Dietrich Backpulver (vor 1899). Nach einem Brand 1907 entstand der heutige Komplex mit Wohnungen für Brauereimitarbeiter wie Architekt und Braumeister. Außerdem lagen hier die Remisen und Stallungen für die Brauereieigenen Pferdekutschen.

Schleusenbrücke. Der Bau des Leopoldskanals 1837-1842 erforderte neue Brücken und verschiedene Schleusen. Diese Schleusenbrücke steht zwischen Kanal und der alten Elz.

Alte Schule/Alte Post. An der Hauptstraße fällt ein palaisartiges, zweistöckiges Gebäude auf. Über dem Eingang befindet sich ein vergoldeter Abtstab. Bauherr war Landelin Flum, Abt des Klosters Ettenheimmünster. Als einer der drei Ortsherren benötigte er eine eigene Unterkunft. Im rückwärtigen Flügel waren zwischen 1837 bis 1964 die Schulräume. Im vorderen Teil überwiegend Lehrerwohnungen. Danach kam die Post bis 1995.

Rathaus: Hauptstr. 31 Tel. 0049 (0)7642 / 9044-0

Bahlingen

Name		Rubrik	S.
Bahlingen	Gemeinde		23
Sunny Manzanas		Feuilleton	90
Kunst im Alten Spritzenhaus		K-INI / Galerien	104
Schwarze	Miachael	Kunst	115
Bär	Oliver	Kunst	176
Siegert-Binder	Dorothea	Kunst	177
Rosenhof	H.P. und W. Weiß	AHA's und OHO's	217
Trautwein	Weingut	bioLOGISCH	251

Bahlingen

Am östlichen Kaiserstuhl in herrlicher Landschaft gelegen, hat sich Bahlingen bis heute den Charakter eines typischen Kaiserstühler Weinbauortes erhalten. Wunderschöne Fachwerkhäuser und Winzerhöfe bestimmen das Ortsbild.

Geschichte
Bahlingen ist ursprünglich eine alemannische Sippensiedlung, gegründet zwischen dem 3. und 5. Jahrhundert n.Chr. Der ursprünglicher Name lautet Baldinga, was etwa bei den Leuten „des Baldo" bedeutet. Erste urkundliche Erwähnung 762 im Testament des Bischofs Eddo (Heddo) von Straßburg. Seit 1415 gehört Bahlingen zur Herrschaft der Markgrafen von Baden und wird, als diese zum lutherischen Glauben konvertieren, ebenfalls protestantisch.

Im 30jährigen Krieg (1618-1648) verliert die Gemeinde den Großteil ihrer Bevölkerung durch gewaltsamen Tod, Pest und Flucht; etwa 3/5 der Häuser sind 1648 zerstört. Um sein Land neu zu besiedeln, wirbt der Markgraf Bauern und Handwerker aus den Schweizer Kantonen Basel, Bern und Zürich an. Auch Leute aus dem Markgräflerland - zwischen Freiburg i. Br. und Basel gelegen - lassen sich in Bahlingen nieder.
Durch Kriege, die der französische König Ludwig XIV. über den Rhein trägt, wird Bahlingen in den 70er Jahren des 17. Jahrhunderts noch einmal fast völlig zerstört.
In den folgenden beiden Jahrhunderten wandern immer wieder Einwohner aus: im 18. Jahrhundert vorwiegend nach Osteuropa (Siebenbürgen, Banat), im 19. Jahrhundert ist das Ziel der meisten Nordamerika.

Über den größten Teil der Geschichte der Gemeinde bilden Acker- und Weinbau die Grundlage für das Auskommen ihrer Bürger.
Der Weinbau ist am Kaiserstuhl seit 769 belegt, ist aber schon vor mehr als 2000 Jahren von den Römern hierher gebracht und von den Alemannen übernommen worden. Römer und Alemannen haben auch schon damit begonnen, die Rebterrassen in den Löß zu graben, die bis heute das Landschaftsbild des Kaiserstuhls, also auch den westlichen Teil der Bahlinger Gemarkung, prägen.

Um die Wende vom 19. zum 20. Jahrhundert bis zum 1. Weltkrieg erlebte die Gemeinde einen Modernisierungsschub: 1896 wurde sie an die Kaiserstuhlbahn und damit an die Reichsbahnstrecke von Frankfurt nach Basel angeschlossen; 1903 wurde die zentrale Wasserversorgung fertiggestellt und 1907 durch den Bau eines Pumpwerks komplettiert; von 1907 an stand jedem, der ihn nutzen wollte, elektrischer Strom zur Verfügung. Das 1913 fertiggestellte neue Schulhaus mit Lehrerwohnhaus und Gemeindebad erregte durch seine

Schönheit, seine Lage, seine moderne Konzeption und seine Zweckmäßigkeit weithin Neid und Bewunderung und war der Stolz der Gemeinde.
Die beiden Weltkriege verursachten auch in Bahlingen viel Leid und Not, es wurden aber nur wenige Gebäude zerstört, so dass man noch heute im alten Dorfkern – wie kaum in einer anderen Kaiserstuhlgemeinde - zahlreiche der typischen Kaiserstühler Winzerhäuser mit ihren steinernen Keller- und Erdgeschossen und den Obergeschossen aus Fachwerk bewundern kann. Viele von ihnen sind heute restauriert.

Die Kunst
In Bahlingen am Kaiserstuhl besitzt auch die Kunst einen hohen Stellenwert. Sehenswert sind die Kirchenfenster, hergestellt 1963 von Peter Valentin Feuerstein.

1989 fand in der Gemeinde unter dem Leitspruch „Bahlingen am Kaiserstuhl - Mensch und Dorf im Wandel der Zeit“ ein Bildhauersymposium statt. Eine Steinbildhauer-Meisterklasse der Friedrich-Weinbrenner-Gewerbeschule Freiburg hat über 20 Werke gefertigt, die jetzt im Ort verteilt zu sehen sind, so auch vom bekannten Künstler Michael Schwarze.

Vom Frühjahr bis zum Herbst finden vom Verein „Kunst im alten Spritzenhaus“ Kunstausstellungen statt, die über die Region hinaus einen hohen Stellenwert besitzen.

Weitere Informationen finden Sie unter:

www.bahlingen.de

oder bei der

Touristik Bahlingen am Kaiserstuhl e.V.
Monika Boos
Bühlstr. 13
Telefon 07663 /32 03
Telefax 07663/ 94 86 66
E-Mail: Winzerhof.Boos@gmx.de

Gottenheim

Name		Rubrik	S.
Gottenheim	Gemeinde		26
Birkhofer	Gerhard	Kunst	122
Lopez	Ricardo	Kunst	160
Vierlinger	Thomas	Kunst	164

Tuniberger Weinbaugemeinde Gottenheim

Auf der Gemarkung der an der Nordspitze des Tunibergs gelegenen Weinbaugemeinde Gottenheim findet sich teilweise noch ein alter, naturnaher Rebberg mit gut erhaltenen Hohlgassen und schönen Aussichtspunkten in Richtung Vogesen und Kaiserstuhl. Diese Landschaft hat neben guten Erholungsmöglichkeiten auch inspirierenden Charakter, was sich darin zeigt, dass verschiedene Künstler am Ort ansässig sind. Bereits am Gottenheimer Bahnhof sind Wanderrouten in den Gottenheimer Weinberg ausgeschildert und die schönsten Punkte sind somit leicht auffindbar.

Der Weinbau hat in Gottenheim lange Tradition, die in dem alle zwei Jahre im Juni veranstalteten Gottenheimer „Hahleraifescht“ ihren Ausdruck findet. Dieses Weinfest findet in kleinen Gassen in schön geschmückten Winzerhöfen statt und bietet dem Weinkenner die Möglichkeit, die Vielfalt der Gottenheimer Weine kennen zu lernen.

An historischen Gebäuden sticht in Gottenheim neben der Kirche St. Stephan vor allem das neu renovierte Rathaus mit seinem Stufengiebel und das Gasthaus „Adler“ hervor. In der Kirche St. Stephan sind sehenswerte Barockaltäre in Kombination mit einem modernen Tabernakelbau, ein barocker Taufstein und eine Reihe interessanter Figuren, darunter eine aus dem 18. Jahrhundert stammende Träubelesmadonna, vorhanden. Das Rathausgebäude, ein barock umgebautes Staffelgiebelhaus, wurde 1850 aus dem Besitz des Freiburger Heiliggeistspitals erworben und dann seinem heutigen Zweck als Rathaus zugeführt. Bei der Renovierung des Rathauses wurde versucht Historisches mit der Moderne zu verbinden, was sich an dem künstlerisch gestalteten Brunnen vor dem Rathaus zeigt. Beim Gasthaus „Adler“ handelt es sich um einen barocken Vierseithof, der am Torbogen mit 1730 datiert ist und ursprünglich den Herren von Wittenberg als Amtshaus diente.

Die Erhaltung der alemannischen Mundart und des Brauchtums hat in Gottenheim nach wie vor Tradition. Die Fastnacht mit ihren Umzügen und Veranstaltungen hat deshalb in Gottenheim immer noch einen hohen Stellenwert.

Im Gottenheimer Jugendhaus ist man im Rahmen der Jugendarbeit bestrebt, durch immer wieder stattfindende Auftritte von Künstlern, wie z.B. Kabarettisten, Musikern usw., durch Buchlesungen und andere Aktivitäten das Interesse der Jugendlichen an Kultur zu wecken. Diese Veranstaltungen stehen jedoch allen Altersgruppen, also nicht nur den Jugendlichen, offen. Im Bereich der Kirche existiert eine Musikgruppe, die bei ihren Kirchenauftritten durch die Einbeziehung aktuell bekannter Musikinterpreten und durch moderne Interpretationen kirchlicher Musik zu einer interessanten Gottesdienstgestaltung beiträgt.

Wer Gottenheim besucht, wird außerdem feststellen, dass die schön renovierte Kirche auch Störchen einen Nistplatz bietet, der von diesen gerne angenommen wird. Die Natur hat neben der Kultur in Gottenheim folglich noch einen hohen Stellenwert.

Weitere Infos zu Veranstaltungen, Kunst und Kultur: www.gottenheim.de
Bürgermeisteramt - 79288 Gottenheim - Hauptstr. 25, Tel.: 07665/9811-0

Umkirch

Name		Rubrik	S.
Umkirch	Gemeinde		28
Heitzler Trio	Bernd	Feuilleton	89
Verney	Cecile	Feuilleton	89
Walther	Heinrich	Feuilleton	89
Emmenegger	Marianne	Kunst	140
Malin	Bernhard	Kunst	169
Blumenfeld-Kenk	Zuzana	Kunst	184
Neubert	Wolfgang	Kunst	184
Schacherer-Bleyler	Monika	Kunst	184

Umkirch

zwischen Freiburg und Kaiserstuhl gelegen, hat sich von einer kleinen, ländlichen Gemeinde zu einer modernen Wohngemeinde mit über 5.000 Einwohner und einem großen Gewerbegebiet mit über 1.800 Arbeitsplätzen entwickelt.

Das älteste Haus in Umkirch ist zweifellos die katholische Kirche. Sie stammt in ihren heutigen Ausmaßen aus der zweiten Hälfte des 11. Jh. und ist damit eine der ältesten Kirchen des Breisgaues. Die Stadt Freiburg hat dem Baualter nach nichts Ähnliches aufzuweisen (Aus: Amtl. Beschreibung des Landkreises Freiburg).

Schloss Büningen
Bau und Geschichte des Hauses

Nicht viel jünger ist das **Schloss Büningen**. Über seine Entstehung ist jedoch nichts bekannt. Es ist anzunehmen, dass dieser Bau auf einem Platz errichtet wurde, auf dem schon die Römer gebaut haben. Bei Grabungen wurden in der nächsten Umgebung des Hauses Mauerreste aus römischer Zeit gefunden. So z.B. die Fundamente eines römischen Vorratsspeichers mit beträchtlichen Ausmaßen, der, so wird angenommen, zur Versorgung der Truppen am Limes diente.

Der ursprüngliche Bau war wohl nur ein Wohn- und Wehrturm. Reste dieser frühen Turmburg dürften die beiden in der Mittelachse des heutigen Schlossbaues gelegenen hohen Gewölbekeller sein. Ihre Mauerstärke beträgt ca. 1,30 m und ist als Turmfundamentierung bestens geeignet. Schießscharten in diesen mächtigen Mauern bestätigen den Verteidigungscharakter als Wehrturm.

Im weiteren Verlauf wurde die Anlage zu einer Wasserburg ausgebaut. Sie ist im 13. Jh. nachgewiesen, als sie im Eigentum der Patrizierfamilie Trösche stand.
Danach wechselte die Burg mehrmals ihre Besitzer.
Hans Christoph von Stadion, durch den Krieg verarmt, verkaufte sie 1623 dem Reiterobersten Hans Werner Äscher. Dazu gehörten ein Meierhof, Waldstücke, Wiesen und Äcker, Kaiser Ferdinand II erhob Äscher 1635 in den Ritterstand und hat ihm „*diese besondere Gnad* erwiesen, dass der Obrister und Ritter gedachtes Schloß und Burkh hinfüro Büningen haißen, titullieren, nennen und schreiben möge".

Die Schweden verbrannten ihm 1637 das Schloss, welches bis 1663 unbewohnbar blieb. Ein Sohn baute es danach wieder auf. Von 1683 -1788 gehörte das Schloss durch Kauf den Freiherrn von Beroldingen, kam dann an die Grafen von Kageneck, 1826 an die Großherzogin-Witwe Stefanie von Baden und nach deren Tod durch Heirat ihrer Tochter Josephine an die Fürsten von Hohenzollern-Sigmaringen.
Stephanie hatte in dem Bau eine Mädchenschule und dann ein Waisenhaus eingerichtet. Bis 1954 diente es als Schwesternhaus und Kindergarten. Die Bezeichnung >Beroldinger Haus< wurde erst in den letzten 30 Jahren durch die Verwalter im Dorf eingeführt. 1986 erwarb die Gemeinde das alte Schloss Büningen.

Nachdem die Einwohnerzahl auf mehr als 5000 angewachsen war, fasste die Gemeinde 2002 den Entschluss, das zu klein gewordene Rathaus in das Schloss Büningen zu verlegen. Es wurde dann mit großem Aufwand und erheblichen Mitteln aus dem Landessanierungsprogramm renoviert und der neuen Verwendung angepasst umgebaut, ohne aber den denkmalgeschützten Charakter des Gebäudes zu verändern.

Die Umkircher Schlossmühle

Seit 1483 ist die „Müly ze Unkilch" urkundlich nachgewiesen. Seit 1637 war sie im Besitz der „Standesherrschaft“ worauf heute noch der Name „Schlossmühle“ hinweist. Die Umkircher Untertanen waren verpflichtet, nur in dieser Mühle mahlen zu lassen; zu Arbeiten am Wuhr wurden sie fronweise zugezogen.
Die heutige Mühle steht an dieser Stelle nun schon seit 250 Jahren. Seit 150 ist sie in privatem Besitz. Mehrfach umgebaut und erneuert stellt die Mühle heute den Stand der Technik zu Anfang des 20. Jahrhunderts dar. Neben zwei Steinmahlwerken sind zwei Walzenstühle vorhanden. Zur Getreidereinigung sind ein Aspirateur und ein Trieur eingebaut. Dazu ist noch eine Bürstmaschine vorhanden. Schnecken und Becherwerke besorgen den Transport von Getreide und Mahlgut. Ein Plansichter trennt Mehl, Gries und Dunst. Die gesamte Einrichtung ist für die Mühlengeschichte so bedeutend, dass sie unter Denkmalschutz gestellt wurde.
Heute gehört die Mühle der Gemeinde Umkirch. Zur Zeit wird sie mit Hilfe des „Fördervereins Umkircher Mühle e.V. aufwändig saniert. Voraussichtlich ab Pfingsten 2005 wird sie für die Öffentlichkeit wieder zugänglich sein. Die Öffnungszeiten werden dann im Umkircher Nachrichtenblatt veröffentlicht. Führungen für Gruppen sind unter der Rufnummer (07665) 6622 mit dem „Mühlenverein“ zu vereinbaren.

Gemeindeverwaltung Umkirch, Tel. 0049 (0) 7665 / 505-0

Merdingen

Name		Rubrik	S.
Merdingen	Gemeinde		31
Mühlhölzer	Fritz	Feuilleton	61
Pohl	Frank-Roland	Feuilleton	63
Songriders		Feuilleton	66
Merdinger Kunstforum		K-INI / Galerien	103
Burkhart	Jürgen	Kunst	136
Herrschaft	Sabine Charlotte	Kunst	137
Landmann	Alois	Kunst	161
Gretzmeier	Weingut	bioLOGISCH	252

Merdingen am Tuniberg

Sonne - Wein - Barock

Rathaus

In der Oberrheinebene, durch deren Absenkung der Schwarzwald und die Vogesen entstanden sind, erhebt sich südlich des 48. Breitengrades der Tuniberg. An der westlichen Steilkante dieses Bergrückens, auch als „kleiner Bruder des Kaiserstuhls“ und „Weingarten von Freiburg“ bezeichnet, liegt der Weinort Merdingen. Diese südbadische Landschaft in der Nachbarschaft zur Schweiz und zum Elsaß hat ein mildes Klima, hier lacht meist die Sonne und die Temperaturen sind häufig wärmer als sonstwo.

Haus Saladin

Tuniberg und Kaiserstuhl sind uralte Weinlandschaften. Schon die Römer haben hier die Weinrebe kultiviert, weil südliches Klima und die wärmespeichernden Böden ideale Bedingungen für den Weinbau sind. Für Merdingen läßt sich urkundlich der Weinbau im 13. Jahrhundert nachweisen. 1740 bescheinigt der Barockmaler Franz Josef Spiegler in einem Dankschreiben den Merdingern, daß ihr „Wein unvergleichlich guet“ sei. Reben stehen heute auf etwa 240 ha, davon sind zwei Drittel mit dem bekannten Merdinger Spätburgunder Rotwein bestockt. Die Merdinger Winzergenossenschaft, 1927 entstanden, zählt zu den ältesten Gründungen in der Region. Merdinger sind auch heute Winzer aus Leib und Seele, die ihre Rebanlagen hegen und pflegen und mit der Ortslage „Merdinger Bühl“ höchste Burgunderqualitäten liefern.

Skulptur Landmann

Die Gemeinde zeichnet sich durch ein barockes Ortsbild und eine beschauliche Lage aus. 1754 wurde der Ort als „eines der größten Dörfer im Breisgau“ beschrieben. Stattliche Bauten, Fachwerkhäuser und der Marktbrunnen erinnern an die bäuerliche und gewerbliche Vergangenheit, die im 18. Jahrhundert eine Blütezeit erlebte. Die spätbarocke Pfarrkirche (1738 – 1741) des Deutschordensbaumeisters Johann Kaspar Bagnato gehört mit der Innenausstattung zu den schönsten Barockkirchen in Südbaden.

Merdingen - 1989 im Wettbewerb „Unser Dorf soll schöner werden“ mit Goldmedaillen des Landes Baden-Württemberg und der Bundesrepublik Deutschland ausgezeichnet - hat heute zahlreiche Handwerks- und Gewerbebetriebe. Ein munteres Vereinsleben, Kunst und Kultur, die jährliche „SkulpTour“ mit Ausstellungen im öffentlichen Raum, die alemannische Fastnacht und Weinfeste beleben in einzigartiger Weise die Gemeinde.

Kunst in Merdingen. Der Verein "Merdinger Kunstforum e.V." wurde im Mai 1990 gegründet. Anlaß dafür war die Restaurierung der 300 Jahre alten, unter Denkmalschutz stehenden Zehntscheuer im historischen Ortskern von Merdingen. Ihr schlichter Innenraum - einer der schönsten Ausstellungsräume in der Region - bietet eine besondere Atmosphäre für Konzerte und Ausstellungen.

Adresse: 79291 Merdingen Kirchgasse 2
Tel: 0049 (0) 76 68 / 90 94 – 0

E-Mail: gemeinde@merdingen.de Homepage: www.merdingen.de

Ihringen

Ihringen am Kaiserstuhl

gilt als wärmster Ort Deutschlands

Ihringen am Kaiserstuhl mit Ortsteil Wasenweiler, gelegen am Südhang des Kaiserstuhls, ist bekannt als große Weinbautreibende Gemeinde des Oberrheins, mit Sitz der größten örtlichen Winzergenossenschaft Deutschland und zahlreicher privater Weingüter. Ein reges Vereinsleben mit Fanfarenzug, Musikverein, Trachtengruppe lässt Brauchtum und Tradition weiterleben. Dies zeigt sich insbesondere während der „Ihringer Weintage“ (Wochenende nach Fronleichnam) und dem traditionellen Erntedankfest und Herbstausklang (drittes Wochenende im Oktober).

Glas- und Porzellanmalerei
Glaskunst Atelier Trautwein-Schüßleder, Brunnenstraße 19,
geöffnet: Mo-Fr. 10.00 – 12.00 Uhr und 15.00 – 18.00 Uhr
und nach Vereinbarung, Tel. 07668-693
Herstellung u. Verkauf moderner u. traditioneller gegenständlicher u. baulicher Glaskunst.

Kunststüble
Die Künstlerinnen Elli Konstanzer und Roswitha Zeeb präsentieren Kalligraphien und Stillleben. Ausstellungsraum: Bachenstraße, Kontaktadresse: Elli Konstanzer, Tel. 07668-378
Öffnungszeiten: Dienstag 16.00 – 18.30 Uhr

Bauernmalerei:
Ernst Schweizer, Keltenstraße, Siedlerhof Schweitzer, Ihringen, Tel. 07668-5336

Meisterwerkstatt für Zupfinstrumente
Konzertzithern, Hackbretter und Gitarren
Rainer Schrumpf, Wasenweilerstraße 7, Ihringen, Tel. 07668-7792

St. Vitus Kapelle

St. Vitus Kapelle in Wasenweiler:
Ein schlichtes spätgotisches Gebäude aus dem 14. Jahrhundert enthält in seinem Inneren einen großen Kunstschatz. Ganzflächig ist das Langhaus mit Fresken aus dem 15. Jahrhundert bemalt. Überlebensgroß präsentieren sich die Apostel in dem Chorwahndung. Kunsthistorisch bedeutsam ist der Zyklus der Südwand. In 20 Bildern wird hier die Lebensgeschichte des Kirchenpatrons St. Vitus dargestellt. Den Chorraum ziert ein kunstvoll geschaffenes Sakramentshaus aus dem Jahre 1507.
Führung und Besichtigung nach Vereinbarung, Tel. 07668-5058

Heimatmuseum

Heimatmuseum in Ihringen
Darstellung des früheren bäuerlichen u. häuslichen Lebens.
Geöffnet: April bis Oktober: Sonntag 17.00 – 19.00 Uhr
Dienstag 18.00 – 19.00 Uhr
November – März sowie andere Zeiten (auch für Gruppen) jeweils nach Vereinbarung
Herr Walter Meier, Tel. 07668-5763

Naturzentrum Kaiserstuhl in Ihringen
Das Zentrum unter der Trägerschaft des Schwarzwaldvereins ist Anlaufpunkt für alle naturkundlich interessierten Besucher. Hier findet sich eine Ausstellung zu den schönsten heimischen Lebensräumen, zur submediterranen Fauna und Flora am Kaiserstuhl, Vulkangesteine und Lößkindl zum Anfassen, Stereomikroskope.
Seminare und Veranstaltungen zur Kaiserstühler Natur, geführte Wanderungen für Jung und Alt, Naturerlebnisausflüge für Familien möchten die Besucher auf die Einzigartigkeit des Kaiserstuhls hinweisen.
Öffnungszeiten: Dienstag 17.00 – 18.00 Uhr, Sonntag 14.00 – 17.00 Uhr oder nach Vereinbarung, Herr Dr. Thomas Coch, Tel. 07633-82369 oder Herrn Reinhold Treiber Tel. 07668-951440

Naturlehrpfad Liliental
Das Versuchs- und Erholungsgebiet der Landesforstverwaltung Baden Württemberg. Attraktion: „Arboretum", Samenplantagen und Mammutwald auf parkartig angelegter frei zugänglicher Fläche am Fuße des Totenkopfs, der höchsten Erhebung des Kaiserstuhls. Eine einmalige Artensammlung von Laub- und Nadelgehölzen als Naturlehrpfad und Exotenpark.

Hohlwege
mit ihren Lösskellern, sind Naturdenkmale und Zeugen alter Kulturgeschichte. Die Lösswände haben bisweilen eine Höhe von 12-15 m und bieten Lebensraum für die heimische Tier- und Pflanzenwelt.

Dem Winzer über die Schulter geschaut...
Von März bis Oktober geben die Ihringer Weinbauern anschaulich Einblick in ihre Arbeit, in die landwirtschaftliche Produktion und das Leben der Winzerfamilien.

Weiter Informationen erhalten Sie bei der

Kaiserstuhl-Touristik Ihringen e.V.
Bachenstraße 38, 79241 Ihringen am Kaiserstuhl
Tel. 07668-9343, Fax. 07668-710851
E-Mail: tourist.info@ihringen.de
www.ihringen.de

Emmendingen

Emmendingen

Die Kulturstadt Emmendingen ist mit seiner schönen Altstadt, der mittelalterlichen Ruine Hochburg und anderen Sehenswürdigkeiten ein attraktiver Urlaubsort für Gäste aus aller Welt. Weinanbau im Stadtteil Mundingen, gehobene Gastronomie in den Stadtteilen Maleck und Windenreute und die typisch badische Küche lassen auch Gourmetherzen höher schlagen.

Als Mittelzentrum erfüllt Emmendingen auch im Handel eine zentrale Aufgabe. Mehrere Interessens-gemeinschaften tragen seit Jahren dazu bei, Emmendingen für seine Einwohner und für die Menschen aus dem Umland interessant zu gestalten. Vielfältige Aktivitäten das ganze Jahr über nehmen die Besucher gerne an - beispielsweise der Fahrradmarkt, Flohmärkte, der Brettli-Märkt und der Schaufensterzauber in der Vorweihnachtszeit. Fußgängerzonen und Plätze laden zum Verweilen ein. Eine besondere Rolle spielen dabei die vielen Märkte.

Geschichte. 7. Juni 1091: Erster urkundlicher Hinweis auf den Namen Emmendingen: Ein Odalrich de Anemotingen tritt als Zeuge des Grafen Burkhart von Nellenburg auf. Erste Erwähnung Emmendingens 1094 in einer Schenkungsurkunde an das Kloster Allerheiligen in Schaffhausen (CH). Auf Betreiben von Markgraf Bernhard I. erhält Emmendingen 1418 durch König Sigismund das Marktrecht verliehen.
Im sog. „Mühlburger Krieg“ wird die Stadt 1424 von den Truppen einer Allianz mehrerer oberrheinischer Städte unter der Führung von Basel und Strassburg eingenommen und vollständig zerstört.
Im Bauernkrieg 1525 erheben sich auch zahlreiche Emmendinger mit ihrem Vogt Martin Ziegler an der Spitze gegen die Herrschaft. Sie beteiligen sich an der erfolglosen Belagerung der Hochburg und an der Zerstörung des Klosters Tennenbach.
1584 - nach einer Teilung der Markgrafschaft Baden wird Emmendingen unter Markgraf Jakob III. von Baden-Hachberg zum Mittelpunkt eines eigenständigen Herrschaftsgebietes. Das Stadtrecht erhält der Ort 1590.

Der Dreißigjährige Krieg hat für Emmendingen katastrophale Auswirkungen. Zwei Drittel der Gebäude werden zerstört. Durch Hunger, Krankheiten und direkte Kriegshandlungen geht die Einwohnerzahl von etwa 500 auf ungefähr 100 zurück, was einem Bevölkerungsverlust von annähernd 80 % entspricht.

Johann Georg Schlosser regiert 1774-1787 als Oberamtmann in Emmendingen. In seiner Amtszeit werden zahlreiche Reformen in Landwirtschaft, Handel und Gewerbe angestoßen. Schlosser, der auch literarisch tätig ist, macht sein Haus in Emmendingen zu einem Treffpunkt von Persönlichkeiten der Aufklärung. Seine erste Frau Cornelia, eine Schwester Goethes, ist 1777 in Emmendingen gestorben und wurde auf dem Alten Friedhof beigesetzt. Goethe hat Emmendingen zweimal, 1775 und 1779, besucht.

In der sog. „Schlacht bei Emmendingen“ treffen im Oktober 1796 französische und österreichische Truppen aufeinander. Es kommt zu mehreren Gefechten in der Umgebung der Stadt.

1845 wird der Emmendinger Bahnhof eröffnet. Nachdem die Strecke Mannheim-Basel bis Freiburg fertiggestellt wurde, fährt erstmals ein Zug durch die Stadt.

1848/49 Badische Revolution: Zahlreiche Emmendinger Bürger beteiligen sich daran und unterstützen die Demokratiebewegung. Christian Friedrich Kiefer, Fabrikant aus Emmendingen, wird nach der Flucht des Großherzogs im Mai 1849 in den regierenden Landesausschuss gewählt und tritt Ende Juni 1849 sogar an die Spitze der revolutionären Landesregierung. Wie viele Teilnehmer der Revolution muss er nach 1849 in die USA auswandern.

1884 Baubeginn für die Heil- und Pflegeanstalt, dem heutigen Zentrum für Psychiatrie Emmendingen. Am 10. November 1938 wird die Emmendinger Synagoge am Schlossplatz zerstört.
Im Juni 1939 wird der Landkreis Emmendingen gegründet.
Eine sehr dunkle Vergangenheit der Stadt: Zwischen März 1940 und Juni 1941 werden im Rahmen der sog. „Euthanasie-Aktion“ etwa 800 Patienten der Emmendinger Heil- und Pflegeanstalt in andere Anstalten gebracht und dort ermordet. Die letzten 71 noch verbliebenen Emmendinger Juden werden in das Lager Gurs in Südfrankreich deportiert. 20 von ihnen sterben in diesem Lager, einigen gelingt noch die Ausreise, die verbliebenen 32 werden schließlich nach Auschwitz gebracht.
Der 2. Weltkrieg endet 1945 mit der Besetzung durch französische Truppen.

Skulpturenweg

Nachdem Baden zum Großherzogtum erhoben wurde, wird 1809 aus dem Oberamt Hochberg das Bezirksamt Emmendingen gebildet, Keimzelle des späteren Landkreises.

Am 1. Januar 1973 verfügt die Stadt über mehr als 20.000 Einwohner und wird deshalb zur Großen Kreisstadt ernannt.

Quer durch die Stadt

alter Marktplatz

MARKTPLATZ. Im 15. Jahrhundert angelegter Mittelpunkt der Stadt,eingerahmt vom Alten Rathaus und mehreren barocken Bürgerhäusern. Als Abschluss der Innenstadtsanierung wurde der Marktlatz 1997 neu gestaltet, seither befindet sich in der Platzmitte die Installation „Brunnen auf Zeit“. An Emmendingen als möglichen Schauplatz von Goethes Versepos „Hermann und Dorothea“ erinnert die „Löwenstube“ m Kaufhaus Krauss.

MARKGRAFENSCHLOSS. Schlossplatz 1
Reizvoller Renaissance-Bau mit besonders beachtenswertem achteckigen Treppenturm an der Nordseite. Ursprünglich ein Hof des Klosters Tennenbach, wurde das Gebäude nach einem mehrfachen Besitzerwechsel 1588 zu einem Schloss umgestaltet. 1590 war es Schauplatz des „Emmendinger Religionsgesprächs“. Heute ist hier das Museum im Markgrafenschloss untergebracht. Im 1. OG ist die Stadtgeschichtliche Sammlung zu sehen,

während die Galerie im 2. OG für Wechselausstellungen sowie für die Präsentation von Teilen der Sammlung des Fotohauses Hirsmüller wird.
Das Museum ist mittwochs und sonntags von 14 bis 17 Uhr geöffnet.

STADTTOR.
Es ist das Wahrzeichen Emmendingens. 1706 mit einem Türmchen versehen und 1929 um eine zweite Durchfahrt erweitert, blieb das „Emmendinger Tor“ als einziger von drei Tortürmen erhalten, die zusammen mit der rund um die Altstadt verlaufenden Stadtmauer die Stadtbefestigung bildeten. In der Nähe des Tores sind Reste der Stadtmauer beim Evangelischen Gemeindehaus in der Hebelstraße und beim Fußgängersteg im Goethepark zu sehen.

SCHLOSSERHAUS - Stadtbibliothek
Heute Sitz der Stadtbibliothek. Gelangte als „Gremppischer Hof“ 1588 in den Besitz der Markgrafen von Baden und diente seither als Wohnsitz für den obersten Beamten der Markgrafschaft Hachberg. Ursprünglich im barocken Stil, doch im 19. und zu Beginn des 20. Jahrhunderts stark verändert. 1774-1787 Wohnhaus von Johann Georg Schlosser während seiner Amtszeit als Oberamtmann in Emmendingen. Eine Gedenktafel rechts am Eingang erinnert an Namhafte Persönlichkeiten, die damals hier Schlossers Gäste waren, darunter Herzog Karl August von Weimar, Goethe, Lenz, Jacobi, Lavater. AuchGoethe, dessen Schwester Cornelia mit Schlosser verheiratet war, besuchte Emmendingen 1775 und 1779.

WASSERRAD. Am Vollrath'schen Park Kreuzung Markgrafen- und Romaneistrasse Seit dem Mittelalter Standort einer Mühle, die im Zweiten Weltkrieg zerstört wurde. 1999 nahm die Emmendinger Erneuerbare Energie GmbH eine neue Anlage zur Stromgewinnung in Betrieb. Markantestes Teil ist ein offenes Wasserrad mit einem Durchmesser von 5,5m und einer Breite von 3m. Bei einer Fallhöhe von 1,4m werden ca. 30kW Leistung erreicht und im Jahr etwa 200.000 kWh produziert. Dieser Strom reicht zur Versorgung von 60 normalen Haushalten oder knapp 200 Stromsparhaushalten.

HOCHBURG. Zweitgrößte Burganlage in Baden. Gegründet von den Herren von Hachberg und 1127 erstmals urkundlich erwähnt. 1415 ging die Burg in den Besitz der Markgrafen von Baden über. Im 16. und 17. Jahrhundert wurde die Hochburg mehrfach erweitert und zu einer starken Festung ausgebaut. Dabei folgte man jeweils den neuesten Erkenntnissen der Festungsbaukunst, weshalb sich an der Ruine auch heute noch die Entwicklung der Befestigungstechnik nachvollziehen lässt. Im Dreißigjährigen Krieg wurde die Hochburg nach zweijähriger Belagerung 1636 eingenommen und anschließend zerstört. 1660 begann der Wiederaufbau 1688 musste die Burg an französische Truppen übergeben werden, die die Anlage ein Jahr später sprengten. 1971 wurde der Verein zur Erhaltung der Ruine Hochburg gegründet, der sich seither gemeinsam mit dem Land Baden-Württemberg um den Erhalt der Ruine kümmert. Der Verein hat auf der Hochburg ein Museum eingerichtet, das in den Sommermonaten am Sonntag geöffnet ist.

Märkte + Feste

Wochenmärkte MARKTPLATZ
dienstags von 8 bis 13 Uhr und freitags von 8 bis 18 Uhr
Platz am Rosenweg (beim großen Einkaufszentrum Kaufland)
jeden Donnerstag und Samstag 8 - 13 Uhr
Rathausplatz Mundingen
jeden Samstag 9 - 11 Uhr

KRÄMERMARKT auf dem Festplatz
an den Dienstagen 2.11. und 07.12.2004

Flohmärkte – Landvogtei jeweils im Frühling und im Sommer

KÜNSTLER- UND KUNSTHANDWERKER-MARKT
auf dem Schlossplatz – immer am Wochenende vor Ostern und am 3. Septemberwochende

RADMARKT
auf dem Marktplatz - Letzten Sonntag im April.
Größter Fahrradmarkt im Dreiländereck Deutschland / Frankreich / Schweiz

BREISGAUER WEINFEST
auf dem Marktplatz – stets drittes Wochenende im August

WEIHNACHTSMARKT
Marktplatz – Ende November bis 23.12.2004
Zusätzlich in der Lammstraße am 1. Dezemberwochenende (SA+SO)

Freizeit

Radfahren.
Emmendingen und Umgebung per Fahrrad entdecken, macht nicht nur Spaß, sondern ist auch erholsam für Mensch und Natur. Ein gut ausgebautes Radwegenetz macht Touren mit dem Drahtesel durch sanfte Täler oder anspruchsvolle Bergtouren zu einem echten Freizeiterlebnis.
Ausflüge ins französische Elsaß und in die Schweiz, Ein- oder Mehrtagestouren, individuell oder mit Hotel- und Gepäcktransportservice, Leihräder – alles ist möglich. Die Tourist-Information am Bahnhof hält Radwanderkarten bereit z.B. mit der Radtour Elzach-Villé oder zum Elzdammradweg.

Freibad über der Elz Am Sportfeld 6
Drei verschiedene Schwimmbecken und schöne Liegewiesen mit großen schattigen Bäumen machen das Emmendinger Freibad zu einem erfrischenden, erholsamen Freizeitspaß für groß und klein.
Öffnungszeiten : Mitte Mai bis Mitte September, täglich von 8 bis 20 Uhr

Touristinformation:
Bahnhofstraße 5 Tel.: 0049 (0)7641/19433
E-Mail: touristinfo@emmendingen.de
Weitere Infos unter: www.emmendingen,de.

Elsaß

Neuf-Brisach (F)

Neuf-Brisach : « Ein Stern im Herzen des Elsass »
Neuf-Brisach ist ein einzigartiges Beispiel in Europa : es ist eine Stadt, die in wenigen Jahren dem Willen eines Mannes und dem Genie eines anderen entsprang. Der erste hieß Ludwig der Vierzehnte, der zweite Sébastien Le Prestre, besser bekannt unter dem Namen Vauban...

Wir schreiben das Jahr 1697. Aufgrund des Waffenstillstandsvertrag von Ryswick ist Alt-Breisach an Österreich zurückgegeben worden. Daraus ergibt sich, dass das Elsass, zwischen Huningue und Strasbourg nicht mehr geschützt ist. Der König beauftragt Vauban Abhilfe zu schaffen. Dieser Auftrag wird für den genialen Ingenieur zur Gelegenheit, einen Traum zu verwirklichen : nicht nur auf freiem Gelände eine, seinen fortschrittlichsten Vorstellungen entsprechende Festung zu erstellen, sondern noch innerhalb ihrer Mauern eine ganze Stadt zu bauen, die eine Bevölkerung von mehreren tausend Seelen beherbergen konnte.

Die Festung Neuf-Brisach ist das letzte und perfekteste Bauwerk Vaubans. Als Meisterwerk der militärischen Baukunst hat es seine Wirksamkeit bewiesen, da es nie erstürmt wurde und seine Kasematten während des letzten Kriegs den Einwohnern noch als Schutz dienten.
Zweifellos machte die Anordnung in Form eines regelmässigen Achtecks mit einem Bauwerk mit Kränzen diese Festung uneinnehmbar.

In der Stadt selbst mit ihren Vierteln ist in achtundvierzig gleiche Vierecke aufgeteilt. Die Strassen sind akkurat mit der Messchnur abgesteckt und breit ausgebaut wegen der Bombentransporte und möglicher Truppenbewegungen.

Heute zählt die Stadt, deren Gewerbe in der Hauptsache aus Handel und Dienstleistungen besteht, 2300 Einwohner.

Animations et fêtes
Veranstaltungen :
- Markt : 1. und 3. Montag im Monat
- Stadtführungen : während des ganzen Jahres auf Anfrage
- 1. Mai : Maiglöckchenfest mit Umzug
- Jahresmarkt. Ende Juni
- Elsässischer Abend. Napoleonisches Feldlager im August
- Stadtführungen (kostenlos). Tage der offenen Denkmäler (3. Wochenende im September)

- Weihnachtsmarkt am 2. Wochenende im Dezember (im Stil des 17. Jh.)

Adresse utiles / nützliche Adressen:

Visites guidées de la ville et de la place forte, calendrier des manifestations, informations touristiques : **Office de tourisme des Bords du Rhin**, 6 Place d'Armes, 68600 NEUF-BRISACH. Tél. (0033) 389 72 56 66 – fax. (0033) 389 72 91 73 – Email : info@tourisme-rhin.com

Musée Vauban – Neuf-Brisach - Vauban Museum

Das Museum befindet sich im Untergeschoss des Belforter Tors. Es wurde 1957 durch den Kommandeur des 42. R.I. (Infanterie Regiments) als Platzkommandant eingeweiht.
Zahlreiche Ausstellungstücke dokumentieren die Geschichte der Stadt von ihrer Entstehung bis zum heutigen Tag.

Ein Reliefplan der Stadt, vertonte Kommentare sowie Lichtanimationen erklären die Architektur und den Bau der Festung. Der Reliefplan ist eine genaue Nachbildung des im « Musée des Invalides » in Paris hinterlegten Originalplans.
Im Museum sind sowohl Festungspläne wie auch Dokumente über die Bautechniken ausgestellt : Pläne der Stadt, der vier Tore, des Zeughauses, der Kasernen und der Kirche. Außerdem sind zu sehen : eine Nachbildung der Büste Vauban's durch Coysevox, diverse Gemälde mit dem Baumeister und der Stadtgouverneure, Dokumente, Bilder zur Belagerung von 1870 und aus dem Zweiten Weltkrieg.

Öffnungszeiten

Täglich, außer Dienstags, vom 1. Mai bis 31. Okt. von 10 bis 12 Uhr u. 12 bis 17 Uhr.

Information und Reservierungen für Gruppen

Musée Vauban : tél. (0033) 389 72 03 93 -
Office de Tourisme des Bords du Rhin
Point I de Neuf-Brisach
6 Place d'Armes – 68600 Neuf-Brisach tél. (0033) 389 72 56 66

weitere Orte

weitere Orte

Eichstetten

Geschichte: Die ersten archäologischen Funde auf Eichstetter Gemarkung stammen aus der Steinzeit (Steinbeile, Feuersteinklingen). Besonders bei Flurbereinigungen im westlichen Gemarkungsteil wurden steinzeitliche Spuren gesichert, ebenso bronzezeitliche. In etlichen Baugruben im Neubaugebiet Dorfgraben wurden urnenfelderzeitliche Scherben gefunden.

Aus der Römerzeit stammt das Fundament eines Gutshofes, das im Gewann Kaltenbrunnen gefunden wurde. In einer Quellfassung im gleichen Gewann wurde eine Bronzemünze von Vespasian gefunden (geprägt 71 n. Chr. Abb.). Auch im alten Ortskern wird von Funden römischer Münzen und über Straßenpflaster berichtet.

Erstmals urkundlich erwähnt wird Eichstetten im Jahr 737, als in einer Urkunde des Etichonenklosters Murbach im Elsass der Ortsname Eistat auftaucht. Durch die Archäologie wurde diese Zeitstellung bestätigt, als bei Flurbereinigungsarbeiten im Jahr 1975 ein fast vollständig erhaltener Friedhof aus der Merowingerzeit auf dem Wannenberg, einer Anhöhe direkt neben dem Ortskern, freigelegt und vom Landesdenkmalamt Freiburg geborgen wurde.

Öko-Zentrum. Eichstetten ist durch seine starke landwirtschaftliche Ausrichtung geprägt. Es ist die größte Bio-Anbaugemeinde in Baden-Württemberg,die auch allein deshalb bereits das Prädikat Öko-Zentrum verdient hat. Auf rund 100 Hektar Fläche werden nach verschiedenen naturnahen Methoden Wein, Obst und Gemüse angebaut. Auch die Gemeinde legt ein besonderes Augenmerk auf ökologische Gesichtspunkte wie Regenwasserversickerung, Grünordnung, Solarförderung.

Bötzingen

Geschichte. Im Laufe der Geschichte hat sich der Name unserer Gemeinde des Öfteren geändert und reicht vom ursprünglichen "Bezzo" über Bezingen bis zum heutigen Bötzingen. Im Jahre 1838 vereinigten sich die selbstständigen Orte Bötzingen und Oberschaffhausen zur Gemeinde Bötzingen. Die Herkunft des Namens Oberschaffhausen wurde höchstwahrscheinlich von der Schafzucht hergeleitet.

Sasbach am Kaiserstuhl

Die zu einem Ort verschmolzenen Ortsteile Sasbach, Jechtingen und Leiselheim am Kaiserstuhl versprechen dem Gast erholsame Tage in einer der schönsten und wärmsten Gegenden Deutschlands.

Baumblüte, Kirschenernte und Weinlese zeigen die Landschaft immer wieder in neuem Gewand. Die Landschaft rund um Sasbach - ein Ziel zu allen Jaherszeiten - ist geprägt durch Weinberge, Wälder und dem Charme und der alemannischen Lebensart.

Museen

DEUTSCHES TAGEBUCHARCHIV - Emmendingen
Im Alten Rathaus in Emmendingen
Geöffnet: Mo - Fr 10 - 12 Uhr, Di und Mi 15 - 17 Uhr
Das Deutsche Tagebucharchiv sammelt seit 1997 Tagebücher, Briefe und Memoiren. Es ist die einzige Einrichtung dieser Art in Deutschland. Jeder Interessierte kann dort Tagebücher einsehen, in Lesegruppen mitarbeiten, seine Aufzeichnungen oder die seiner Vorfahren hinterlegen. In Vitrinen sind ausgewählte Tagebücher zu besichtigen.

JÜDISCHES MUSEUM - Emmendingen
Schlossplatz
Geöffnet mittwochs und sonntags von 14 bis 17 Uhr
Das Jüdische Museum wurde 1997 im Gebäude der Mikwe, des ehemaligen jüdischen Ritualbades, eröffnet. Es dokumentiert die Geschichte der israelitischen Gemeinde Emmendingens vom Beginn des 18. Jahrhunderts bis zu ihrer Zerstörung im Dritten Reich.
Am Nebengebäude des Markgrafenschlosses erinnern Gedenktafeln an die Zerstörung der Emmendinger Synagoge am 10. November 1938. Farbig abgesetzte Pflastersteine lassen den Standort der Synagoge auf dem Schlossplatz erkennen. Direkt daneben befindet sich das alte jüdische Gemeindehaus, welches 1997 an die neugegründete israelitische Gemeinde Emmendingen zurückgegeben wurde

FOTOMUSEUM HIRSMÜLLER – Emmendingen
Schlosspltz
Geöffnet mittwochs und sonntags von 14 bis 17 Uhr
Das Fotomuseum präsentiert die Firmen- und Familiengeschichte des Fotohauses Hirsmüller. Etwa 100.000 Fotografien zählen zur Sammlung, aber fototechnische Geräte. Raritätenjäger in Bezug auf Kameras aller Art werden hier fündig. Highlight ist eine original Stirnspionagekamera aus dem Jahre 1890.
Dem Museum angegleidert sind Galerieräume, in denen wechselnde Ausstellungen zeitgenössischer Fotografen ihre Werke zeigen.

PSYCHIATRIE-MUEUM – Emmendingen
im Zentrum für Psychiatrie
geöffnet auf Anfrage - Oberarzt Dr. G. Richte
Ein Museum mit einer Sammlung historischer Bilder, Schriftstücke und medizinischer Geräte, welches die Lebens-, Wohn-, und Behandlungsbedingungen früherer Zeiten darstellt.

Sammlung Geyer zu Lauf – Emmendingen
Karl-Friedrich-str. 49 – im Vorderhaus der ehemaligen Brauerei Hodel
Geöffnet mittwochs von 15 bis 18 Uhr und sonntags von 11 bis 14 Uhr
Rund 30 Exponate aus einem größeren Gesamtbestand geben einen Überblick über den Werdegang des Künstlers *Geyer zu Lauf* . Zu sehen sind Graphiken und Bilder. Bedeutend ist seine „diaphane“ Schichtmalerei und die Silberstiftzeichnungen.
„Ein kosmischer Gesang“ zählt zu den interessantesten Ausstellungsstücken und ist fast 20 qm groß.

Optisches Museum und Gallo-römisches Museum – Bliesheim
Führungen in Bliesheim – Tel.: 0033 3389720159

OBERRHEINISCHE NARRENSCHAU – Kenzingen
im ehemaligen Bechtold'schen Herrschaftshaus in der Alten Schulstraße 20
Öffnungszeiten: 1. Januar bis 30. April: Sonn- und Feiertags von 14.00 - 17.00 Uhr
1. Mai bis 31. Oktober: Sonn- und Feiertags, Dienstags, Donnerstags, Sa von 14.00 - 17.00 Uhr
1. bis 30. November: Sa und So von 14.00 - 17.00 Uhr

Auf fünf Etagen werden heute mehr als 300 Narrenhäs in einer Form präsentiert, die auch während des Jahres einen Hauch der schwäbisch-alemannischen Fasnet vermitteln.

BÄCKEREIMUSEUM – Vörstetten

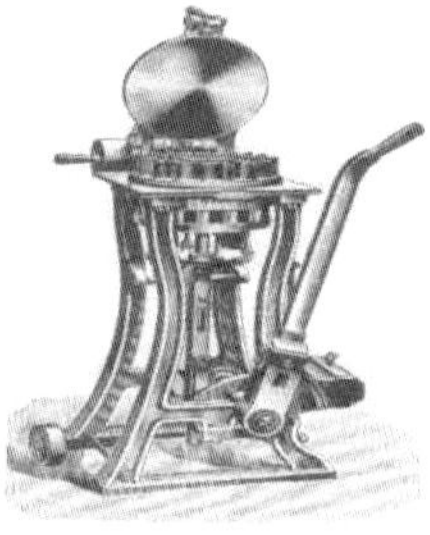

Teigteilmaschine

Öffnungszeiten: samstags von 14.00 bis 17.00 Uhr
Spezialitäten aus dem Backmuseum. In seinem Backmuseum hat Walter Leimenstoll allerlei Maschinen und Werkzeuge des Bäckereihandwerks gesammelt, die allesamt noch funktionsfähig sind und deren Handhabung er in Vorführungen demonstriert.
Zu sehen sind u.a. Backöfen, Mehlsiebmaschine, Nudelmaschine, Sackausstaubmaschine, Teigmulde und Teigteilmaschine.

Zudem verfügen viele Gemeinden, zum Teil auch Privatleute, über Heimatmuseen. Zu nennen sind hier das Heimatmuseum in **Weisweil** oder **Manfreds Haus- und Hofmuseum** im selben Ort.
Auch in Reute, Denzlingen (Heimethüs) und in Wyhl sind solche Museen zu finden.

Noch mehr Museen finden Sie auf den Seiten der jeweiligen Gemeinden.

Oberrheinischer Museums-Pass

Der Oberrheinische Museums-Pass ist ein Verein, in dem sich über 150 Museen der Oberrheinregion aus Deutschland, Frankreich und der Schweiz zusammengeschlossen haben. Mit dem Museums-Pass, einer Jahreskarte, bietet der Verein den Bürgern der Region freien Eintritt in die Mitgliedsmuseen und somit einen einzigartigen Zugang zu einer äusserst abwechslungsreichen Museumslandschaft.

Auch im Gebiet Kaiserstuhl und Umgebung sind Museen des Vereins zu finden - echte Kleinode, deren Entdeckung sich lohnt.

In **Kenzingen** beschränkt sich die Fasnachtszeit nicht, wie sonst im schwäbisch-alemannischen Raum, auf die Zeit zwischen Dreikönig und dem Aschermittwoch, denn in der **Oberrheinischen Narrenschau** ist das ganze Jahr über Fasnet. Das Museum befindet sich in einem historischen Gebäude der traditionellen Üsenberger Stadt, die 1249 gegründet wurde. Auf fünf Etagen werden über 300 Narrenfiguren in ihrem Häs, dem alemannischen Narrengewand, und kunstvoll geschnitzten Holzmasken vorgestellt.
(Schulstrasse 20, D-79341 Kenzingen, Öffnungszeiten bitte erfragen unter: 07644/900-113)

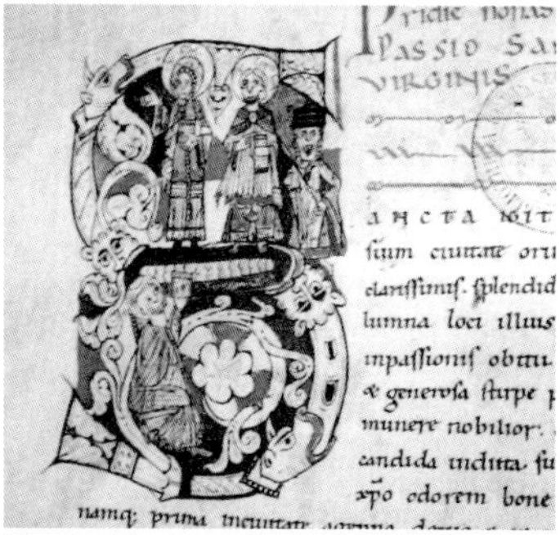
Livre des Miracles de Ste Foy (XI - XIIe siècle)

Die **Humanistische Bibliothek** in Sélestat wurde 1452 gegründet und besteht aus einer Pfarrbibliothek (15. Jh.) sowie der Privatbibliothek des berühmten Humanisten Beatus Rhenanus (1485-1547). Sie enthält zahlreiche seltene und wertvolle Bücher und Schriftstücke, unter anderem Bibelmanuskripte, Mirakelbücher und das Merowingische Lektionar aus dem 7. Jh.. Die Ausstellung ist in einer Kornhalle aus dem 19. Jh. untergebracht und gehört zu einer der Hauptattraktionen des Elsass.
(Bibliothèque Humaniste de Sélestat, 1, rue de la Bibliothèque, F-67600 Sélestat, Öffnungszeiten bitte erfragen unter Tel.: 0033/ 388 58 07 20)

Eine Ausstellung ganz anderer Art kann im **Elsässischen Brotmuseum**, ebenfalls in **Sélestat**, besichtigt werden. Dort dreht sich alles um das Grundnahrungsmittel Brot, und natürlich um regionale Spezialitäten wie Guglhupf und Brezel. Besucher können bei Backvorführungen zuschauen und sich auch selbst als Bäcker ausprobieren.
(Maison du Pain d'Alsace, rue du Sel, F-67600 Sélestat, Öffnungszeiten bitte erfragen unter Tel.: 0033/3 88 58 45 90, E-mail: maison.du.pain.d.alsace@wanadoo.fr)

Bibliothèque Humaniste de Sélestat

Museums PASS Musées

Mehr Informationen zu Museen und Ausstellungen am Oberrhein sowie zum Museums-Pass selbst gibt es bei:
Verein Oberrheinischer Museums-Pass, Tel.: 0761/707 83 82,
Mail: info@museumspass.com Internet: **www.museumspass.com**

Gastronomie

Nach alter Fischereitradition Fische und Krebse fangen und anschließen in der Fischerstube servieren.

S'DIRLIS FISCHERSTUBE
in Rheinhausen

Das sind wahre Genussfischer. Erst die Fische fangen und sie dann anschließend im Wald grillen. Weißfische im Bierteig. Und vorher ein paar selbstgefangene Krebse abkochen und genüsslich verzehren. Der Hauswein vom Schwager. Herrlich! So manches privates Fest der Maurers wurde so schon gefeiert.
Das spricht sich natürlich herum. Und so wurde schon bald der Kreis, der ebenfalls Freude an diesen ungewöhnlichen Feinschmeckergrillabenden hatte, größer und größer. Allmählich organisierten Priska und Claudia immer regelmäßiger an den Wochenenden solche Waldfeste. Bis schließlich die Idee der Fischerstube geboren war.
1998 begann man zunächst den Schweinestall, später dann den Unterstellplatz für Traktoren nach und nach zum Restaurant um- und auszubauen. Theo und Reinhard, die Ehemänner, führen die alte Tradition der Fischerei – im Nebenerwerb – weiter und die beiden Frauen übernahmen den Restaurantbetrieb.

Aus den lokalen inzwischen sauerstoffreichen Gewässern des Restrheins gelangen vorwiegend Weißfische, Schleie, Aale und vor allem bis zu zehn Zentimeter lange Kamberkrebse - zur Freude der Kinder - zunächst in das Frischhaltebassin der Fischerstube und dann gedünstet, gegrillt, gebraten, gekocht (Krebse) oder frittiert auf die Teller. Je nach Bedarf und Fang ergänzt man das Angebot durch Zukauf bei Berufsfischern vom Bodensee oder aus der Rheinregion. Nicht selten findet der Gast auch mal Zander, Bodenseefelchen oder Rotauge (Backfisch) auf der Speisekarte. Auch Hechtgerichte sind möglich. Das Kontingent an Rezepten ist umfangreich und wird immer wieder erweitert. Die Extra-Karte wechselt monatlich. Fischgerichte wie nirgendwo wie zum Beispiel ein Fisch-Cordon-bleu oder eine reine Fischpaella sind Spezialitäten der Fischerstube. Dazu werden stets frische saisonale Salate gereicht. Der Renner aber ist der Fischteller mit bis zu fünf verschiedenen Fischen.
Die Weinangebot reicht vom Tafelwein bis zur gehobenen Kategorie. Zu den Spezialitäten zählen die Sorten Chardonnay, Riesling, Dornero - ein Rotweicuvée - und im Sommer ein Rosé vom Kenzinger Weingut Jägle.

Familiär und gemütlich geht's hier zu. Gern halten Priska und Claudia Maurer mal ein Schwätzchen und erklären, wie man die Krebse pult. S'DIRLIS FISCHERSTUBE ist heute ein Fischrestaurant mit familiären südlichen Ambiente und Ausflugsadresse für diejenigen, die etwas besonderes suchen. Wie bereits schon vor 20 Jahren fahren die Maurers mit ihren Kähnen noch immer gerne durch die Dschungellandschaften des Naturschutzgebietes Taubergießen und zeigen ihren Gästen die einzigartige Botanik und Tierwelt. Der I-Punkt eines solchen Ausflugs ist dann die anschließende Einkehr in die Fischerstube.

Öffnungszeiten: Do bis Sa 17.00 – 23.00 Uhr
79365 Rheinhausen-Oberhausen Hauptstr. 124a Tel. 0049 (0)7643 / 930708

Bahnhof Hugstetten

GLEIS 1

Bahn frei für echten Genuß

Harry Laible und Salvadore Fernandez, zwei erfahrene Gastronome, richteten im ehemaligen Bahnhof von March-Hugstetten ein Restaurant-Café ein, das dem Begriff *Erlebnis-Gastronomie* eine ganz besondere Note verleiht. Und das immer auf dem Weg liegt.

HALT machen auf Gleis 1.

Das Erfolgsrezept ist:
Eine Prise BAHN-NOSTALGIE. Gleis 1 befindet sich in einer ausgedienten, alten Bahnhofshalle, die liebevoll restauriert ist. Hier fühlen sich nicht nur eingefleischte Bahnfahrer wohl.

Eine gehörige Portion *GENUSS OHNE GRENZEN* – die Küche von Gleis 1 ist international. Dabei setzt sie den Akzenten auf spanisch-mexikanische Gerichte, von Tapas bis Tecquilla. Aber sie bietet auch alles, was gut *symbadisch* schmeckt.
Calabacitas, Enchiladas "Vegetaria", Tapas, Tacos de Pavo, Pollo en Salsa aber auch viele frische Salatvariationen – auch mal mit gegrilltem Zanderfilet und gehobelten Parmesan und vieles mehr.
5 verschiedenen frisch gezapfte Biersorten und eine internationale Weinkarte. Eisvariationen, diverse Kaffee- und Teesorten und Kuchensorten. Für jeden verweilenden „Fahrgast" ist etwas zum Naschen dabei.
Und im Sommer, jeden 1. Mittwoch im Monat gibt's die echte Fiesta-Stimmung mit **Live-Musik** (Flamenco, Salsa) Paella und Sangria. Urlaubserinnerungen auf Gleis 1.

Sympathische Verwöhnkunst mit einem ungezwungenen hervorragendem Service.

Alles in allem: **Gleis 1** bewegt sich keinesfalls auf ingefahrenen Gleisen. Ein außergewöhnliches Ambiente und unverwechselbares Flair bringt jeden fort vom Gewohnten.

Eintreffen auf Gleis 1und sich wohlfühlen heißt das Motto.
Das Gartenlokal von Gleis 1 ist immer eine Reise wert.

Am Bahnhof 2
79232 March-Hugstetten
Tel. 0049 (0)7665 / 400313

www.gleis1-hugstetten.de

täglich von 10.00 bis 24.00 Uhr
sonn- und feiertags schon ab 9.00 Uhr

Bahnhof Hugstetten
GLEIS 1
Café
Restaurant

Schwendi - Keller

Burkheim

Zwischen dicken Bruchsteinmauern und historischen Holzbalken tafeln oder die Atmosphäre der alten Burkeimer Ritterzeit in einer ehemaligen Scheune aus dem Jahr 1879 genießen - hier im Schwendi-Keller bei den Kromers fühlt man sich schon von der ersten Minute an so richtig wohl.

Die Rittertafel. Rustikale, massive, stilvolle Holztische und überall Kerzenlicht auf urigen Eisenleuchtern. Hier werden die Besucher schon beim Betreten der Räume in das Mittelalter hineinversetzt.

Stilvolle Weinprobe. Der gelernte Weinbauingenieur Günter Kromer ist nicht nur Weinkenner, sondern auch ein unterhaltsamer Erzähler, der so manches alemannische „Anekdötchen" auch aus der Geschichte Burkheims zu erzählen weiß. Hier wird die Weinprobe zum Erlebnis, das man gern in Erinnerung behält. Diese abwechslungsreiche Weinprobe mit Vesper bietet er ganzjährig für Gruppen von 15 bis 50 Personen an.

Warten auf den Nachtwächter. Wer einmal in Burkheim zu Gast ist, der kommt an dieser nostalgischen und mittelalterlichen Inszenierung nicht vorbei. Bereits beim zeremoniellen Händewaschen und dem Begrüßungstrunk im Eingangsportal des Schwendi-Kellers spürt man schon den Hauch der „alten Rittersleut". Günter Kromer, der die Rolle des berühmten Burkheimer Pfandherren **Lazarus von Schwendi** spielt, spannt die Gäste in seinem 10-Punkte-Programm „köstlich" *auf die Folter.* Sie erfahren bei dem originellen Vesper, dem Ritterzipfel, stimmungsvoll viel Wissenswertes und Amüsantes über die ritterlichen Lebensgewohnheiten. Tokayerwein, Griebenschmalz auf Weißbrot, Bekanntgabe der Trinkordnung, der *Ritterliche Wettkampf* und schließlich das Burkemer Heimatlied stehen u.a. auf dem Programm. Dazu wird - wie es sich geziemt - Burkheimer Wein in gläsernen Kelchen gereicht. Ein kurzweiliges und vergnügliches Warten auf den Nachtwächter.

Draußen vor dem Osttor - es ist bereits Nacht - wartet mit Laterne, Horn und Hellebarde der Nachtwächter, der die Gesellschaft mit Poesie erzählend und singend durch die historische Altstadt führen wird. Es werden unvergessliche Erlebnisse, die jeder gerne mit nach Hause nimmt.

Für beide Veranstaltungen sind Reservierungen erforderlich.

Im **Sterntaler** – auf zwei Ebenen im selben Gebäude warten auf den Besucher märchenhafte, ideenreiche und jahreszeitlich Geschenk- und Deko-Artikel. Etwas Schönes für Haus und Garten - individuell, handgefertigt, und außergewöhnlich.

Günter und Hannelore Kromer
Tel. / Fax 0049 (0)7662/8593

Winzerstr. 17
D-79235 Vogtsburg-Burkheim
www. schwendi-keller.de

Gastronomie

***Kapadokia – Anatolisches Spezialitätenrestaurant* – Breisach**

... ein Stück Orient in der Europastadt Breisach am Gutgesellentor. Das Kapadokia ist sowohl kulinarisch als auch kulturell etwas Besonderes. Kein Döner-Schnellimbiß, sondern anatolische gehobene Eßkultur – hin und wieder auch Bauchtanzveranstaltungen.
Ausgezeichnete variantenreiche frische Salatvorspeisen – Coban Salata (Hirtensalat), Yesil Salata (Blattsalate mit Schafskäse). Börek (Teigtaschen), Poaca (Blätterteig), Makarna (Nudelgerichte), Sac (türkische WOK-Gerichte), typische Backofenmenüs und vieles mehr. Stets mit dem Fladenbrot (Pide) garniert. Vorsicht ist bei den schweren kräftigen Doluca-Weinen geboten.
Die nie endende plärrende anatolische Musik im Hintergrund gehört zur türkischen Restaurantkultur.

***Zum Kaiserstuhl* – Niederrotweil**
In doppelter Hinsicht ein ausgezeichnetes Restaurant, wo das Essen im gemütlichen „Wohnzimmerstübchen" oder auch draußen im schönen Garten selbst zur Kultur wird. Hier finden sich die Insider und Gourmets ein. Für die Qualität erschwinglich, so daß auch die Studenten aus Freiburg in die S-Bahn steigen und hierher pilgern. Die Küche ist einzigartig auch in Bezug auf Kräutergerichte. Frische einheimische Kräuter wie Bärlauch in der Suppe, Brennessel in den Spätzle oder Liebstöckel in der Sauce heben sich von der Konkurrenz deutlich ab.

***Adler* und die Rentnerbands - Forchheim**
Wenn man den Kaiserstuhl gen Norden verläßt, gelangt man nach Forchheim. Als man hier noch vorwiegend Kartoffeln anbaute, war dieses Dorf leicht zu erreichen. Heute jedoch muß man sehr aufmerksam der Beschilderung folgen, denn nur bei günstiger Perspektive kann man in den Maiskanälen den Kirchturm erkennen. Das gilt nur für den Sommer. Im Winter ist es wie früher, als die Kartoffel geerntet waren – freie Sicht bis zum Horizont.
Bill's Ballhaus in Bilbao – sechs Tage lang unscheinbar, aber dann passiert doch etwas. Am Freitagabend wird der Ballsaal des Adlers zum Tollhaus. Die Rentner aus der näheren Umgebung können diesen Abend kaum erwarten und ziehen mit ihren Instrumenten dorthin - zur allwöchentlichen Session - open stage für all die Väter / Mütter und Großväter / Großmütter, die das Träumen nicht verlernt haben. Das muß man gesehen und gehört haben – mindestens einmal.

***Sonne* - Endingen-Amoltern**

Ein begnadeter Platz, um auszuspannen – entweder nach einer längeren Wanderung oder nach einem anstrengenden Tag. Selbstgemachte Raviolis oder andere Pasta-Sorten, Fondues, Burgunderteller oder – das gibt's nur hier – zuweilen Kräutergerichte. Das Sortiment im Nichtraucherlokal ist sehr individuell. Die Kräuter übrigens werden von der Heilpraktikerin und Kräuterkennerin Petra Stunz aus dem Ort frisch gesammelt.
Die Weine stammen aus dem eigenen Weingut vis à vis. Es sind typische Kaiserstühler Erzeugnisse.

***Winzerhof Linder* – Endingen**
Die Familie Linder hat mit dem Weinlädele und dem Cafè ein urgemütliches Hofambiente geschaffen. Zunächst ist das schnuckelige Café nur bis in den Herbst hinein geöffnet. Feiner Kaffee und Tee sowie selbstgemachter Kuchen sind die persönlichen Angebote. Der Vater bietet zudem für Interessierte Kräuterwanderungen an. Außerdem ist er Kenner der vielen traditionsreichen Endinger Keller. Gemeinsam mit dem Verkehrsbüro veranstaltet er zuweilen Keller-Führungen.
Täglich 14:30 bis 18:30 geöffnet
Stollbruckstraße Tel. 07642-9281030 www.linder-weinladele.de

Brauhaus Riegel

Seit Sommer 2004 jede Menge Kultur im Brauhaus

Ein klassisches Brauhaus mit viel Raum, robuster Holztischen und –stühlen und dem Ballhaus-Charakter. Ein Fürstenbergliches Restaurant im Wandel. Es strengt sich mächtig an, im Südwesten Deutschlands den größten Biergarten zu haben und das Einzugsgebiet ordentlich zu vergrößern. Dazu gehört auch ein aufwendiges kulturelles Engagement, draußen und wie auch drinnen. Große Künstler wie Marla Glenn sind hier bereits aufgetreten.
Der gelebte Gigantismus mit Infarktrisiko ist allerdings deutlich zu spüren.
Das Essen ist günstig und bodenständig. Zum Festpreis kann man sich am mittäglichen Buffet so viel rauf-schaufeln wie man will und der große Teller aufzunehmen vermag.
Die jungen Aushilfskräfte bewältigen die weiten Wege stets im Laufschritt. Wenn mal was vergessen wird, so wird es verständlicherweise schon mal damit erklärt, daß dieses oder jenes gerade ausgegangen sei.

***Rasthaus Lenzenberg* – Ihringen**
Dieses Gasthaus ist wegen seiner Lage außergewöhnlich. Etwa 3 km von Ihringen entfernt liegt oben auf der Höhe majestätisch diese Gaststätte. Ein Panorama in alle Himmelsrichtungen – der Schwarzwald und auch die Vogesen zum Greifen nahe. Empfehlenswert ist eine Wanderung hierauf quer durch die typische Kaiserstühler Landschaft – Weinterrassen, Hohlwege und gelegentlich mal ein Biotop.
Oben auf der Höhe: zahlreiche Biertische, ein Kleintiergehege. Familien mit Kindern, die hier „springen“ dürfen, sollten gerade am Wochenende viel Zeit mitbringen. Die Massen wollen versorgt sein.

***Café im Hinterhaus* - Emmendingen**
Gemütliche und zwanglose Studentenkneipe mit kleinem Biergarten.
Markgrafenstr. 14
Tel. 07641 / 4 47 17

***Viel Harmonie* – Emmendingen**
Ideenreiche und feine Küche. Die Besitzer haben auch in Bezug auf die Einrichtung einen ausgefallenen Geschmack. Auch für Kunst hat man etwas übrig – auf den pastellfarbenen Wänden. Eva-Maria Arendse, die Besitzerin, hat hier viel Herz reingesteckt.
Karl-Friedrich-Str. 3
Tel.: 07641 / 93 74 93

***Palio* (Altes Rathaus) – Emmendingen**
Treffpunkt auf dem Marktplatz für fast alle.
Marktplatz 1
Tel: 07641 / 93 66 93

***Emotion Café* - Emmendingen**
Kulturcafé mitten im Zentrum. Auffallend ist die Salatmatrixkarte, aus der der Salatteller nach Belieben zusammengestellt wird.
Landvogtei 6
Tel.: 07641 / 31 13

***Kulturmühle Mehlsack* - Emmendingen**
Donnerstag - Sonntag, 18.00 - 1.00 Uhr
Veranstaltungen bis 3.00 Uhr

Rockpalast nun regelmäßig jeden 1. und 3. Donnerstag im Monat

Dorfstr. 2 (Ortsteil Mundingen)
Telefon: 07641/912437
Tel.: 07641 / 91 24 37

Straußenwirtschaften
sind charakteristisch für den Kaiserstuhl und haben eine lange Tradition.
Diese gastronomische Tradition geht zurück bis in die Zeit um 800 als Karl der Große per Dekret erließ, einen Teil des eigenen produzierten Weines selbst ausschenken zu dürfen. Da, wo der Besen hängt, da dürfe dies geschehen.

Die Entwicklung dieser beliebten Straußenwirtschaften ist inzwischen ähnlich inflationär wie die der *fermes auxberges* im Elsaß. Aber auch genauso zwielichtig. Während die einen die traditionelle *Straußi* (ausschließlich eigene Produkte) so weiter pflegen wollen, nutzen raffinierte Geschäftsleute diesen Boom oft bis zur äußerten Kante des Gesetzes aus und bedrängen damit die normale Kaiserstühler Gastronomie.

Typische Straußi-Gerichte sind Bibiliskäs, Brägeli (Bratkartoffeln), Pellkartoffeln, Schäufele mit Kartoffelsalat, Zwiebelwaie (Zwiebelkuchen) und Flammenkuchen. Sie werden hier fast überall angeboten. Der Gast freut sich, wenn er auch mal etwas anderes sieht.

Hier ein paar kleine empfehlenswerte Unterschiede:

Oberrotweil: Hexenstrauße,
Bischoffingen: Trotthisli - Heißer Bauernschinken, Badische Kartoffelsuppe
Jechtingen: Gerhart's Straussi - Richtung Burg Sponeck - zeitweise: Wildschwein vom Grill und Life-Musik
Merdingen: Gretzmeier – beliebt bei Studenten

Feuilleton

James Avery

Geboren im US-Bundesstaat Kansas. Klavier- und Dirigierstudium an der University of Kansas (Lawrence) und Indiana University (Bloomington).
Fulbright- und DAAD-Stipendien für zusätzliche Studien in Deutschland.
Preisträger des Gaudeamus Wettbewerbs für Interpreten zeitgenössischer Musik.
Stipendiat der Martha Baird Rockefeller Stiftung. Visiting Artist an der American Academy in Rom.

Professur für Klavier an der University of Iowa (Iowa City) 1967-80, seit 1980 an der Hochschule für Musik Freiburg. 1986-88 Visiting Professor an der Eastman School of Music (Rochester).

Rege Konzerttätigkeit als Pianist und Dirigent in Nordamerika, Europa, Africa und Asien. Zahlreiche Platteneinspielungen sowie Aufnahmen für Funk und Fernsehen. 1989-92 Pianist und Dirigent bei ensemble recherche. Seit 1992 Leitung des Ensemble SurPlus. Lebt seit 1988 in Kiechlinsbergen im Kaiserstuhl.

Ensemble SurPlus

Das 1992 in Endingen gegründete Ensemble setzt sich zum Ziel, neue und unbekannte Kompositionen zu interpretieren, unabhängig von deren Stil sowie intellektuellen oder technischen Anforderungen.
Noch im Jahr seiner Gründung wurde das Ensemble zu den Darmstädter Ferienkursen für Neue Musik eingeladen. Es folgte die Uraufführung einer Kammeroper während des Archipel Festivals in Genf, die von der Presse begeistert aufgenommen wurde. Seitdem steigt die Zahl der Auftritte des Ensembles in ganz Europa.
Das Instrumentalensemble arbeitet sowohl im traditionellen Konzertrahmen , als auch in grenzüberschreitenden Projekten mit experimentellen Klangausstellungen, Raumgestaltungen, Improvisationen und instrumentalem Theater, wobei die Besetzungen vom Duo bis zum großen Kammerensemble variieren. Seit 1994 enge Zusammenarbeit mit der Akademie Schloß Solitude Stuttgart.
CD-Produktionen u.a. „Gesänge des Ostens“ von Masahiro Miwa für fontec, Inc. (Tokyo), „Two Days & Nights of New Music Odessa - International Festivals 1995-1997“, „Musik von Brian Ferneyhough“ (Zeitklang), „Trio SurPlus“ (Zeitklang), und eine Produktion für den Deutschen Musikrat und seine Reihe „Edition Zeitgenössische Musik“.
Das Ensemble SurPlus wird von der "Initiative für zeitgenössische Musik SurPlus" bei der Realisation seiner Projekte unterstützt.
Kontakt: Sven Kestel, Tel. 0761-60945 oder sven.kestel@sam-kultur.de
Infos/Konzertkalender/Repertoire: www.ensemble-surplus.de

Fritz Mühlhölzer

Lautenist und Gitarrist

Fritz Mühlhölzer studierte an der Freiburger Musikhochschule bei Prof. Anton Stingl. Auf die künstlerische Reifepriifung in den Fächern Gitarre und Laute folgte ein Gitarrestudium in Paris. Anschließend Wechsel zur Laute und Unterricht bei Jürgen Hübscher sowie Kurse bei Konrad Junghänel und Paul O'Dette.

Fritz Mühlhölzer unterrichtet an der Freiburger Musikschule und, seit 1985, an der Freiburger Musikhochschule. Auftritte bei Konzerten im In- und Ausland, so beim "Internationalen Gitarrenfestival München", „Festival Estival de Paris", den "Landshuter Hofmusiktagen" und "pro Musica Antiqua Bremen".

Solistisch wie auch im Ensemble wirkte Fritz Mühlhölzer bei zahlreichen Tonträgerproduktionen sowie Rundfunk- und Fernsehaufnahmen mit.

Fritz Mühlhölzer ist ein gefragter Liedbegleiter, Ensemble- und Generalbassspieler. Er konzertierte mit dem ***Freiburger Tafelconfect***, den ***Freiburger Spielley***, ***musica viva***, dem Tanzensemble ***piedi ne(g)ri***, der Sopranistin ***Regina Kabis***, und — musikalische Grenzen überschreitend, von Renaissance bis Jazz, von Komposition zu Improvisation – dem ***Brückentrio*** mit ***Frank Bockius***, Percussion, und ***Wolfgang Fernow***, Kontrabass.

Auch als Gitarrist ist Fritz Mühlhölzer (hin und wieder) noch tätig:
Er ist Mitglied des Biedermeierensembles ***Badischer Musenalmanach***, und, zusammen mit der Sängerin ***Oksana Sowiak***, auf zahlreichen CD's der Freiburger Plattenfirma ARS MUSICI zu hören:
Miau Miau AM 1109-2 und ***Wulle Wulle*** AM 1240-2 (Kinderlieder), ***Gefilte Fisch: Gefilte Liebe*** AM1077-2 (Preis der Deutschen Schallplattenkritik) und ***Jüdischer Witz Jiddische Liede***" AM 1043-2 (zusammen mit ***Salcia Landmann***), ***Memento Tomi*** AM 1314-2 (Hommage an Tomi Ungerer), ***Merry X--mas*** (Weihnachtslieder der Völker), sowie neu:
Mein Mann will mich verlassen, Gott sei Dan" AM 1391—2 (Deutsche Chansons).

Fritz Mühlhölzer • Kapellenfeld 26a • D - 79291 Merdingen
Tel.07668 / 7768 • Mail: Friedrich.Muehlhoelzer@gmx.de

Thomas Himmler

Cello
Stimme

Eigene Vertonungen von Gedichten deutscher Humoristen und Satiriker wie z.B. Wilhelm Busch, Erich Kästner und Joachim Ringelnatz.
Außerdem BluesPopRockFolkJazzSchlager – Parodien, kongenial umgetextet.

Dem Cello werden die abenteuerlichsten Zupf-, Streich- und Schlagtechniken zugemutet; so haben Sie das ursprünglich rein klassische Instrument noch nie erlebt! Ein Leckerbissen für jeden Geschmack und jedes Alter.

Konzertauftritte und maßgeschneiderte Programme für (fast) jeden Anlass.

Bisher erschienene CDs:

CELLOSTREICHE	Max und Moritz als komische Ein-Mann Oper
NACHTGESANG	Ein Besuch in Erich Kästners „Kleiner Versfabrik“

Voraussichtlich Herbst 2004 erscheint:
„Très bien ensemble“ im Duo mit Katharina Müther (siehe Seite ..)

Kontakt: Thomas Himmler, Kreuzgartenstr. 9, 79238 Ehrenkirchen,
Tel. 07633-82443, Fax. 07633-802349, e-mail: katharina@destination.de
Weitere Infos unter www.soehnlin.de/thomashimmler.htm

Literatur und Gitarre

Bernd Kolarik
Schauspieler, Regisseur und Bühnenautor

Frank-Roland Pohl
Musiker, Winzer und Erzieher

Beide arbeiten seit 1993 zusammen an ihren Programmen Literatur und Gitarre. Wort und Musik statt Bilderfluten der Medien. Weit über 300 Vorstellungen wurden bisher im In- und Ausland gespielt.

Die lasterhaften Balladen des Francois Villon
Goethe: Gedichte und Gitarre
Dshamilja, Erzähltheater und Gitarre von T.Aitmatow
Die schwarze Spinne, Erzähltheater mit Gitarre von J. Gotthelf
Carmen, Erzähltheater und Gitarre von P. Mérimée

sind ihre bisherigen gemeinsamen Produktionen.

Gastspiele in Freiburg u.a.: Jazzhaus, Fest der Innenhöfe, Theatercafe des Freiburger Theaters, Wallgraben Theater
Gastspiele in der Regio u.a.: Burgfestival in Staufen, Fenster in Weisweil, Schlosskeller Emmendingen, Kurhaus Badenweiler, Bad Krozingen, Bad Dürrheim, Badenweiler, Theater Waldkirch, Landesbibliothek Karlsruhe, Söhnlin-Keller Mühlheim
Gastspiele in Deutschland u.a.: Städtische Bühnen Münster, Stadtwaage Bremen, Stuttgart, Meersburg, Ravensburg, Friedrichshafen, Konstanz, Köln: Theater am Sachsenring und Theater im Hof, Berlin: Literaturhaus und Club Voltaire.
Gastspiele international: **Frankreich:** Ottmarsheim.
Schweiz: Luzern: Kleintheater am Bundesplatz, Rorschach, Steckborn, St. Gallen, Jona.
Italien: Casa di Goethe in Rom.
Kasachstan: Nationaltheater Almaty, **Kirgistan:** Städtische Bühnen von Bischkek,
Usbekistan: Taschkent, Universität von Samarkand.

Kontakt: **Bernd Kolarik**, Murtenerstr.32, D-79108 Freiburg
Tel/Fax: 0761/56298 E-mail: Kolarik-Freiburg@t-online.de
Frank-Roland Pohl, Löschgraben 22, D- 79291 Merdingen
Tel/Fax:07668/5806 E-mail: Pohl-Merdingen@t-online.de

echte, lebendige Musik

Katharina Müther

Stimme, Akkordeon, Gitarre

Mein Programm:
Auf meinen zahlreichen Reisen sammle ich seit meiner Jugend mit Leidenschaft die Musik, die mein Herz berührt. So kommt es, dass ich nach mündlicher Überlieferung viele Schätze anvertraut bekommen habe:
von Klezmer (Jiddische und Sephardische Lieder) über Zigeunermusik aus Osteuropa bis hin zu stilvoller Salonmusik und Klangfarben des Orients – kurz: **voice between cultures.**

Meine Arbeit:

Konzerte auf Theater- und Kleinkunstbühnen aller Größen in Deutschland, Europa und USA. Als Solistin und in mehreren Besetzungen von Duo bis Quartett.

Seminare über Klezmermusik – Improvisation, Liedgestaltung, Arrangement.

Individuell zugeschnittener **Unterricht** (einzeln und in Zweier- bis max. Dreiergruppen).

Musikalische **Highlights auf Festen** aller Art, sei es Hochzeit, runder Geburtstag, Jubiläum, oder der Abschied von einem lieben Menschen.

mehr unter: www.voice-between-cultures.de

Meine Ensembles:

Duo „WAJLU“
mit Roswitha **DASCH**, Wuppertal (Geige, Gesang).
Unser Repertoire umfasst Jiddisches und Zigeunerisches von New York bis Bessarabien.

Duo „Très bien ensemble“
mit Thomas **HIMMLER**,
Freiburg (Violoncello).
Cello trifft Akkordeon - Musik voller Leidenschaft, Sehnsucht und Temperament. Eine Klangreise von Land zu Land, von Musette und Tango über Zigeunerklänge bis hin zu Chansons in mehreren Sprachen.

Duo
mit dem Erzähler **Gidon HOROWITZ**, Kirchzarten.
Der Garten der Nachtigall - Schön wie der Mond – Scha, Schtil! –
Bezaubernde Geschichten und Lieder aus fernen Ländern und Zeiten.

Quartett „DÖNER FOUR ONE“
mit Annette **MAYÉ,** Köln (Klarinette),
Murat **COSKUN**, Freiburg (Rahmentrommeln und Percussion),
Winnie **HOLZENKAMP**, Freiburg (Kontrabass).

Klangfarben des Orients – Streifzüge vom Mittleren zum Schwarzen Meer. Wirbelnde Tänze aus Bulgarien, der Türkei, Liebeslieder aus Armenien, Griechenland…

Kontakt:
D-79238 EHRENKIRCHEN
Kreuzgartenstr. 9
Tel. 07633-82443
Fax 07633-802349
katharina@destination.de

THE SONGRIDERS

Das Wortspiel ist beabsichtigt: Die SONGRIDERS reiten und reisen mit allen Poeten, Tramps, Cowboys und fahrenden Philosophen, die gesungen und gedichtet haben. Writing on the wall (gesprochen „riding..."), die Schrift an der Wand, in vielfältiger Form, in einmaliger Musik. Die Leadstimme des Trios ist eine Dame, und so sind Songschreiberinnen und Sängerinnen endlich einmal gut vertreten – in diesem Club der Geistersänger, der Geisterreiter am Himmel, Chrissies, Cassidys, Carly Simons, den Claptons, Crosbies McCartneys. Sie covern sich gegenseitig und pflanzen sich fort, lachen homerische Tears in Heaven im Götterhimmel, die Bob Dylan Thomasse. Genug der Hymnen: Sauberer, vielsaitiger, anglophiler Hit-Folk-Rock zwischen lyrisch und deftig, geboten von **Gabriele Schaefer** (Gesang, Perkussion), **Michael Schaefer** (Gesang, Gitarren, Bass, Perkussion, Flöten), **David Wendeborn** (Gesang, Gitarren, Bass, Ukulele, Bluesharp). Stücke, die man schon immer gemocht hat, die durch ihre schlichten, meist „unplugged" instrumentierten Arrangements ein neues Gewand erhalten und so selbstverständlich daherkommen, dass man sie einfach unwiderstehlich findet. Die mal leise, mal knackig ausfallen, die deshalb für Ihre Party die richtigen sein könnten, Ihre Soirée, ihren Salon, für eine Hochzeit, einen Ball, einen Geburtstag, eine Vernissage, ein simples Festchen, ... Appetithäppchen unter 07668/94742.
(engagements consist of slices of america joan baez beatles chuck berry eva cassidy tracy chapman leonard cohen eric clapton creedence clearwater revival jim croce crosby stills & nash dire straits bob dylan gabrielle jethro tull ronan keating ben e. king led zeppelin joni mitchell hazel o'connor pretenders pink floyd r.e.m. lionel richie carly simon rod stewart sting supertramp shania twain james taylor suzanne vega whitesnake neil young & more of the great Western tradition of folks on the rocks)

Kontaktadressen:

Gabriele Schaefer
Michael Schaefer
Schönbergstraße 28
79291 Merdingen
Tel. 07668/94742
schaefer.mike@t-online.de
songriders@t-online.de

David Wendeborn

Am Brückle 13
79291 Merdingen
Tel./Fax 07668/7355
DavidWendeborn@aol.com
www.songriders.de

GOSCHEHOBEL

Seit über zwanzig Jahren sind sie ein gern gesehener Gast auf den Kleinkunstbühnen in Süddeutschland. Dahinter stecken die beiden Musiker Urban Huber-Wölfle und Eberhard Jäckle. Die Lieder und Songs von Goschehobel erzählen von den verschiedenen Facetten des Lebens und so werden die ernsten, nachdenklichen und humorvollen Seiten besungen - und dies meist in alemannischer Mundart. Goschehobel interpretiert seine Lieder mit Gitarren, Mandoline, Percussion, Flöte, zweistimmigem Gesang und natürlich dem Goschehobel (der Mundharmonika).

Vier CDs sind mittlerweile entstanden und aus dieser Studioarbeit entwickelte sich die Idee, in verschiedenen Formationen aufzutreten : als Duo und als Folk-Rock-Band. Zur Bandbesetzung gehören neben den „Ur-Goschehoblern" noch Oliver Fabro (E-Gitarre, Produzent der CDs), Andres Bucholz (Konrabaß, E-Bass) und Jonathan Krüger Schlagzeug).
Durch diese Vielfalt ist Goschehobel in der Lage, von der intimen Geburtstagsfeier bis zu großen Open-Air-Events vielerlei Veranstaltungen zu bespielen.

CD – Veröffentlichungen :

Nix wie furt (1996)
Eigini Spure (1998)
Igschdöpseld (2001)
Zwischezit (2004)

Pressestimmen :

„Da hätte Altmeister Dylan gestaunt" (Acher-Rench-Zeitung)
„In Bayern wären die beiden längst Kult" (Schwäbische Blätter Alpv.)
„Ein Mundartkonzert der Extraklasse" (Badische Zeitung"
„Alemannischer Folk-Rock mit Tiefgang" (RegioMagagzin)

Weitere Informationen und Kontakt :

www.goschehobel.de

Eberhard Jäckle
Am Martinshof 20,
79263 Simonswald Tel.: 07683 / 1633

Urban Huber-Wölfle
Tel.: 07666 / 880145
od. 07666 / 913526

fisherman’s fall

alemannischer Rockfolk

Als “Fisherman‘s Fall” 1992 ihren ersten Auftritt hatten, waren sich die beiden Gründungsmitglieder Ralf Busch und Ralf Ziser einig, dass es wohl nicht die schlechteste Idee war eine Band zu gründen. Als sie ein Jahr später auf den Bühnen der angesagtesten Regio-Open-Airs standen, erinnerten sie sich noch kaum daran, dass die Bandgründung aus einer Bierlaune heraus entstand und keiner von ihnen zum damaligen Zeitpunkt ein Instrument spielen konnte.

Über 10 Jahre später wurden daraus, weit über 100 Konzerte, mehrere CDs, Kleinkunstpreise, ...und viele, viele Stücke die z.T. auch schon von Chören und Musikvereinen gespielt werden. Welch eine Ehre für eine Rockband! Musik und Text stammen dabei überwiegend aus der Feder von Ralf Busch.
Seit der Veröffentlichung von “Schorli” ist aus der einstigen englisch singenden Combo eine echte Mundart Kapelle geworden. Der alemannische Flair begeistert die Fans auch weit über die vermeintlichen Sprachgrenzen hinaus.
Wie keine andere Band schafft “Fisherman‘s Fall” den Spagat zwischen Clubkonzert und Straßenmusik, zwischen Festzelt und der legendär gewordenen, alljährlichen “Schorli-Tour” durch die Kaiserstühler Straußenwirtschaften. Die Vielseitigkeit zeigt sich auch in der bunten Abwechslung ihrer Instrumentierung und der Vielfarbigkeit ihrer Musik.

“Fisherman‘s Fall” sind Rock, Humor, Folklore und ...ein Stück Kaiserstuhl.

Ralf Busch:	Gesang, Akkordeon, Drehleier
Ralf Ziser:	Gitarren, Mandoline
Arne Busch:	Schlagzeug
Dietmar Zende:	Bass
Wolfgang Bitsch:	Gitarren

www.fishermansfall.de

In eigener Sache: Wir sind noch alle ledig

„Soul is back in town“

Der Name ist Programm ! „Soul is back in town“ ist eine 10-köpfige Soulband aus Emmendingen, die es versteht, mit fetziger Soulmusik ihr Publikum zu begeistern. Auf open airs, Kulturverein-Veranstaltungen, Clubkonzerten, Vereinsfesten und privaten Veranstaltungen ist die Band ein Garant für ausgelassene Party-Stimmung. Ihre Interpretationen bekannter Soulklassiker von James Brown über Aretha Franklin, den Weather Girls bis hin zu aktuellen Charthits von Frank Pop Ensemble etc.: Die Musik und der Groove von „Soul ist back in town“ geht direkt in die Tanzbeine. Bei ihrer lebendigen Bühnenshow und dem Herzstück der Band, den drei hochkarätigen Sängerinnen, hält es nach kurzer Zeit keinen Zuhörer mehr auf seinem Sitz. Unzählige Auftritte zu den unterschiedlichsten Anlässen sind der Beweis.
Probieren auch Sie es aus !

Gerd Hundertmark (Gitarre) - Jürgen Hügle (Bass) - Sibylle Schmitz-Hundertmark (Gesang) - Susanne Frank (Gesang) - Rainer Gantz (Schlagzeug)
Wolfgang Peter (Trompete) - Susanne Enderlin (Gesang) - Klaus Schäfer (Piano / Keyboard) - Christian Wössner (Posaune) - Siegfried Ziebold (Saxophon)

Kontakt u. Management:

Gerd Hundertmark
Bergstrasse 5
79346 Endingen-Amoltern, Tel. + Fax 07642 / 40 373
E-Mail: Info@soulisback.de
Internet: www.soulisback.de

»Soul's back in town«

Bassistlos

"Musik ist
vielleicht das
einzige Beispiel
dafür, was
Verständigung
zwischen den
Seelen hätte
sein können,
wenn nicht die
Sprache
erfunden
worden wäre."
*Guillaume
Appollinaire*

'...Nimmt man Daniel Verdiers Musik als Umgang mit Gedanken und Gefühlen, die er auf diese Weise besser transportieren kann, steht sie deutlich für einen spielerischen und neugierigen Umgang mit dem Leben, der einem immer neue Dinge entdecken lassen kann. So wurde der Bass auch zeitweise zu einem fahrenden Zug, zu orientalischen Instrumenten oder zum vorbeisausenden Wind. Das Leben ist eine Reise, und Musik kann das im günstigsten Falle widerspiegeln. Dazu braucht man manchamal keinen großen Aufwand : einen Traum etwas Übung und aufmerksame Zuhörer.'

Daniel Verdier - Im Stegen 15 - D-79241 Ihringen 0174-1794741 oder infos-baf@web.de - www.bass-atelier-freiburg.de

Steven Bailey

Rock – Irish - Classics

Wenn man Steven Bailey zum ersten Mal sieht, kommen fast immer Vergleiche mit Jim Morrison oder Jon Bon Jovi. ,,Wenn, dann ist Morrison mir lieber" sagt er. Musikalisch müssen die Vergleiche aufhören - hier steht ein Songwriter der ersten Klasse, der sich genauso mit sanften Balladen ausdrücken kann, wie auch mit fetzigen Pop-Diamanten.
Seine Stimme und Präsenz auf der Bühne sind von Natürlichkeit geprägt - er redet mit seinem Publikum nicht nur durch seine Lieder. Die Texte sind klischeefrei und verleihen den schon ausgereiften musikalischen Arrangements ihre Zeitlosigkeit.
Bailey's Spielfertigkeit auf der Akustik- und Elektrogitarre ist von überragender Qualität. Darüber hinaus ist er einer der besten Popgeiger im Musikgeschäft. Entweder mit irischen Melodien oder mit ,Hendrix-like screams' - er holt einfach alles aus dem Instrument. Seine Live-Improvisationen sind ein Genuss und beweisen eine Kreativität, die nur wenige Musiker vorzeigen können.
Begleitet wird er vom Bassist Earl Hope aus Ontario, Kanada, der eine seltene Eloquenz auf dem Instrument besitzt und vom Drummer Michael Reith aus Biederbach, Germany.
Bailey wurde 1968 in South Carolina, USA geboren. Er ist in Virginia aufgewachsen und hat 1991 ein Studium der klassischen Geige absolviert. Nach erfolgreichem Abschluss kam er nach Europa und spielte mit einem Freund Straßenmusik. Was nur als kurzer Besuch geplant war, erwies sich nun doch als längerer Aufenthalt. Er spielt in Musik-Pubs und auch bei Studioaufnahmen diverser Musiker. Nach kurzen Aufenthalten in New York und Los Angeles beschloss er, sich zunächst in Freiburg niederzulassen. Seit 3 Jahren ist seine Gruppe die Hauptattraktion des SWR3-Rockcafe's im Europapark in Rust. Daneben gibt Steven Bailey Konzerte im gesamten süddeutschen Raum. Die zweite CD „Steven Bailey" ist vor kurzer Zeit erscheinen.

D - 77977 Rust
Alemannenstr. 1
Tel.& Fax: 07822-866277
www.steven-bailey.de
Email: info@stevenbailey.de

TON-UP

7 Powerfrauen und ihre Drehorgel

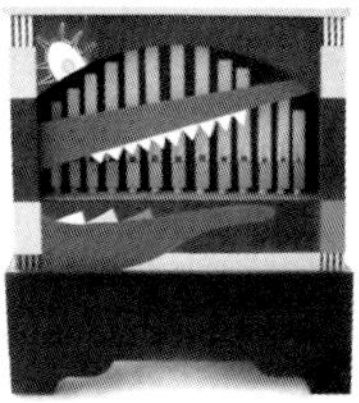

Mit selbstgetexteten, bissig-fröhlichen Liedern erweckt das Septett verstaubte Moritaten-Melodien auf seiner selbstgebauten Drehorgel zu neuem Leben. Sieben unterschiedlichste Persönlichkeiten lassen ihr Temperament und ihre vielfältigen Talente in ungewöhnliche Kabarettprogramme einfließen:

"Und ewig b(l)ockt das Weib", das 2001 mit dem Waldkicher Kleinkunstpreis ausgezeichnet wird.
2003 ziehen die Dreh(n)örglerinnen **"Zickig, zackig, zuckersüß"** über die Kleinkunstbühnen.
Seit 2004 bauen sie an ihrem neuen Programm: **"Betreten der Baustelle verboten?"**

Kontakt
Monika Rudolph
T 07644-4777
ton-up@web.de

The Bloody Marys

Barmusik und Entertainment

The Bloody Marys – das sind drei Frauen, die mit Gesang, Piano, Bass, Gitarre, Saxophon, Nasentrompete und Kamm teils recht eigenwillige Interpretationen von Jazz-Standards, Pop- und Rock-Hits bis hin zu russischer Folklore auf die Bühne bringen.

Wer die *Bloody Marys* noch nicht live erlebt hat, muss wissen, dass sie (Zitat) "...einen Cocktail aus fruchtigen Hits mit einer Portion scharfer Ironie" servieren, die Songs werden - um BM-tauglich zu sein - im "Bloody Mixer" auf die Instrumentierung und Stimmung der drei Damen gebracht und dann mit einem äußerst charmanten Lächeln serviert.

Barmusik nennen die drei das Ganze, das Repertoire reicht von Ella Fitzgerald über Tom Waits bis zu George Michael und kein Song kommt ungeprüft auf die Bühne. Dazu gibt's manch' unverblümte Ansage, den ein oder anderen, z.T. unglaublichen, Schwank aus ihrem Leben und ab und an laden sie auch einen Mann als "side kick" auf die Bühne ein - damit er auch mal einen Applaus bekommt.

Ihr neues Programm nennt sich „All You need is ... Horst!“ - und wer ist Horst? Ich kann nur sagen: hingehen, zurücklehnen und genießen. Prost!

"... ein extrem geschmackvoller Cocktail, von dem man auch in doppelter Dosis keinen Kater bekommt."

Das Booking
Ellen Förster, Kammerhalden 10,
79341 Kenzingen
Tel: 07644 923650,
Email: diebloodymarys@yahoo.de

The Contemporary Big Band Project

The Contemporary Big Band Project, ursprünglich aus der Idee geboren, jungen Komponisten der Regio die Möglichkeit zu geben ihre Big Band Kompositionen und Arrangements mit einem lebendigen Klangkörper zum Leben zu erwecken, setzt mit dem diesjährigen Projekt ganz an den Wurzeln der Big Band an.
Big Band Musik war die populäre Musikbewegung in den 30er Jahren des 20sten Jahrhunderts und hat sich im Laufe der Jazzgeschichte durch Bands wie die von Count Basie und Duke Ellington, später durch Sun Ra Arkestra und anderen zu einer festen Kunstform in der Jazzwelt entwickelt. Und Big Bands passen sehr gut in die heutige Musikszene. Sie bieten vieles an, was durch die modernen Medien zur Vermarktung von Musik und durch die rasante Entwicklung der Technologie zu einem untrennbaren Element der Musikunterhaltung geworden sind: Tempo, Energie, Spannung, Bewegung, fesselnde Dynamik. All das ist live auf einer Big Band Bühne mit The Contemporary Big Band Project seinen 20 Musikerinnen und Musikern zu erleben.
2004 sollen Originalkompositionen für Big Band zum Teil mit Live-Elekronik von Komponisten der zeitgenössischen „E-Musik“ wie Peter Eötvös, Uros Rojko, Rheinhold Braig und Andrew Digby gespielt werden.

Das Ensemble Guardia Vieja

1991 gegründet von Humberto Cosentino, spielt in unterschiedlicher Besetzung Tangos, Milongas und Valses. Das Repertoire umfasst eine große Zahl von Stücken aus der goldenen Ära des Tango, den 40er Jahren, erweitert um Kompositionen von zeitgenössischen Musikern.
Man erlebt die Mischung von traditionellem Tango mit zeitgenössischer südamerikanischer Musik. Heraus ragt der überaus tanzbare Stil von Guardia Vieja, neue Kompositionen entsprechen dem Wunsch aller Tänzer – tanzbar sein. LiebhaberInnen von fröhlichen Milongas kommen ebenso auf ihre Kosten wie Tangueros de Salón. Die Besetzungsmöglichkeiten reichen vom Duo bis hin zum Sextett.

The Loungecore Poets

Das aus Freiburg stammende Quintett „The Loungecore Poets" zeichnet sich in seiner musikalischen Konzeption durch Offenheit und Neugier gegenüber einer stilistischen Vielfalt aus, die sie überzeugend zu einem eigenen Sound entwickelt hat. Minimalistische Konzepte und Klangexperimente werden mit druckvollen Grooves des HipHop und Drum&Bass verbunden, improvisatorische Freiräume wachsen organisch aus durchkomponiertem Material.
Die seit 1997 bestehende Formation spielt ausschließlich Eigenkompositionen des Pianisten Stefan Merkl, die sich durch motivisch, klangliche Einheit auszeichnen und dem Sound jedes einzelnen Bandmitglieds Rechnung tragen.
Eine sehr hörenswerte Bestandsaufnahme dieser vielversprechenden Band ist die Anfang 1999 erschienene CD „Such Suite Music". Im neuen Programm vermischt „LCP" seine Musik außerdem mit Stilelementen der „minimal music" von Steve Reich, so zu hören auf der zweiten CD „the 2nd take" (2001).

Buchung, Anfragen und CD-Verkauf bei

services of art and music
SAM Kulturmanagement

SAM Kulturmanagement
Sven Kestel
Im Hausgrün 27
79312 Emmendingen
Tel. 07641-956820
Fax 07641-936906
info@sam-kultur.de
www.sam-kultur.de

Wir machen Musik!

Jugendmusikschule *JMS*
Westlicher Kaiserstuhl-Tuniberg e.V.

Breisach
Ihringen
Merdingen
Vogtsburg

Mahadöh

ein aushängeschild der **JMS** ist das **jazzensemble MAHADÖH** unter der leitung von thomas wenk. hier war der startpunkt einiger hochtalentierter junger musiker. eine indische gottheit, die nach einer ballade von goethe auf die erde kam um die freuden irdischen lebens kennenzulernen, stand pate für den namen des eigenwilligen ensembles.
MAHADÖH verfügt über ein weitgespanntes repertoire von swing-standards, cool-jazz und hardbop bis jazzrock in eigenen, oft ungewöhnlichen arrangements, welche viel **raum für freie improvisationen** lassen. das ensemble gewann 2002 den 2. preis beim baden-württembergischen wettbewerb **"jugend jazzt"** und nahm 2003 eine zweite cd auf.
bei zahlreichen auftritten in der freiburger regio sowie im fernsehen hat sich die band inzwischen einen namen gemacht und wird regelmäßig von veranstaltern eingeladen.

Mit über 900 Schülern und über 50 qualifizierten Lehrkräften leistet die JMS neben der Ausbildung von der "Musikalischen Früherziehung" bis zum Hauptfachunterricht in nahezu allen Instrumenten und im Fach Gesang zahlreiche Beiträge zum kulturellen Leben der Region:
Die **JMS-Ensembles** konzertieren und spielen zur musikalischen Umrahmung verschiedenster Veranstaltungen :

Jazzensemble **"Mahadöh"** (Leitung: Thomas Wenk)
Pop-Band **"Beat Max"** (Leitung: Joachim Storl)
Gesangsensemble **"Cook´s Singers"** (Leitung: Josephine Cook-Müller)
Trompetenensemble **"Turmbläser"** (Leitung: Ralf Probst)
Kammermusikensemble **"Con anima"** (Leitung: Christoph Scherzinger)

Veranstaltungen: Mindestens einmal monatlich finden Schülervorspiele und Konzerte in der ehemaligen **Spitalkirche** am Marktplatz in Breisach, einem reizvollen Kammermusiksaal mit Flügel, statt. Auch professionelle Künstler treten bei Kammermusikkonzerten und Liederabenden dort auf. Einmal jährlich gibt es ein Konzert im historischen **Radbrunnen** auf dem Münsterberg. Weitere musikalische Aufführungen gibt es in den **Mitgliedsgemeinden Breisach, Ihringen, Merdingen und Vogtsburg** - auch in Kooperation mit den Kindergärten, Schulen und Vereinen.
Informationen/Kontakt:

Jugendmusikschule, Jahnstr.1, 79206 Breisach, Tel./Fax 07667-1846,
E-Mail: JMS.Breisach@t-online.de
www.jugendmusikschule-breisach.de

MUSIC-LAB
die MusikLustSchule in Emmendingen

"MUSIC MAKES THE PEOPLE COME TOGETHER" (Madonna)

Musik zum Mitmachen für alle! Die private Musikschule **MUSIC-LAB** lässt nichts und niemand aus: Das Konzept des MUSIC-LAB-Gründers **Werner Englert** beruht auf der Überzeugung, dass Musik etwas sehr Individuelles, Einzigartiges ist, das bei jedem Menschen andere Ausdrucksformen findet und daher nicht in einen starren Lehrplan gepresst werden kann. Statt dessen orientiert sich der musikalische Weg an den **individuellen Stärken** des/der Lernenden. Die Fragen nach dem Wer bin ich? Was macht mich aus? Wo sind meine Stärken? Welches ist mein Instrument? müssen sich sowohl SchülerIn als auch LehrerIn immer wieder stellen.

Vom den Kleinkindern im MUSIKPARADIES bis zur integrativen Band JOLLY JUMPER, von
den Jugend-jazzt-Gewinnern THE LABRADORS bis zum Weiberchor 'S CHÖRZO, vom 13-jährigen Celloschüler bis zur 55-jährigen Percussionspielerin sind über 350 Menschen aus dem ganzen Kreis wöchentlich begeistert von 33 ProfimusikerInnen, die ihr Wissen ganz hautnah-klingend vermitteln. Einzel- & Gruppenunterricht, Bands, Chöre, Workshops und Events – für jedes Alter und jedes Level. Gratis-Schnupperstunden können jederzeit vereinbart werden. Und im Oktober verwandelt sich das ganze Haus in der Stadtmitte in eine gigantischen Musikwerkstatt. **TEST THE LAB** bietet alljährlich über 100 Workshops in fünf Tagen und vier abendliche Jam Sessions im Emmendinger Schlosskeller – Begeisterung, die überschwappt!

MUSIC-LAB
Die MusikLustSchule in Emmendingen
Freiburger Straße 2, 79312 Emmendingen
(direkt neben dem Bahnhof)
Telefon: 0 76 41/5 2 58, Fax: 0 76 41/5 55 58

www.music-lab.de

Bürozeiten: Mo – Do, 15 – 17 Uhr und
Freitag von 10 – 12 Uhr.

MUSIC-LAB

YEBESSE

Der Name **YEBESSE** steht für die phantasievolle Ausdrucksform von *pikant, scharf, Freude, Spaß und Zusammenhalten.*
Die Afrobeat-Band (Pure Perkussion, Trommel, Gesang, Choreographie) wurde im Winter 1996 ins Leben gerufen. Diese Zusammenkunft von damaligen Studierenden aus Afrika in Freiburg hat sich von ihrem Ziel nicht getrennt: Die afrikanische Kultur und Musik mit den Mitmenschen in Deutschland bzw. weltweit zu teilen und bekannt zu machen.
Zu diesem Zweck hat die Band bereits in Freiburg und Umgebung (laufend), Karlsruhe1999, Stuttgart 2002, Siegen 2001, Elzach 2004, Kempten 2004, Straßburg 1998, Süd-Tirol, Bolzano (Italien) 2003 gespielt. In Jazzhaus, Konzerthaus, Bars und in zahlreichen Gottesdiensten war die Band zu sehen. Gesellschaftlich und sozial sehr engagiert ist die Gruppe auch. Im Rahmen von Aktion gegen Fremdenhass und Rassenwahn (2002) in Freiburg ist die Band mit anderen Künstlern Live Musik aufgetreten. Die Gruppe engagiert sich immer wieder auch bei einem Solarkochprojekt in Afrika. Auch arbeitet sie mit der ESG Freiburg zusammen.

Die Band im Konzert zu sehen ist ein purer Genuss und eine Therapie für den Körper und der Geist!!! Wenn ***die afrikanischen Trommeln mit YEBESSE*** anfangen zu wirbeln, da geht euch der Hut hoch!!!

2002 brach die Band ihre 1. CD auf den Markt zur Freude der Fans. Die CD war und bleibt ein Riesenerfolg. Das Feedback ist sehr erfreulich und ermutigend. Die CD ist über Internet und bei uns bestellbar oder rufen Sie einfach an.

Über uns ...

- **Konzerte, Familienfeste, Kinderfest, Gottesdienste mit afrikanischen Gospelliedern, Ausstellungseröffnungen**
- **Betriebsfeste, Forumsdiskussioneröffnungen, Privatfeste**
- **Teamtraining Trommelworkshop, Motivationstraining mit afrikanischen Trommeln, Therapietrommelworkshop, Schulenworkshop, Improvisation Trommelworkshop,**
- **Afrikanischer Tanz, Trommelkurse, Simba Boo (african fitness)**

Kontakt: **www.yebesse.de**
Jude GBEKOU: E-mail: gbek22@yahoo.de : Tel. 07667933719, mobil 01733116163. Gerhart-Hauptmann-Str. 22, 79206 Breisach
John KANGNI:E-mail: togbe_k@yahoo.fr: Tel. 076659473838, mobil 01733116205
Ruben AJAVON: Tel. 07652919273, mobil 01751295337

Anne Höveler

www.anne-hoeveler.de

Kabarettistin Sängerin Clown

Als Kabarettistin und Sängerin hat sich **Anne Höveler** über die Region hinaus einen Namen gemacht.
Ihre Programme zeichnen sich durch spritzigen Humor und anspruchsvolles Niveau aus.
Zusammen mit ihrem Pianisten **Martin Leuchtner** füllt sie Kleinkunstbühnen und wird für Feiern und Feste jeder Art gerne engagiert.
Freche Chansons sind ihr auf den Leib geschrieben - ihre sprachliche Gewandtheit und ihr schauspielerisches Talent sorgen für treffsichere Pointen.

Programme:

Chansons und mehr

- Kabarett-Chansonprogramm über die Qual der Wahl

Die Männer sind schon die Liebe wert

-Kabarett über Liebe Frust und Leidenschaft

Von Liebe und Erotik

- eine gesangliche Reise durch die Epochen

Selbstbewusst und frech spielte sich Anne Höveler durch die Themenpalette und täuschte mit ihrem Übermut gekonnt über die häufig ernsthafteren Untertöne hinweg. Lippische Landeszeitung, Nov 03

... über den Ernst des Lebens

Kontakt:
Anne Höveler
Kirchstr. 42
79365 Rheinhausen
Tel: 07643 / 931015
Anne.hoeveler@t-online.de
www.anne-hoeveler.de

...macht sich **Anne Höveler** gemeinsam mit „ihren Clowns“ immer wieder Gedanken. In Kursen und Workshops begeben sich die Teilnehmer/innen auf den Weg,um ihre eigene Komik zu entdecken. Dabei hilft die „rote Nase“ als die kleinste Maske der Welt ...
Sie erlaubt, neue Seiten an sich zu entdecken, aus den gewohnten Rollen heraus- und in überraschend neue hineinzuschlüpfen.
Im angeleiteten Spiel entsteht die Komik ganz von allein, deshalb sind diese Workshops nicht nur für „Spaßvögel“ geeignet, sondern für alle, die sich und die Welt von einer anderen Seite betrachten und belachen wollen.

Jean-Marie Lutz

Körperausdruck - Entspannung - Theater

Ich komme eigentlich aus der Landwirtschaft und habe mehrere Jahre in therapeutischen Einrichtungen gearbeitet. Heute helfe ich in meinen Wochenend-Seminaren in den Vogesen den Teilnehmenden, die Spannweite ihrer Ausdrucksfähigkeiten kennenzulernen, zu erweitern und einzusetzen. Wir setzen uns auseinander mit Stimme, Tanz, Musik und Theater. Denn jeder Mensch bringt dazu schon eine Vielfalt an Fähigkeiten mit, die hier entdeckt und gefördert werden. Die auch gefordert sind bei allen Formen von Bühnenarbeit. Mir liegt das „Jetzt!" am Herzen, das Hier und Heute, denn wenn wir uns zeigen auf der Bühne, hat nur das Gegenwärtige Belang.

Ausbildungen: 1988-2003 interdisziplinäre Ausbildungen für Körperausdruck und Entspannung in Frankreich und der Schweiz

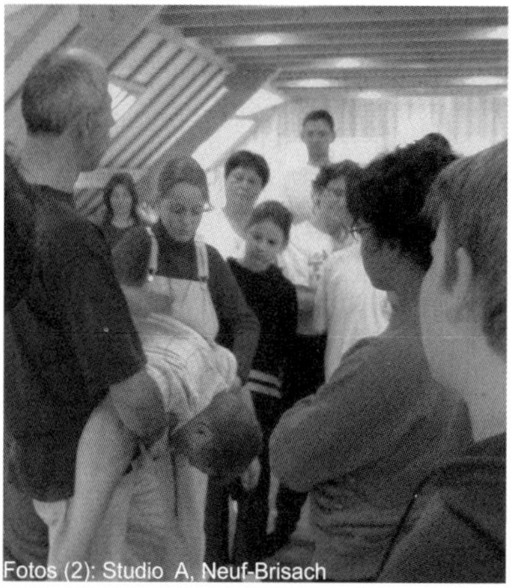

Fotos (2): Studio A, Neuf-Brisach

Meine Regierfahrungen:

1997-1998 „Le p'tit dernier a 20 ans"
Fessenheim

1998-1999 Tricentenaire (300 Jahrfeier)
Neuf-Brisach

1998-2004 Fête de la Sorcière (Haxafest)
Rouffach

2004 „Reflets au Rhin/Lichterglanz auf dem Rhein"
Deutsch-Französisches Spektakel
Rheininsel/Vogelgrun

Kontakt:

Tel.: 0033 (0) 607 19 83 53
3, rue du Général Herr
F - 68600 Neuf - Brisach

Theater Tanz Rhythmus

Kofi und Helga Onny bewegen „Klein“ und „Groß“

Das lebendige Spiel zwischen Körper und Rhythmus erleben. Moderne und traditionelle afrikanische Tanzformen, Gesang, rhythmische Spiele und Life Musik – eine besondere Atmosphäre für individuelle und kreative Bewegungen. Kofi und Helga Onny bewegen „Klein“und „Groß“.

Kofi Dobi Onny, geboren in Ghana, studierte dort Theaterkunst an der Universität Legon. Später arbeitete er als Regisseur und Schauspieler beim Ghanaischen Staatstheater und wirkte in einigen Fernsehserien und Filmen mit.
Gemeinsam mit Rolf Grillo betreibt er das Freiburger Rhythmustheater GRILLONNY für kleine und für große Leute zum Zuhören und zum Mitmachen.

Helga Onny, Rhythikstudium an der Hochschule für Musik und Darstellende Kunst, Stuttgart. Studium zur Diplom Ballettlehrerin an der Ballettakademie Maria Gorkin, Basel - dann dort selbst als Musiklehrerin engagiert.
1984 im Austausch am Staatstheater in Ghana – Vertiefung Rhythmik
Weitere Lehraufträge u.a. an Jugendmusikschulen, beim Rhythmikstudio Freiburg, an der Gehörlosenschule in Stegen und an diversen Ballettschulen.

Heute haben Kofi und Helga **gemeinsam** das eigene Studio LOKOMOTION in Freiburg in der Lagerhausstraße. Tanz- und Rhytmikkurse für Mädchen und Jungs, aber auch für Erwachsene werden zudem auch über die VHS in Endingen und in der näheren Umgebung angeboten.

Ziel aller Kurse ist stets die Bühne mit entsprechenden öffentlichen Auftritten. Mal war es das African Festival in Emmendingen oder das Weltkinderfestival in Zürich oder der Zirkus Harlekin in Freiburg – immer wieder Konzert- oder Tanzevents an verschiedenen Orten.

Kontakt:
D-79346 Endingen-Amoltern
Heideweg 5
Tel.: 0049 (0)7642 – 2817
Mail: Kdonny1@aol.com

Zauberkünstler
der Zauberer, der designed oder
der Designer, der zaubert ...
mit Leidenschaft begeistert,
durch Komik unterhält ...
• am Tisch
• auf Stehpartys
• auf Messen und Promotion-Aktionen
• auf privaten Festen
oder als "Walking Act"
www.tisio.de
tisio
magie und design
Tisio, Dipl. Designer, Zauberer
Tel. +49(0)7641-95 98 79
Mobil +49(0)174-21 20 570

Lyrical-Sommer

im Kaiserstuhl...

15. Juli bis 21. August 2005

“Rose und Nachtigall”, “Im Wein erwuchs ihm kecker Mut”, “Ein Glockenton flieg durch die Nacht”, “Ein Vierviertelschwein und eine Auftakteule” und “Da wendet sich de Gast mit Grausen” lauten die Programme, die der Schauspieler Hans Kemner ir poetisch-musikalischen Dialog mit dem Trompeter Ralf Probst oder dem Jazzpianiste Jan Christoph gekonnt in Szene setzt.

Von den Gedichten lassen sich Winzer, Wirte und Köche zu erlesenen Kreatione inspirieren. Es entsteht ein Gesamtkunstwerk aus Worten, Klängen und Gaumenfreu den. Kulisse dafür sind idyllische Winzerhöfe, Weingüter, Gasthäuser und das Burk heimer Schloss. In den Winzerorten am gesamten Kaiserstuhl macht der Lyrica Sommer Station auf seiner Reise durch die Welt der Worte berühmter Dichter wi Friedrich Schiller, Johann Wolfgang von Goethe, Christian Morgenstern, Theodor Storn Oskar Wilde, uvm.

HANS KEMNER

... Winzerorte voller Poesie...

- die leise Alternative für stille Genießer

Individuelle Veranstaltungs-arrangements für Gruppen ab 60 Personen:
das “Lyrical” in Verbindung mit kulinarischen Erlebnissen

Informationen bei:
Medienservice-Breisach
Tel.:0 76 67/91 22 76
medienservice-breisach@web.de

JAN CHRISTOPH

RALF PROBST

Die Traber's

Eine Artistenfamilie zwischen Himmel und Erde

Seit rund 300 Jahren gibt es in der Familie Traber Hochseilartisten. Seiltänzer Johann Traber, geb. 1906, stammt aus Frankenhausen/Thüringen. Die heutige Generation der Familie Traber um Show-Direktor Johann Traber ist in Vogtsburg-Burkheim im Kaiserstuhl zu Hause. Hier lebt Johanmn Traber mit Frau Marie-Vera (genannt Mizi) und den Kindern Johann, Anna und Katharina. Auch die Zukunft dieser traditionellen Artistenfamilie steht fest. Der Junior(16 Jahre), ebenfalls auf den Namen Johann getauft, ist sich sicher: „Mein Beruf ist Hochseilartist. Das ist einfach mein Ding. Ich war fünf Jahre alt, als ich das erste Mal vor großen Publikum auf dem Seil gelaufen bin. Seitdem weiß ich, was ich will".

Ihre Aktionen sind spektakulär und riskant. Ihr Mut ist genetisch vorgeprägt Die Trabers sorgen immer wieder für Schlagzeilen – weltweit.

An Himmelfahrt den Stuttgarter Fernsehturm mit einem Smart-Roadster hinaufrollen
Artist Johann Traber hat insgesamt elf Tage, fünf Stunden und fünf Minuten auf einem Seil verbracht - und damit auf der Expo in Hannover einen Weltrekord aufgestellt.

*. . . Weltrekord mit dem Leben bezahlt - Nach Augenzeugenberichten begann das Drahtseil plötzlich zu vibrieren. Der 26jährige Schreyer verlor das Gleichgewicht, konnte sich mit einer Hand noch kurz am Seil halten und stürzte schließlich ab. (*deutsch-französischen Radiofestes "EuRadio '96")

Seilartist Traber über dem Rhein. *Seilartist Johann Traber drehte auf dem Seil hoch über dem Rhein mit dem Motorrad eine vierzehnmalige Pirouette und stellte mit dieser Nummer einen neuen Weltrekord auf. Deutschlands bekannteste Artistenfamilie spannte dafür vom Loreley-Felsen bis zum Aussichtspunkt Maria-Ruh in Urbar ein Seil über die gesamte Rhein-Länge auf.*

Die Trabers wagen den Tanz mit dem Tod - mittlerweile schon in der 15. Generation – *BZ Feb. 2004 zum 50. Geburtstag von Johann Traber*

Mögen sie immer gut auf Draht sein.

Grenzüberschreitung auf der Zugspitze

Zum Auftakt von Grenzenlos haben nun Falco und Johann Traber mit Reneé und Tamara im Trapez Hochseilartisitk der Weltklasse geboten. Zweieinhalb Jahre Vorbereitung war dieser Grenz-überschreitung vorausgegangen. 300 Meter über dem Abgrund "radelten" die Artisten vom Tiroler und vom Bayerischen Zugspitzgipfel aufeinander zu.

Tel.: 0049 (0)7662 – 1852
Jägerhof 2B 79235 Vogtsburg-Burkheim
www.traber-show.de

noch mehr Feuilleton

Bernd Heitzler / Basstrio **- Umkirch**

2001 gründete Bernd Heitzler das tieftönende "BassTrio" - kein Trio aus Bässen, sondern ein Trio, bei dem der Kontrabass die zentrale Rolle übernimmt. Das Repertoire des BassTrio's besteht aus Jazz-Klassikern, deren Tempi und Arrangements an die Klangeigenschaften des Kontrabasses angepasst wurden und somit - "durch den Bass gesehen". in einer neuen, frischen Perspektive gezeigt werden.
Für die Aufnahmen der CD BassTrio wurden zwei Pianisten und zwei Schlagzeuger ausgewählt um daraus an jedem Aufnahmetag wechselnde Kombinationen zu bilden.

Herrengässle 4 - D-79224 Umkirch TEL: +49-7665-5626

Cécile Verney **- Umkirch**

Ihre Stimme besticht durch ein gewaltiges Volumen, durch Dynamik und Volumen. Mit Ihrer Stimme entfaltet sie die ganze Bandbreite Ihres Könnens. Sie - das ist Cécile Verney, eine an der Elfenbeinküste geborene, in Frankreich aufgewachsene und in Umkirch lebende Sängerin. Cécile Verney interpretiert mit faszinierender und selbstsicherer Eigenständigkeit eine Mischung aus Blues, Soul, gemixt mit afro-lateinamerikanischen Rhythmen. Ihr zur Seite stehen Andreas Erchinger, Pianist und Komponist des Quartetts, der Bassist Bernd Heitzler und Drumer Torsten Krill.

Herrengässle 4 - D-79224 Umkirch 0049-7665-5626

Heinrich Walther -- Umkirch

Wer eines schönen Sonntagmorgens in der Opfinger Bergkirche zum Gottesdienst geht, bekommt mit ein wenig Glück den bekannten Organisten Heinrich Walther zu hören - vorausgesetzt, es sind gerade keine Semesterferien. Denn dann kann es sein, daß er auf einer seiner zahlreichen Auslandsreisen konzertiert, wie schon in Japan, Amerika, Sibirien und natürlich in Europa.

Unter anderem wächst zu solchen Zeiten auch seine lange Diskographie, auf der sich Repertoire aus den letzten vier Jahrhunderte befindet, unter anderem auch die "Kunst der Fuge" von J.S.Bach sowie Werke von Reger, Liszt und César Franck, teilweise erschienen bei dem CD Label "Organum Classics".

Jazzladen (Milchkännchen)
Erfrischender Dixie- und Mainstremjazz.
Günther Schmalen Tel.: 07667 – 5448

Sunny Manzanas **- Bahlingen**

Jazzband, die immer wieder neu zusammengesetzt wird. Vorwiegend Studenten. In der Regel Covertitel.
Kontakt: Raphael Dinger Tel. 07663 / 4494

Michael Blank alias Michael Parlez **- March**

Professioneller Zauberer Tel. 0173 - 4658852

Wolfgang J. Fernow **- Ihringen**
Musiklehrer und Bassist – spielt u.a. in der Gruppe TRIO AVODAH
Modern arrangierte Folklore quer durch Europa – bulgarisch, spanisch und auch jiddisch. John Lennon, Bela Bartok, Schubert, Django Reinhard – das Spektrum ist breit gefächert. Die Besetzung ist hochkarätig.
Riedgasse 13 Tel. 07668 / 902391

Deutsche Kammer Schauspiele **- Endingen**
professionelles Ensemble mit vorwiegend klassischen Arrangements
Annette Greve, Martinskirchgässle 4 Tel. 07642 - 907880

The Clap **- Emmendingen**

perfekt nachgespielte Coversongs vorzugsweise der 70er, 80er und 90er Jahre. Eine Emmendinger Kultband, die bereits seit 1990 in der Region unterwegs ist.
Mario Kanzinger Tel. 07664 - 930855

Flamenco-Studio „Casita alegre" **– Emmendingen**
Flamencotanzunterricht für jedes Niveau, für Kinder und für Jugendliche
Gisela Schachenmayr, Unterdorfstr. 16 Tel.: 07641 / 959741

Theodor Ziegler **– Algolsheim (F)**
Liedermacher – kritische Balladen, Spirituals, Blues
Lieder von 1000 vor Chr. bis heute vorgetragen im Duo, Trio oder mit einer Band
7, Impasse du Saule - Tel. 0033-389-729595

Breisacher Festspiele
Amateurtheater mit über 700 Plätzen. Gespielt wird bei jedem Wetter. In der Saison 2004 wurde zum Beispiel gespielt:
Das Wirthaus im Spessart und *Die kleine Schatzinsel*
Kontakt: Klaus Stadelbacher - Tel. (07667) 60 47 - www.festspiele-breisach,de

Theater im Steinbruch Emmendingen e.V.
Amateurtheater mit Erwachsenen- und Kinderstücken. In der Saison 2004 hat man z. Bsp. gespielt:
für Kinder: Peter Pan oder das Märchen vom Jungen, der nicht größer werden wollte
für Erwachsene: Einen Jux will er sich machen
Kontakt: Steinstr. 2 - 4
79312 Emmendingen
Tel: 07641 / 956014
Karten: Tel. 0700/7777 2002
www. theater-im-steinbruch,de

Theater Frauenbühne – Die kleine Operette – Emmendingen
Private Initiative der Sängerin Ursula Maria Rossol
In Vorbereitung: Das weiße Rössel vom Wolfgangsee –
Singspiel von Ralph Bernatzky / Robert Stolz – Premiere im April 2005
Martin-Luther-Str. 7 - Tel.: 07641 – 931342

Kulturinitiativen / Galerien

Unser Auftrag seit mehr als zwei Jahrzehnten:

- Wege zur zeitgenössischen Kunst und Musik eröffnen
- grenzüberschreitende Begegnungen mit Kunst und Kultur fördern
- den historischen Radbrunnen in Breisach am Rhein lebendig erhalten

Projekte in den vergangenen Jahren:

- Tomi Ungerer: Grenzgänger, Elsässer und Weltbürger 1997
- Súil na Gaeltachta – Malerei aus Irland 2000
- Helmut Lutz: Lebensweg – Sternenweg 2001
- B. Kehrer BFS für Mode: Modenschau Avantgarde 2002
- Lucien Jung - un réaliste romantique 2003
- Ab Bild kein Abbild – Karlheinz Geier / Inge M. U. Reuter-Eck 2004
- Claude Flach: Pierres rassemblées 2oo4

Radbrunnentreffs mit musikalischen Beiträgen der Moderne

- Sebastian Berweck am Klavier
- Ensemble 4hoch3 – vier Musiker aus D, F, CH
- ein New-Jazz-Konzert mit dem Ingmar-Winkler-Quintett
- Percussion mit dem Brückentrio
- Schlagzeugkonzert mit Guillaume Chastel

Der Radbrunnenturm gehört zu den ältesten Bauwerken der Stadt.

Zu Beginn des 13. Jahrhunderts wurde der 41,5 Meter tiefe Brunnen angelegt, aus dem mit einem hölzernen Tretrad Wasser geschöpft wurde.

Der ursprünglich 54 Meter hohe Turm wurde zweimal zerstört und 1953/54 mit einer Höhe von 34 Metern wieder aufgebaut.

Seit 1982 dient er dem „Kunstkreis Radbrunnen" für Ausstellungen und Konzerte.

kleinkunst**bühne** schloß **rimsingen**

In Breisach-Oberrimsingen, dort wo der Tuniberg in die Rheinebene übergeht, sind nicht nur edle Tropfen und der weißköpfige Spargel zu Hause - dort ist auch ein Ort für Kunst und Kultur und ein Platz zum Feiern. Seit 1986 führt Ingrid Hosp im frühklassizistischen Herrenhaus eine Galerie mit regem Kunsthandel erfolgreich durch. Heute gibt es nur noch einmal im Jahr eine Ausstellung.

In der Remise befindet sich unter Kronleuchtern ein Ballsaal, indem Feste gefeiert werden können.

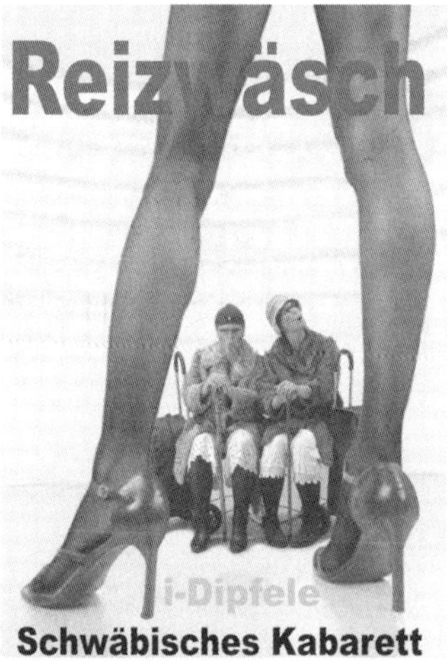

Schwäb. Kabarett "Reizwäsch" am 3. Dezember 04

Johannes Kirchberg am 15.Oktober 04

Seit 1999 ist eine weitere Attraktion dazugekommen: Die Kleinkunstbühne.

Hier werden, mit Ausnahme der Sommermonate, ein bis zweimal monatlich

Kabarett, MusiComedy, **Chansontheater, Travestie** und **Lesungen** geboten.

In den Herbst – und Wintermonaten werden die Programme oft mit Kulinarischem, bei Lesungen auch thematisch, begleitet. Zubereitet von unserer exquisiten Schlossküche.

2004 findet erstmalig eine OpenAir - Veranstaltung mit dem Freiburger Jazzladen statt.

Sechs Musiker spielen an zehn Instrumenten Dixieland, Blues, Swing, Stomp, Spirituals und Hits der 20er oder 30er Jahre.

Zu Gast waren in der Vergangenheit auf unserer Kleinkunstbühne u.a.

Volkmar Staub, Peter Vollmer, Herr Schill und der unglaubliche Heinz; Tri Elles Vocales, Frank Sauer, Gerd Weismann, Gregor Lawatsch, Katja Ebstein, Jess Jochimsen, Mattthias Deutschmann, Jörg Kräuter, Thomas Schreckenberger

Kontakt / Programm / Karten:
Schloß Rimsingen
D-79206 Breisach-Oberrimsingen
Tel.: 07664/3135 Fax: 07664/2038

www.hosp.de

[KLEINKUNSTBÜHNE **DAS ORIGINAL**]

Ein starkes Stück Kleinkunst.

DAS ORIGINAL
Kleinkunstbühne

Das Original in Kenzingen ist eine Bühne, deren Leitung über 20 Jahre Kleinkunsterfahrung mitbringt und zu den Kleinkunst-Pionieren der Region zählt. Im 14-tägigen Rhythmus werden Veranstaltungen angeboten, die das gesamte Spektrum der Kleinkunst abdecken: Große Namen und aufstrebende Künstler, klassisches Kabarett und haarsträubende Comedy, zauberhafte Magie und reizvolle Travestie, brillante Chansons und rauchiger Blues.

Erleben Sie die Welt der Kleinkunst hautnah und voll prickelnder Spannung im Original, im Hirschensaal oder in der Alten Halle in Kenzingen. Vorverkauf im Bücherwurm Kenzingen. Vorbestellungen unter (07643) 61 54. Weitere Infos sowie das aktuelle Programm unter **www.original-kleinkunst.de.**

Gestaltung: www.engler-schoedel.de

Kontaktadresse:
Rolf Seifert
Endinger Str. 3
79365 Rheinhausen
Tel./Fax (07643) 61 54

Die Kleinkunstbühne Das Original ist ein eingetragener und als gemeinnützig anerkannter Verein.
Spendenkonto: 68 563 305
Voba Lahr, BLZ 682 900 00

Die Kenzinger Original KleinkunstPreisträger:
T&T Wollner, Chanson,'03
Gregor Lawatsch, Kabarett, '04

Unsere Gäste in den vergangenen 2 Jahren:
Georg Schramm, Paul Millns, Düsseldorfer Kom(m)ödchen, Perkeo, Buschtrommel, Gerd Weismann, T&T Wollner, Der unglaubliche Heinz, Peter Vollmer, Frank Sauer, Volkmar Staub, Tonup, Seibel&Wohlenberg, Hardbeat, Gregor Lawatsch, Kai Magnus Sting, Peter Freeman, Red House Hot Six, Sally&Sissy, Sven-Erik Sonntag, Oropax, Stephan Bauer, Uli Keuler, Nestbeschmutzer, Galli-Theater, Matthias Deutschmann, Katja Ebstein, Soul's back in town, Jörg Kräuter, Barbara Ruscher, Helmut Ruge, Boogie Connection, Kabarett ohne Ulf, Doris Lerche, Andersen-Ensemble

’s Fenster

Kleinkunst in Weisweil

„’s Fenster“ ist ein als gemeinnützig anerkannter eingetragener Verein, der es sich seit nunmehr über 20 Jahren zur Aufgabe gemacht hat, die „etwas andere Kultur“ ins Dorf zu bringen.

Unser Kleinkunsttheater, untergebracht in einem ehemaligen Heuschober, hat eine anregende und individuelle Atmosphäre, die sowohl von den Künstlern als auch vom Publikum der Region sehr geschätzt wird.

Die Wünsche und Anregungen unseres Publikums sind uns „Fenster“-Leuten genauso wichtig wie der persönliche Kontakt zu den Künstlern.

Die erfolgreiche kulturelle Arbeit der letzten 20 Jahre werden uns Ansporn und Verpflichtung zugleich sein, auch in Zukunft ein niveauvolles, höchst abwechslungsreiches Kulturprogramm anzubieten.

Veranstaltungsort:	„Heuboden“ - Feuerwehrhaus Weisweil
Veranstaltungstag:	Samstag, Beginn 20:30 Uhr
Termine:	www.fenster-weisweil.de Programme in den Vorverkaufsstellen
Vorverkauf:	Bücherwurm Kenzingen 07644/8617 Landhausmode Hirtler Endingen 07642/6020 Bücher-Geschenke Gänshirt Herbolzheim 07643/932674 Papyrus Rheinhausen 07643/4839 Buchhandlung am Kronenplatz Teningen 07641/932050
Vorbestellung:	telefonisch unter 07646/541
Kontaktadresse:	Erika Klank, Erbprinzenstr. 37 79367 Weisweil, Tel: 07646/1411 e-mail: kleinkunst@fenster-weisweil.de

’s Fenster
Kleinkunst in Weisweil

LederFabrik
E N D I N G E N

Verein zur Förderung von Kunst und Kultur

Die Lederfabrik liegt mitten in der Endinger Altstadt direkt am Marktplatz, in der Markgrafenstraße.

Veranstaltungen

von April bis Oktober in den Bereichen
Comedy, Jazz, Kabarett, Klassik, Rock, Theater.

Aufgetreten sind bisher beispielsweise

Abba Jetzt, Bos Art Trio, Bülent Ceylan, Matthias Deutschmann, Friedemann, Paul Morocco & Olé Georg Schramm, The Buddhas, Bluesquamperfect, No Plastic Band, Flüg Züg, Ganz schön feist, The Clap, Wallgraben Theater Freiburg, SurPlus, James Avery, Tango Five, Gogol und Mäx, John Amann and the Legends, Helmut Lörscher Trio.

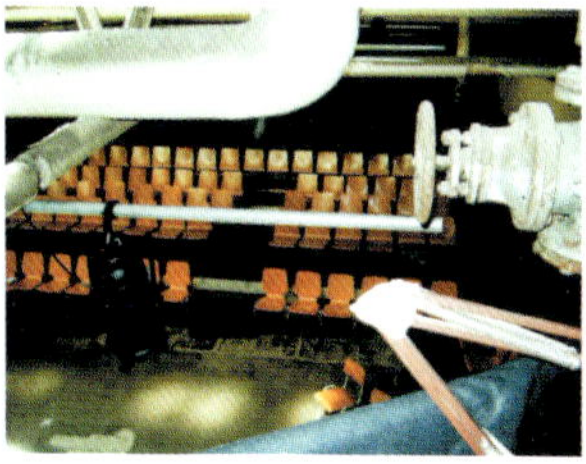

Kontakt

info@lederfabrikendingen.de
www.lederfabrikendingen.de
Bernhard Klorer, Eisenbahnstraße 11
79346 Endingen, Tel 07642-7496, Fax -925331

Vorverkauf:
Buchhandlung Vollherbst-Koch, Endingen, Hauptstr. 72 Tel. 07642-1586
novo wohnzubehör, 79346 Endingen, Ritterstrasse 8 Tel. 07642-926843

roccafé

es war einmal...

1894 vor nunmehr 110 jahren, halten die gebrüder marx-söhne mit ihrer wollweberei einzug in eine frisch errichtete fabrik in denzlingens ortsmitte.

1911 geht dieselbe in die hände des freiburger fabrikanten otto möllinger über: die nächsten rund 50 jahre werden hier zigarren gerollt.

1960 mit dem kauf durch die ROCCA KG, erhält die damals 66jährige den namen, den sie noch heute trägt - die folgenden 36 jahre wird unter ihren sheddächern u.a. bauchemisches produziert

1996 kauft schließlich die gemeinde denzlingen das ROCCA-Areal mit der absicht, es einer kulturellen nutzung zuzuführen und den Ortskern aufzuwerten.

im gleichen jahr gründet sich der verein roccafé e.V. mit der absicht, an der planung und entstehung eines vielseitigen kulturellen zentrums - u.a. mit regelmäßigen veranstaltungs-angeboten und einem lebendigen kultur-café aktiv mitzuarbeiten.

1999 ziehen die firmen ROCCA KG, SKK und fischerwerke aus.

1999/2000 zum jahrtausendwechsel feiert roccafé e.V. gemeinsam mit über 300 denzlingern, nah- und weitgereisten gästen ein rauschendes silvesterfest.

die nächsten drei jahre lang beherbergt die etwas altersschwach gewordene fabrik mit dem besonderen flair eines industriedenkmals verschiedenste kulturveranstaltungen, an den stellenweise rissigen und grünschimmligen wänden gedeiht so manche kunstausstellung.

2002 beginnen die sanierungsarbeiten mit der "roccafé-haut-auf-den-putz-aktion": in insgesamt 350 arbeitsstunden werden von zahlreichen helferinnnen und helfern 24 kubikmeter putz, 14 kubikmeter boden und 6 kubikmeter holz abgeklopft, rausgestemmt, weggeschaufelt und rausgekarrt - das dabei frei-gelegte backsteingemäuer verbreitet heute eine wohlige atmosphäre in café und veranstaltungsraum.

2004 im mai öffnet das kulturcafé roccafé im erdgeschoss der behutsam sanierten Fabrik mit dem unvergleichlichen charme seine pforten.

im juni öffnen die mediathek unter den hellen sheddächern im erdgeschoss so wie der wunderschöne veranstaltungsrau für ca. 100 zuschauer im obergeschoss. er kann bei der gemeinde denzlingen angemietet werden. auch roccafé e.V. wird dort noch so manchen kulturellen leckerbissen servieren.

nähere infos dazu im programmheft.

www.roccafe.de

Öffnungszeiten:
mo-do: 17-24 Uhr fr: 17-2 Uhr sa: 14-2 Uhr so + feiertags: 14-24 Uhr

hauptstr. 134 79211 denzlingen fon: 07666 - 883 883 kultur@roccafe.

Kulisse e.V.

- Verein für Kleinkunst und Kultur

Gesang und Theater liegen der **Kulisse** besonders am Herzen. Workshops und Aufführungen mit Clowns stehen ebenso auf dem Programm wie Chorprojekte und Konzerte. Und das Ganze steht unter dem Motto:
„Wir machen es *etwas* anders…“
Ein klassischer Liederabend wird szenisch gestaltet und verliert seine Steifheit, eine Chorprobe beginnt mit rhythmischen Übungen oder gegenseitiger Schultermassage und die Clowns tanzen sowieso aus der Reihe…

von Liebe & Erotik
Klassischer Liederabend in „Müller's Scheune“ in Endingen

Benefizkonzert in Kenzingen

Der Kulisse-Chor, gegründet Sept. 02, singt „quer Beet“, alles was Spaß macht, von Gospels über afrikanische Lieder bis hin zu jazzigen Tönen. Jeden ersten Montag im Monat findet ein „offenes Singen“ statt, zu dem jeder eingeladen ist, der seine Stimme ausprobieren möchte.

Kulisse e.V. Tichstr. 3
Kenzingen
07644 / 923798 oder
07643 / 931015

Skulpturenweg

Kulturkreis Emmendingen e.V.

Der Kulturkreis ist eine Initiative von Emmendinger Bürgern. Der als gemeinnützig anerkannte Verein fördert das kulturelle Leben der Stadt. Ein besonderes Anliegen ist dem Kulturkreis dabei die Förderung junger Künstler. Der Kulturkreis veranstaltet Konzerte im Alten Rathaus und in der Steinhalle, stellt in seiner Galerie im Tor und am Skulpturenweg Gegenwartskunst aus. Er veranstaltet zusammen mit dem Kulturamt der Stadt Emmendingen Ausstellungen der Emmendinger Künstler. Er kümmert sich um die alte Bausubstanz unserer Stadt und vieles mehr.

Vor zehn Jahren hat der Kulturkreis in Zusammenarbeit mit der Stadt damit begonnen, im Park am Mühlbach im Emmendinger Stadtteil Bürkle-Bleiche Skulpturen von Bildhauern der Region aufzustellen. Mit Celia Browns „Jack in the Pulpit" und Annette Merkenthalers „Das Gärtchen" sind 2002 und 2003 unsere jüngsten Neuerwerbungen hinzugekommen, so daß jetzt 16 Kunstwerke dort stehen. Jede dieser Skulpturen hat ihren eigenen, meist von Büschen und Bäumen umgebenen Raum, den sie erfüllt und in dem sie ihre eigenartige Wirkung entfalten kann. Jeder Standort wurde von dem Künstler selbst ausgesucht. Von Werk zu Werk spazierend, lernen wir die Formensprache des jeweiligen Künstlers verstehen.

Entstanden ist der Emmendinger Skulpturenweg durch eine Initiative von Emmendinger Kunstliebhabern, die im Kulturkreis zusammengeschlossen sind. Sie wollen die heutige Kunst nicht nur im Museum finden, sondern im öffentlichen Raum ihrer Stadt, wo sich jedermann bewegt. Betreut wird der Skulpturenweg von einer Arbeitsgruppe des Kulturkreises in Zusammenarbeit mit dem städtischen Kulturamt. Die Skulpturen bleiben an ihren Standorten stehen, so daß die Anwohner und Spaziergänger Zeit haben, sich mit ihnen auseinanderzusetzen und anzufreunden. Die Finanzierung geschieht durch eine Art Mietkauf: jeder Künstler erhält im Jahr 500,- Euro, bis seine Skulptur in den Besitz der Stadt Emmendingen übergeht. Die Kosten trägt zur Hälfte der Kulturkreis (durch das Sammeln von Spenden) und zur Hälfte die Stadt Emmendingen.

Der Emmendinger Skulpturenweg

Internet: http://www.fbs.em.schule-bw.de/skulptur/skulpt00.htm

Ständige Freilichtausstellung von Bildhauerarbeiten aus der Region
Im Mühlbachpark zwischen Schiller- und Martin-Luther-Straße.
Parken beim Einkaufszentrum „Kaufland" an der Martin-Luther-Straße

Kontakt: Kulturkreis Emmendingen e.V.
Keplerstr. 18
Tel.: 07641-2751
Tel.: 07641-7727
Fax: 07641-933687
Email: Fritz.Kendel@web.de
www.galerie-im-tor.de

Galerie im Tor

Kulturkreis Emmendingen e.V.

Ständige Wechselausstellungen zeitgenössischer Kunst in den Bereichen Malerei, Zeichnung, Druckgraphik, Photographie, Bildhauerei und Video im historischen EmmendIngeer Stadttor.

Seit Herbst 1996 werden jährlich fünf vier- bis sechswöchige Ausstellungen gezeigt. Diese werden von Veranstaltungen wie Künstlergesprächen, Leseabenden usw. begleitet. Die zuständige Arbeitsgruppe des Kulturkreises versteht sich als Vermittler zwischen Atelier und Öffentlichkeit und schafft jenseits von kommerziellen Interessen einen Freiraum für Kunst unserer Zeit. Durch das ehrenamtliche Engagement der Mitglieder, die Finanzierung nicht nur durch Bildverkäufe, sondern auch durch Mitgliederbeiträge, private Spenden, Zuschüsse der Stadt Emmendingen und des Landes Baden-Württemberg ist Unabhängigkeit der Entscheidung für Themen und Inhalte möglich. Es wird nicht nur gefällige Kunst gezeigt, sondern auch solche, die Auseinandersetzung mit unserer Zeit und mit künstlerischen Postionen fordert.

Zur Eröffnung der Ausstellungen wird in das Werk der Künstlerinnen und Künstler durch kompetente Kunsthistoriker eingeführt. Für Gruppen oder Schulklassen können Galeriebesuche außerhalb der gewohnten Öffnungszeiten vereinbart werden. Die Aussteller bieten von Fall zu Fall Führungen an, die in der Presse bekanntgegeben werden.

Offen: donnerstags 17 -19 Uhr
samstags 11 - 14 Uhr
sonntags 11 - 17 Uhr
und nach Vereinbarung

Kontakt: Kulturkreis Emmendingen e.V.
Keplerstr. 18
Tel.: 07641-2751
Tel.: 07641-7727
Fax: 07641-933687
Email: Fritz.Kendel@web.de
www.galerie-im-tor.de

IM SCHLOSS EIN KELLER...

Eine Zentrale der Kultur an einem zentralen Platz: Mitten in Emmendingen, mitten im Schloss und mitten im Leben der kleinen Großen Kreisstadt Emmendingen ist der Schlosskeller nicht nur ein stimmungsvolles Gewölbe im markgräflichen Schloss. Hier wird seit 1993 rund ums Jahr Kultur gemacht. Und Kneipe. Zusammen ist das die „Kulturbühne Schlosskeller". Ein rühriger Verein, ein engagierter Pächter, viele ehrenamtliche Helfer bieten ein Programm, das sich sehen & hören lassen kann: Klassik, Rock, Pop, Jazz, Chansons, Lesungen, Kabarett, Vorträge, Kleinkunst, Ausstellungen, Performances, Partys in einer ausgewogenen Mischung begeistern 250 mal im Jahr ein Publikum, das keine Alters- oder Stilfragen kennt. Im Programmheft, auf der WEB-Seite und in der Tagespresse wird aktuell und umfassend über die Ereignisse im Schlosskeller informiert. Dass sich hier gut feiern lässt, hat sich herumgesprochen: Mieten geht auch. Mit kompletter Infrastruktur für bis zu 100 Gäste.

Künstler lieben die typisch-intime Schlosskeller-Atmosphäre: Die kleine Bühne mit direktem Kontakt zum Publikum fordert und fördert eine Nähe, die selten geworden ist und darum kostbar. Technik, Klavier und Know-how sind ebenso vorhanden wie Festes für den Magen und Flüssiges für die Kehle. Der Rest ist verhandelbar. Das wissen nicht nur Regiokünstler, die sich im Schlosskeller ebenso gerne zeigen wie überregional bekannte Größen.

Doch damit nicht genug: Der Schlosskeller e.V. ist Veranstalter der „Emmendinger Lesenacht" im September und Mitorganisator des „Emmendinger Kleinkunstpreises" im April. Weitere Partnerschaften sind nicht ausgeschlossen und noch mehr Menschen, die sich aktiv für die Kultur einsetzen und sich mit ihr auseinandersetzen möchten, sind jederzeit willkommen!

SCHLOSSKELLER EMMENDINGEN
Pächter: Guido Sandner
Schlossplatz 1
79312 Emmendingen

www.schlosskeller-emmendingen.de
info@schlosskeller-emmendingen.de

Telefon/Reservierungen: 0 76 41/57 40 49
Kartenvorverkauf: Spielspirale,
Buchhandlung Sillmann Emmendingen

SCHLOSSKELLER

Merdinger Kunstforum

Im Mai 1990 wurde das *Merdinger Kunstforum* gegründet. Anlass dafür war die Restaurierung der 300 Jahre alten Zehntscheuer, deren schlichter Innenraum eine besondere Atmosphäre für Ausstellungen und Konzerte bietet.

Darüber hinaus stellt uns die Gemeinde den Bürgersaal zur Verfügung und auch in der Merdinger Barockkirche finden gelegentlich Konzerte statt.

1998 wurde uns das ehemalige Feuerwehrhaus überlassen. Das neue Gebäude erweitert nach einem Umbau unser kulturelles Programm entscheidend.

Das *Merdinger Kunstforum* bietet Veranstaltungen aus den Bereichen:

Musik
Literatur
Tanz
Theater
Bildende Kunst
Kleinkunst

Wir wollen besonders Künstlern aus der Region Raum zur Darstellung geben und der Bevölkerung im Dorf sowie den Besuchern aus der Umgebung Kunst präsentieren und am Ort zugänglich machen.
Im Mittelpunkt stehen die Merdinger Kulturtage mit einer Ausstellung in der Zehntscheuer, die Forum für weitere Veranstaltungen ist.

Programm 2004 **2. Halbjahr**	Merdinger Kulturtage in der Zehntscheuer Ausstellung mit Werken von TOBIAS EDER Ernst Jandl und Robert Gernhardt, vorgetragen von PETRA GACK, Sprecherin, MIKE SCHWEIZER, Saxophon, JÖRGEN WELANDER, Tuba Brückentrio FRANK BOCKIUS, Percussion, WOLFGANG FERNOW, Kontrabass, FRITZ MÜHLHÖLZER, Laute Carmen BERND KOLARIK, Schauspieler und Sprecher, FRANK ROLAND POHL, Gitarre Stummfilm GÜNTER BUCHWALD, Klavier
26.09.04 – 24.10.04	Ausstellung mit Werken von FRANZISKA PLATE-GIES Haus am Stockbrunnen
14.11.04 – 12.12.04	Ausstellung mit Werken von RENATE THONGBOUBESRA Haus am Stockbrunnen

Zwischen Oktober und April finden im Rahmen der Reihe „Freitag abend im Haus am Stockbrunnen Lesungen und Konzerte statt.

Stockbrunnengasse 2a
79291 Merdingen
Tel. 07668 951203
www.merdinger-kunstforum.de

Kunst im Alten Spritzenhaus
Kapellenstraße 16
D 79353 Bahlingen

Der Kunstverein zeigt in 5 Ausstellungen pro Jahr zeitgenössische Kunst zum Thema Malerei - Bildhauerei.

Galerie kunstkantine

zeigt in monatlich wechselnden Ausstellungen Arbeiten von 3 Künstlern mit den Schwerpunkten

Malerei
Zeichnung
Skulptur
Fotografie

aktuelle Informationen über die Künstler und das Galerieprogramm finden Sie unter **www.kunstkantine.de**

Fotos: Stephanie Blasius-Glatz

Wir freuen uns auf Ihren Besuch!

Galerie ***kunstkantine***
Hauptstr. 12 (Alte Schule)
79359 Riegel am Kaiserstuhl
Tel.: 07642 / 929760

Öffnungszeiten:
Do + Fr 15.00 bis 18.00 Uhr
Sa + So 14.00 bis 18.00 Uhr
und nach Vereinbarung

Galerie Lankoff

Die Galerie Lankoff wurde 1965 in Freiburg gegründet und 2004 nach Vogtsburg-Oberrotweil verlegt.

Hier finden Sammler und Liebhaber Kunst und Antiquitäten aus 4 Jahrtausenden: vom altägyptischen Sarkophag bis zu Kunstobjekten des Jugendstils und Art Déco. Unsere Schwerpunkte sind außerdem:

- Gemälde und Graphiken aus 4 Jahrhunderten
- Historische Ansichtskarten
- Buch-Antiquariat mit ca. 42.000 Titeln über Kunst, Heimatkunde und Sammelgebiete, alte Kinderbücher und illustrierte Bücher des 19./20. Jahrhunderts.

Als Sachverständiger für altes Kunsthandwerk erstelle ich Gutachten, Schätzungen und betreue Nachlässe.

Ankauf • Verkauf • Beratung

Die Galerie kann nach telefonischer Anmeldung jederzeit besucht werden.

Herrenstraße 11
79235 Vogtsburg-Oberrotweil
Tel.: 0 76 62 / 93 51 34
Mobil: 01 72 / 7 67 10 06
E-Mail: galerie-lankoff@gmx.de

KUNSTVEREINMARCH

Der 1990 gegründete Kunstverein March vermittelt die aktuelle und klassische bildende Kunst durch Ausstellungen, Kunstfahrten, Museumsbesuche, Vorträge und Werkstattgespräche. Für die Gestaltung und Unterstützung des Vereinsprogramms engagieren sich der ehrenamtliche Vorstand und etwa 120 Mitglieder.

Zu den jährlich 5 Ausstellungen laden wir bevorzugt die in der Region beheimateten, gelegentlich auch entfernt oder im Ausland lebende Künstlerinnen u. Künstler ein. Malerei, Grafik und Skulptur sind zu etwa gleichen Anteilen vertreten.

Ausstellungs-Höhepunkte der letzten Jahre waren

- das einwöchige Holzbildhauer-Symposium mit Bierling, Diedenhofen, Hübscher und Twellmann
- das Kunst- und Musik-Wochenende „Gewalt der Welt“ mit Harald Kille
- die Doppel-Ausstellungen Feger/ Raitz von Frentz und Lüdemann/ Reichert
- die Gemeinschaftspräsentation „Sieben Positionen“ mit KünstlerInnen aus der March und Umgebung
- der große Kunstabend im Rahmen der Marcher Kulturtage „Begegnung mit dem Orient“, mit Bildern von Acht und Tezcan, einem Vortrag zum Thema „Ornament und Abstraktion“ und einem fulminanten türkischen Buffet gestaltet.

Die Ausstellungen werden gelegentlich im Bürgerhaus March, überwiegend jedoch im Alten Pfarrhaus ausgerichtet, in dessen parkähnlichem Garten auch Skulpturen im Freien gezeigt werden.
In der Regel lernen wir Künstler, die sich um Ausstellung bewerben, bei Werkstattbesuchen kennen.

Auf große Kunstfahrten, wie in diesem Jahr nach Burgund, aber auch mit Besuchen von Museen und Sonderausstellungen, widmen wir uns der traditionellen Kunst, von der Romanik bis zur klassischen Moderne. Deshalb sind wir häufig unterwegs nach Basel, Straßburg und zu anderen, in Tagesausflügen erreichbaren Museumsorten.

In der vom Kunstverein betreuten Jugendkunstschule „Klecksel“ March werden Kinder im alter von 5 bis 12 Jahren kunstpädagogisch unterrichtet. Phantasie und Gestaltungslust der Kinder werden angeregt und die Fertigkeiten zum selbstständigen, erfolgreichen Arbeiten mit unterschiedlichen Materialien vermittelt. An diesem Unterricht nehmen nicht weniger als 60 Kinder regelmäßig teil.

Kunstverein March e.V.
Postfach 19, 79228 March
Dr. Wolfgang Jantz - ☎ 07665-2654

Ausstellungsorte:

- Bürgerhaus March in March-Buchheim Sportplatzstraße
- Altes Pfarrhaus am Rathaus in March-Hugstetten, Am Felsenkeller 4

Öffnungszeiten während Ausstellungen:
Samstags 14.00 – 18.00 Uhr
Sonntags 11.00 – 16.00 Uhr

Die

HELIOS Rosmann Klinik

bildet den Eckpunkt der medizinischen Grundversorgung am südwestlichen Kaiserstuhl und den nördlichen Ausläufern des Markgräflerlandes.

Die HELIOS Rosmann Klinik verfügt derzeit über eine Kapazität von 130 Betten in den Fachrichtungen Orthopädie, Chirurgie und Innere Medizin, sowie den zwei Belegabteilungen Gynäkologie/Geburtshilfe und Urologie.

Sprechstunden

Montags
von 08:30 Uhr bis 12:30 Uhr
Dr. med. Herdter / Dr. med. Evers
(Chirurgie Allgemein)
von 12:30 Uhr bis 16:00 Uhr
Dr. med. Sigg
(Orthopädie Allgemein)

Dienstags
von 8:30 Uhr bis 12:30 Uhr
Dr. med. Huber-Stentrup
(Orthopädie Allgemein/Schwerpunkt Schulter)

Mittwochs
von 8:30 Uhr bis 15:00 Uhr
Prof. Dr. med. Pfeiffer
(Orthopädie Allgemein/Schwerpunkt Wirbelsäule)

Donnerstags
von 8:30 Uhr bis 13:30 Uhr
Dr. med. Hase
(Fußsprechstunde)

Freitags
von 8:30 Uhr bis 12:30 Uhr
Dr. med. Herdter / Dr. med. Evers
(Chirurgie Allgemein)

Bei Interesse wenden Sie sich bitte an unsere zentrale Sprechstundenkoordination unter der Tel. (07667) 84-230.

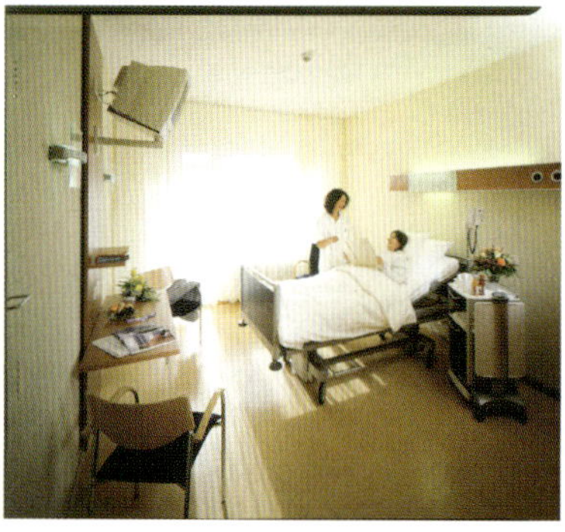

HELIOS Rosmann Klinik
Zeppelinstraße 37
79206 Breisach

Rezeption:
Tel .... (07667) 84-0
Fax .... (07667) 84-1 09
Privatklinik:
Tel ....(07667) 94 25 60
e-mail:
postmaster@breisach.helios-kliniken.de
Internet:
http://www.helios-kliniken.de

Die HELIOS Rosmann Klinik als Ort der Kunst

Die Klinik bietet seit fast 20 Jahren ein Forum für Künstler-Ausstellungen. Dabei wird Wert gelegt auf eine fundierte Ausbildung der Künstlerinnen und Künstler – und damit auf Professionalität. In den Patientenfluren hängen viele Originale – Geschenke und Leihgaben der Künstler.

Die HELIOS Rosmann Klinik versucht ganz bewusst auch mit den heilenden Kräften der Kunst umzugehen. Kunst gibt Raum für Lebens- und Sinnfragen – sie unterstützt damit die seelische Bewältigung von Krankheit. Die Klinik ist ein einzigartiger Ort, an dem sich Geburt und Tod, Angst und Hoffnung, Einsamkeit und Schicksal zeitlich und räumlich so verdichten wie nirgendwo sonst.

Der Patient ist aus seinem Alltag, aus dem vertrauten Lebensbeziehungen herausgerissen. Durch Kunst kann der stationäre Aufenthalt zu einem Ort des Innehaltens und der Neuorientierung werden. Kunst schafft eine Atmosphäre, die der Patient heilsam erlebt; sie weckt das Vertrauen in die Kraft des eigenen Organismus. Kunst schafft auch Brücken nach draußen – zu Besuchern, die zu Ausstellungen und Konzerten kommen.

Der Ausstellungsort in der HELIOS Rosmann Klinik

Bei Fragen zu den Ausstellungen können Sie sich gerne an unseren Ärztlichen Direktor, Dr. med. Falk Herdter, Tel. 07667-84-201 wenden.

weitere Galerien

Galerie Zimmermann **– Breisach-Niederrimsingen**
Vogelsang 10 Tel. 07664-3052

Galerie NAEVE **– Breisach**
Tullagasse 2 Tel. 07667-1565
Spezialgebiet Karikaturen und Cartoons
u.a. Haitzinger, Klaus Karlitzky

Burgenausstellung **– Sasbach**
Limburgerstr. 6

Kunst

Kunst

Helmut Lutz

Bildhauer, Maler und Aktionskünstler

geb. 1941 in Freiburg
Nach handwerklicher Ausbildung für Mosaik und Glasmalerei, Studium an der Staatlichen Akademie der Bildenden Künste in Karlsruhe 1958 bis 1961
Leiter der Breisacher Schule von 1975 bis 1990

Öffentliche Aufträge insbesondere Kirchenraum-Ausgestaltungen im In- und Ausland

Ausstellungen und große Kunstaktionen
STERNENWEG auf der französischen Seite vor dem Münsterberg Breisach– etwa 40 Meter lange Großskulptur mit Instrumenten – hierzu 1993 Tournée nach Santiago de Compostella mit vielen Stationen u.a. in Strasbourg, Paris, Leon, Santiago de Compostella, Madrid, Prag, Rom, Athen und Jerusalem.

IM AUGENBLICK – 35 Meter lange Schiffskulptur – hierzu Schiffstournée auf der Donau 1995 mit Stationen in Beuron, Ulm, Wien, Budapest, Mohacs. Nach 2000 in Rom und Sarajewo. Endgültige Ausstellung im Bodensee in Friedrichhafen.

Festungssternverwandlung Neuf-Brisach mit Installation der RADBÜHNE im Ecktor beim Colmarer Turm (Dauerausstellung)

Europa greift nach den Sternen Im Jahr 2000, am 50. Jahrestag der Breisacher Europaabstimmung, wurde die von Helmut Lutz geschaffene Skulptur aus griechischem Marmor und Bronze auf dem Münsterberg feierlich enthüllt.
Zeus, zum Stier verwandelt, trägt die Königstochter Europa auf dem Rücken. Dem Aufbrechen in ein neues Europa entspricht Hand und Fuß, Gehen und Handeln. Das Dreieck ist Zeichen der Region.

Breisach - Tel. 0049 (0)7667 / 7524

Michaela Höhlein-Dolde

geb.1952 in Stuttgart
1972 -76 Studium Kunst und Germanistik in Freiburg
seit 1976 als Pädagogin,
seit 1998 freischaffend tätig

Merdingerstr. 34 79206 Breisach
Tel.: 0049 (0) 7664 1312
Mihoehleindolde@aol.com

Manfred Dolde

geb.1951 in Stuttgart
Pädagogik Studium In Freiburg
Kunstakademie Stuttgart
seit 1980 tätig als freischaffender Künstler und Kunstpädagoge

Mnfrddolde@aol.com

Öffnungszeiten nach Vereinbarung

In unmittelbarer Nähe am Tuniberg leben und arbeiten Michaela Höhlein Dolde und Manfred Dolde. In Niederrimsingen haben sich die Lebens- und Arbeitspartner ein altes Anwesen restauriert.
Seit Mitte 2000 entstehen Skulpturen aus Holz. Mit der Kettensäge geht Manfred Dolde den Holzblock an und sägt die Grundform aus. Äußerlich Bausteinen gleich und kubisch geformt sind einige durch rasterartige Öffnungen durchbrochen oder an den Außenflächen reliefartig strukturiert. Aus der Technik des gegenläufigen Schneidens entstehen fast ornamental anmutende Strukturen, die uns durch ihren Rhythmus und Formverlauf in ihren Bann ziehen. Das Arbeitsgerät hinterlässt Spuren, reißt Fasern auf, grobe Kanten und Sprünge entstehen. Im Prozess des mehrmaligen Überschleifens und Übermalens erfährt die Skulptur eine weitere Verwandlung, die sich in einer schimmernd bewegten Oberfläche zeigt. Die Themen folgen einem klaren konstruktiven Ansatz: Durchdringung und Perspektive, Transparenz und Blockhaftigkeit. Leichtigkeit und Schwere, Fragen zu Balance und Statik werden in ihnen formuliert.

Bei **Michaela Höhlein-Dolde** spielt neben dem bloßen Sehen auch das Wahrnehmen eine zentrale Rolle. Ihre Holzschnitte zeigen Ausschnitte von Körperansichten. Aber erst auf den zweiten Blick - erst nach Momenten des genauen Schauens erkennen wir, was dargestellt ist: sitzende und liegende Frauen. Mit stark reduzierter Formensprache erreicht sie, dass ihre Bilder sehr kompakt wirken und das dargestellte Motiv als Rätsel erschließen. Pro Motiv wird immer nur an einer Platte gearbeitet. Für jede Farbe wird immer mehr weggeschnitten, damit ist der Druckstock nach dem letzten Arbeitsgang zerstört. Am Ende ist eine Abfolge verschiedener Zustandsdrucke entstanden. Mit der Aufhebung von Figur und Grund wird die eindeutige Form aufgelöst und Mehrdeutigkeiten entstehen.

zit.nach Gudrun Heckle,2002

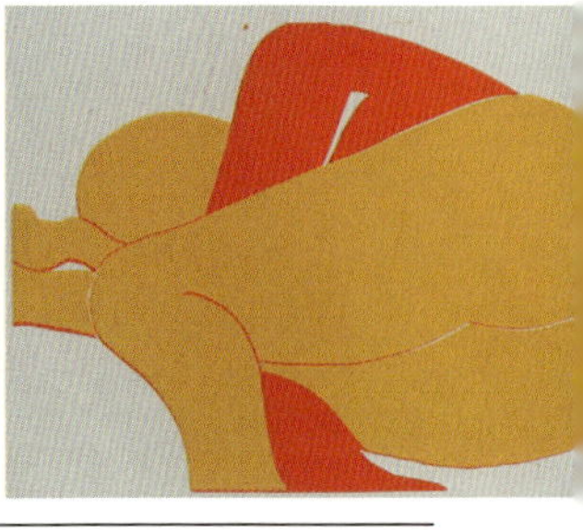

Michael Schwarze

Bildhauer und Maler

1939	geboren in Krefeld
1957-59	Architekturstudium an der Werkkunstschule Krefeld
1959-64	Studium an der Hochschule für Bildenden Künste in Berlin Meisterschüler bei Prof. Karl Hartung
1964-69	freier Bildhauer in Berlin
1969-89	in Nümbrecht, Oberbergischer Kreis
seit 1989	in Bahlingen/Kaiserstuhl

Zahlreiche nationale und europaweite Einzel- und Gruppenausstellungen

Preise u.a.: Villa Romana-Preis, Florenz - Kritikerpreis des Verbandes Deutscher Kritiker e.V., Berlin - Kunstpreis der Stadt Krefeld - 1. Preis beim Wettbewerb für das Innenministerium, Bonn für Kleinplastik als Besuchergabe

„Das Werk Michael Schwarzes ist heute nicht mehr wegzudenken aus der Plastik der Gegenwart. Es ist kein leichter Weg für ihn gewesen, seinem künstlerischen Anspruch Geltung zu verschaffen. Was ihm diesen Weg geebnet hat, ist sein großes handwerkliches Können, das heutzutage eher gering geachtet wird. Michael Schwarze ist freilich ein suchender Künstler geblieben, der aus der Anschauung und aus der Imagination schöpft. Was sein Werk auszeichnet, ist die konsequente Weiterentwicklung einer bestimmten Bildidee, nicht um irgendein Markenzeichen zu schaffen, sondern weil der Ausgangspunkt, der Mensch, ein unendliches Thema ist, dem er sich zutiefst verbunden fühlt. Für Michael Schwarze spannt sich ein weiter Bogen vom Mythos bis zur Gegenwart. So könnte man ihn durchaus einen traditionellen Bildhauer nennen. Dies ist freilich nicht im rückwärts gewandten Sinne zu verstehen. Was Michael Schwarze bewegt, sind die drängenden Probleme unserer Zeit, auf die er in seiner provozierend zeichenhaften Weise eine Antwort zu geben versucht. So sind seine Skulpturen als Zeitzeichen zu verstehen. Die surreale Verfremdung, die Verunsicherung der Sehgewohnheiten sind keineswegs Selbstzweck, sondern dienen dazu, Fragen zu stellen und Denkanstöße zu vermitteln. Kein fest umrissenes Menschenbild wird hier sichtbar, sondern der Mensch in einer unsicheren Zeit des Überganges, die den schmerzhaften Prozeß einer inneren Wandlung notwendig macht. Ein Künstler, der sich diesen Fragen stellt wie Michael Schwarze, trägt große Verantwortung. In einer kritischen Bestandsaufnahme unsere kulturellen Erbes, die auch heute noch Gültigkeit hat, kommt der Philosoph Nikolaus Lobkowitz zu dem Schluß: Das Vermächtnis Europas besteht deshalb im wesentlichen wohl in der Aufforderung, nicht in der Suche nach einem Menschenbild nachzulassen....und alles da zu vermitteln, was wir über den Menschen gelernt haben."

Gerd-Wolfgang Essen in: "Michael Schwarze Skulpturen"

Brunnen „Im Dialog" - Hebel-Schule Schliengen

Kontakt: 79353 Bahlingen - Tel.: 0049 (0)7663/4178

Galerie Goldammer

Das ´Haus zum Sternen` in der Radbrunnenallee.
Wohnhaus, Atelier und Galerie von
Heidelore Goldammer.

1319 – als ´Haus zum Sternen` erstmals erwähnt.
1536 – Repräsentativer Neubau im Renaissancestil.
1643 – Breisacher Rathaus und Kanzlei mit sehenswertem Renaissance-Portal und den bis heute erhaltenen Gewölbekellern.
1996 – Neubau als Privathaus mit Kunstgalerie.

Die Kunstgalerie.
Mit Wechselausstellungen verschiedener Künstler.
Musikalische Soirées, Lesungen, Seminare.

Aktuelle Ausstellungen und die Öffnungszeiten der Galerie finden Sie auf unserer Homepage.

Atelier Goldammer

n der freien Zeichnung entzündet sich ihre bildneri-
che Kraft, hier produziert sie die Energie, die es
raucht, das Naturerleben darstellerisch zu bündeln,
itteilbar und empfindsam zu machen.

nmer geht es um Erfahrung und Einsicht des
aturhaften.
der Hand der Künstlerin sind die Naturnormen zur
genen Seelenlandschaft gewachsen.

ntsprechend das Material und die Technik:
ederzeichnung, Tuschen, mitunter
undholz, handgeschöpfte Papiere,
iselsand, Pigmente, Maisstrunk,
chwanenfeder und wie
elbstverständlich Lasurfarben."

egmar Gassert/Basel

Schwerpunkt der Illustrationen sind die „Künstler-Unikat-Mappen" – kleine bibliophile Kostbarkeiten.

Jede handgefertigte Mappe enthält einen auf Büttenpapier handgeschriebenen Text und ein davon inspiriertes Original der Künstlerin.
Einband, Wort und Bild lassen eine harmonische und empfindsame Einheit entstehen.

Heidelore Goldammer,
geboren 1944 in Nordhausen/Thüringen,
lebt und arbeitet in Breisach am Rhein.

Studium an der Folkwang-Hochschule
für Gestaltung in Essen.

Studium an der Staatlichen Akademie für
Bildende Künste in Stuttgart bei Professor
Gunter Böhmer.

Einzel- und Gruppenausstellungen.

Arbeiten in öffentlichen und privaten
Sammlungen.

Mitglied BBK Südbaden
und GEDOK Freiburg.

Hubert Sonner

Radierungen

1949 in Freiburg geboren

Teilnahmen an nationalen und internationalen Graphik-Ausstellungen, zum Teil mehrfach
u.a. Druckgraphik 1982 – Künstlerbund BW
Mini Print Internacional, Cadaques
verschiedene internationale Biennalen und Triennalen: Zürich-Horgen, Berlin (DDR), Ljubljana, Frechen, Belgrad, Prag

Einzel- und Gruppenausstellungen u.a.: Galerie Garuda Darmstadt, Galerie Wallenfels Kiel, Künstlerwerkstatt Mehlwaage Freiburg, Galerie der Künstlergruppe 79 Heidelberg, Kunstverein March, Museum im Ritterhaus Offenburg, Kunstkreis Radbrunnen Breisach, Galerie Fronta Prag, Landratsamt Breisgau-Hochschwarzwald

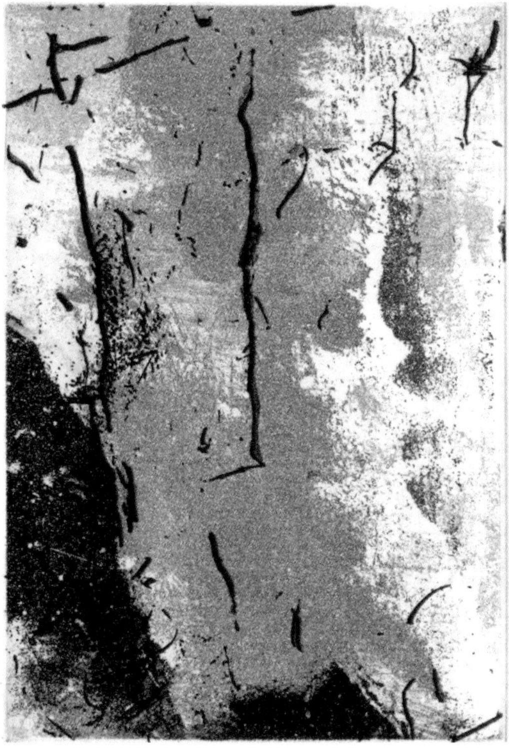

Seit 1984 konzentriert sich Hubert Sonner auf die Radierung und dabei fast ausschließlich auf das flächige Verfahren der Aquatinta.

Dieses Tiefdruckverfahren, bei dem durch Ätzungen im Metall für den späteren Druck entscheidende Graustufen entstehen, erfordert ein hohes technisches Wissen und langjährige Erfahrung, wenn man es so meisterlich beherrscht wie Hubert Sonner.

Fasziniert von dieser Technik, die er für sich kontinuierlich weiter entwickelt, gestaltet er scheinbar spielerisch mit Asphaltstaub, Lack, Kreiden und Salpetersäure abstrakte Kompositionen mit malerischen Hell-Dunkel-Verläufen, die zumeist in Kontrast zu bewusst hart gesetzten linearen Spuren stehen.

Wie ein Zauber gesellt sich bisweilen der Zufall zum geplanten Entwurf. Die so entstandenen Bildschöpfungen lassen subjektive Assoziationen beim Betrachten zu.

Kontakt: E-Mail: rh.sonner@t-online.de
Kaiserstuhlstr. 6, 79235 Vogtsburg-Bischoffingen, Tel.: 0049 07662 / 94229

Ari Nahor
fotografie & malerei

1982-1986 Studium der Malerei und Lithografie an der Awnie Kunsthochschule in Tel Aviv, Israel.
seit 1987 Freischaffender Bildender Künstler, Schwerpunkt Lithografie, Malerei und Fotografie. Mitglied im BBK.
seit 1991 Dozent für Zeichnen, Illustration und künstlerische Fotografie an der Freien Hochschule für Grafik Design und Bildende Kunst in Freiburg.
seit 1994 Fotografie als eigenständiges künstlerisches Ausdrucksmittel.
seit 1995 Auftragsarbeiten im Bereich Mode- und Portraitfotografie.
seit 1986 zahlreiche Einzel- und Gruppenausstellungen in Israel, der Schweiz, der Tschechischen Republik und in Deutschland.
Arbeiten befinden sich in öffentl. Sammlungen und in privatem Besitz in Deutschland, Frankreich, Italien, Israel, der Schweiz und den USA.

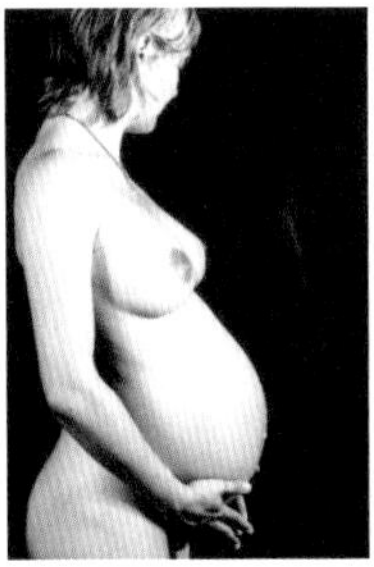
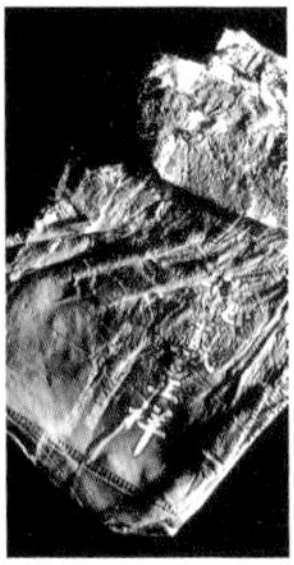

Kontakt: Zeppelinstraße 9 79206 Breisach Fon: 0170-8319900

www.nahor.de

Reinhard Klessinger

1947	geboren in St. Blasien, Hochschwarzwald
1965	Kunstgewerbeschule Basel, Malklasse René Acht
1966 – 68	Studium an der Staatlichen Kunstakademie Düsseldorf
1968 – 70	Studium an der Martin's School of Art, London Bildhauerabteilung bei Barry Flanagan
1970	Kunstakademie Düsseldorf Meisterschüler von Prof. Rupprecht Geiger
1972 – 73	Studium der Philosophie, Universität Düsseldorf

diverse Preise und Stipendien
• Preis der Poensgenstiftung Düsseldorf • Stipendium DAAD • Stipendium des British Council • Preis der Stadt Freiburg, Zeichenprozesse • Projektpreis für Installationen, Ausstellungshalle Marienbad, Freiburg • Cité Internationale des Arts, Paris • Stipendium Kultusministerium Schleswig-Holstein • Anhaltischer Kunstpreis • Atelierstipendium, Cité Internationale des Arts, Paris

„Wissen beginnt mit der Erkenntnis der Unzuverlässigkeit der Wahrnehmungen, mit der Zerstörung von Täuschungen, mit der Enttäuschung", hat der Psychoanalytiker Erich Fromm einmal gesagt. Wo Fromm einen Zugang zu den Dingen über das Objekt sucht, schlägt Reinhard Klessinger, der sich selbst mit wahrnehmungstheoretischen Prozessen in seinen Arbeiten auseinandersetzt, einen verschlungeneren Weg ein. Er sucht bewusst das Uneindeutige und damit das Subjektive, um in das Wesen der Dinge einzudringen.

Aus Glasscheiben, Zink und Spiegeln – in einigen Arbeiten auch Transparentpapier, schafft Klessinger Räume, in denen Licht, Ebenen und Volumen ihre eigene Welt erschaffen und unergründliche Dimensionen eröffnet werden.

79241 Ihringen

Tel.: 0049 (0) 07668-5480

Sandra Eades

Foto: Zbigniew Pluszynski

1949	geboren in Chelsford, England
1966 – 68	Studium an der Colchster School of Art
1968 – 71	Studium an der Martin's School of Art, London
1971 – 73	Studium an der Staatlichen Kunstakademie Düsseldorf
1973 – 74	Universität London
1971	Diploma in Art and Design (Malerei)
1972	Meisterschüler von Prof. Rupprecht Geiger (Staatliche Kunstakademie Düsseldorf)

diverse Preise und Stipendien
• Preis der Colchster School of Art • Pratt Stiftung für Malerei, London • Stipendium DAAD • Stipendium der Kunststiftung Baden-Württemberg • Stipendium der Stiftung Kulturfonds, Berlin • Reisestipendium der BRD für Israel • Atelierstipendium der Kunststiftung Baden-Württemberg für Berlin

Tales from the Black Forest

„Man begegnet in meiner Arbeit einem vielschichtigen Raum, einem von Rhythmus und Energie geprägten Raum, der Raum als lebendigen Raum und Lebensraum erfahren lässt, der nicht nur eine Perspektive kennt, sondern der sich durch einen ständigen Wechsel der Gesichtspunkte, Größenverhältnisse, Richtungen und Beziehungen in viele Richtungen und Ebenen öffnet.

Ich nenne meine Bilder *Configurations / Photopaintings*.
In meinen Arbeiten treffen Malerei und Photos in einer Gestaltform zusammen, gruppieren sich und nehmen Stellung zueinander.

Wesentlich für den Charakter der Arbeiten, ob „innere oder äußere Landschaften", sind z. Bsp. Atmosphäre, Energie, Licht und vor allem ganz persönliche Aspekte, wie Erinnerungen, Gedankenverbindungen und Zeit, auch als ein in die Zukunft weisendes Phänomen."

Sandra Eads

79241 Ihringen

Tel.: 0049 (0)07668-5480

GERHARD BIRKHOFER

MALEREI SKULPTUR GRAFIK INSTALLATIONEN

Raumstruktur 2004, 120x120cm

Raumstruktur 2004, 120x120cm

GERHARD BIRKHOFER

Geboren 1947 in Ravensburg,

Studium der Kunsterziehung an der Pädagogischen Hochschule Freiburg

Lehrt seit 1981 am Institut der Künste der PH-Freiburg

Werke in Museen, öffentlichen und privaten Sammlungen

Internationales Engagement in namhaften Galerien im In- und Ausland

Raumstruktur 2004, 85x85cm

www.gbirkhofer.de

Shadow 2004, 120x100cm

Shadow Relief 2004, 85x85cm

Gottenheimer Brunnen
2003

Stelen 2004, 350x40x40cm

ATELIER GERHARD BIRKHOFER

Ein Haus für die Kunst

Seit 1997 entstehen Skulpturen, Bilder, Grafiken und Installationen im Gottenheimer Atelier.

Im Gewerbegebiet „Nägelsee“ gelegen bietet das Gebäude alle Voraussetzungen, Kunstwerke zu schaffen. Der Besucher begegnet der Kunst dort, wo sie entsteht.

Atelier Gerhard Birkhofer
Nägelseestraße 13
79288 Gottenheim

Tel.: 0(049)7665/7552
atelier@gbirkhofer.de
www.gbirkhofer.de

Atelierbesuch nach telefonsicher Absprache.

Dirk Sommer

1954	in Darmstadt geboren
bis 1981	Studium der Kunst, Kunsterziehung und Germanistik in Düsseldorf und Freiburg
1996	Einrichtung eines Ateliers in Brooklyn N.Y.

Dirk Sommer lebt und arbeitet in March-Hugstetten bei Freiburg

Zahlreiche nationale und internationale Ausstellungen

U.a. The secret life of Tünnes und Schäl (Josef-Haubrich-Kunsthalle - Köln), Tercera Gallery (San Francisco), Art Nippon (Tokyo), Art Flai (New York), Malerei A-Z (Schwarzes Kloster - Freiburg), Städtische Galerie Allenstein (Polen)

Mehrere Publikationen u.a.: „200 Jahre Hänneschen Theater", „Brooklyn Drawings", „Flugbewegungen", „auf Papier, on paper, su carta", „Dirk Sommer – Horizontlinie"

Digitale Multiplikation

Paul Schmitz und Dirk Sommer

Neues zu wagen und neue Wege zu gehen, gehört zum Leben eines Künstlers. Besondere Überwindungen sind dann gefragt, wenn neue Medien hierbei genutzt werden und der Wert der Ästhetik abgeschätzt werden muß.
Daß beides erfolgreich und überzeugend in Einklang gebracht werden kann, beweisen die gemeinsamen Arbeiten von Paul Schmitz (Köln) und Dirk Sommer.
Beide Künstler erstellen zunächst unabhängig voneinander ihre Bilder – der eine auf der Leinwand, der andere mit der digitalen Kamera. Nur die Themen sind vage vorgegeben.
Schließlich werden die beiden Werke fototechnisch und über Bildbearbeitungen auf dem Computer zusammengeführt und ergeben über Printprozesse das eigentliche und gemeinsame reproduzierbare Kunstwerk.

Hier Malerei, da Fotografie! Kunsttechniken und Kunstwerke verschiedener Künstler werden miteinander eins. Gegenständliches - perspektivisch und technisch aufgenommen - steht im Dialog mit abstrakter Malerei und zeichnerischen Kürzeln.

Kontakt: Dirk Sommer 79232 March-Hugstetten Tel: 0049 (0)7665 / 938405
E-Mai: dirktigermann@aol.com
www.dirksommer-tigermann.de

Beate Wiedemann

Atelier „Seiferers“
Herrenstrasse 19
79235 Vogtsburg-Oberrotweil
atelier@beate-wiedemann.de
www.beate-wiedemann.de
Tel.: 0049 – (0)7662 / 947288

CHRISTA FREY
MALEREI + GRAFIK

1943 in Karlsruhe geboren

Studium „Freie Malerei" an der Freien Hochschule für Graphik-Design und bildende Kunst in Freiburg

Mitglied des Berufsverbandes Bildender Künstler (BBK) und der GEDOK

In leuchtenden Farben erzählen meine Bilder von Musik, Dichtung und Natur. Die verwendeten Texte aus Klassik und Moderne verflechten sich in den grafischen Arbeiten zu abstrakten Gebilden. Der wie ein Werkzeug verwendete Text verselbständigt sich und ist nicht mehr erkennbar.

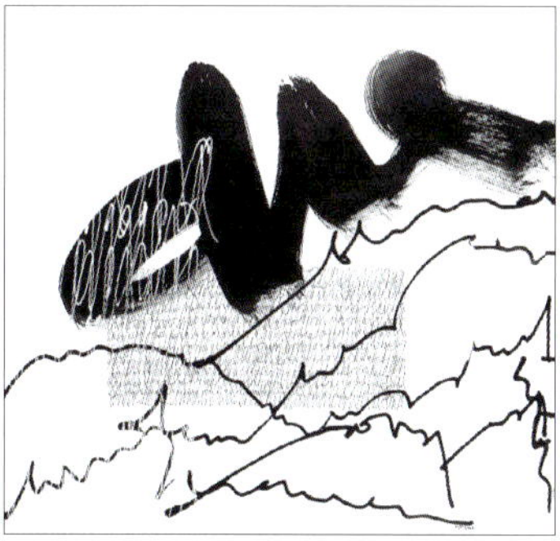

Gruppen– und Einzel-Ausstellungen: in Freiburg, Rheinfelden-Herten, Bad Honnef/Rhein, Kunstverein Dahn /Pfalz, Kunstverein March, HELIOS-Rosmann-Klinik Breisach.
Jan. 2005: Künstlermesse Stuttgart, Febr. 2005: Kunstverein Merdingen.

Im Gängler 20
79232 March

☎ 07665—2627
christa_frey@t-online.de

barbara ambs

malerei

atelier

zentrum für handwerk und kultur
im hausgrün 27 79312 emmendingen
fon 0761-383137 mobil 0175-6535312
www.barbara-ambs.de

Bernhard Josef Ridzewski

Überwiegend gegenständliche Arbeiten, die oft nur banale Dinge des Alltags aufzeigen, fordern bewußt zum Hineindenken, zum Nachdenken auf.

Durch die Vielseitigkeit der angewandten Techniken entsteht eine Malerei, die sich keiner bestimmten Stilrichtung zuordnen oder in einer der üblichen Schubladen unterbringen läßt.

Farben und Malerei sind für mich Mittel, um die Welt zu erkennen. Der Versuch, mich von Ideologien zu befreien, eigene Freiheiten zu spüren, ohne die Anlehnung an bestimmte Tendenzen mir selbst zu genügen, ist mein Weg zur Kunst.

In meinen Räumen und im Garten sind neben meinen Bildern auch Skulpturen von Gigi Porceddu aus Flusstein, sowie Klangsteine von Pinuccio Sciola, beide aus Sardinien, zu sehen.

Bernhard Josef Ridzewski
Bachstr. 4 – 6
79189 Bad Krozingen / Biengen

Terminvereinbarung:
Tel. 07633 / 15465

Atelier: Tel 07633 / 801029

FRANK LENNIG

Malerei und Skulpturen

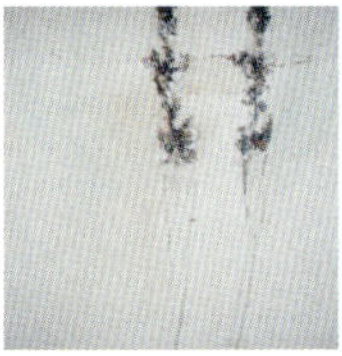

Auszug:
Einführung "Offene Ateliers 2004"
von Dr. Antje Lechleiter, Freiburg
"Noch immer reflektiert Lennig in seinen Werken
über das Unerklärliche im Menschen,
forscht nach dem unter der Hülle verborgenen Innenleben."

Frank Lennig
Bahnhofstr.6
79 235 Vogtsburg
0 76 62 - 94 71 39
franklennig@web.de

HEIDE BACHOFER

Collagen mit nachdenklichen, poetischen und phantasievollen Inhalten unter Einfluss von Gefühl und Verstand

1952	geboren in Weilheim-Teck
1975 - 78	Architekturstudium
1988 - 94	Abendstudium für Bildende Kunst in Freiburg
Seit 2000	freischaffend im Atelier in Riegel am Kaiserstuhl

Informationen zu Malkursen und Atelierbesuchen erhalten Sie bei:

Heide Bachofer
Kehnerstr. 20
79359 Riegel a.K.

Tel.: 07642/
924949

Johanna Ziegler

Künstlerin
Malerei und Papierkunst
Ölarbeiten

„PROMENER“
Spaziergänge
und Eindrücke

Individuelle Kurse im Atelier:

Malen
Zeichnen
Collagieren

Faszination Papier

Seidenpapier, Schuhkartonpapiere, Glanzpapier,
Silberpapier, Zeitungen ...
Kombiniert – dünn – steif – transparent

täglich entsorgt – wieder geachtet

gerissen – geknüllt – geformt – geknautscht

Aus Erinnerungen und Geschehenem entsteht Neues. Gebrauchtes wird zur Kunst.

Johanna Ziegler
79228 - March-Holzhausen Wiesenstr. 15
Mail: Johaziku@aol.com
Tel.: 0049 (0)7665 / 3660

Jürgen Burkhart

MALEREI

Weinberg 2-E3

„Die Grund-Formen der Landschaften interessieren mich besonders. Linien und Flächen, welche die Natur darin zeigt, werden zu abstrakten, rein-grafischen Kompositionselementen, mit denen zu experimentieren mir faszinierend erscheint. Der Blick in die Landschaft wandelt sich, er löst sich davon ab ...“

Felder 3-E2

Schwarzwald 3-E2

Alpen 2-E3

Ausstellungen u.a. in der Alpirsbacher Galerie, Kunstforum Schluchsee, Kunstforum Merdingen (mit B. Köhler), Landratsamt Breisgau-Hochschwarzwald, Kunstverein Bahlingen (mit W. Brügel). Beteiligung an der Regionale 2000, Kunsthaus Baselland und „Kunstknast“, Gesellschaft der Freunde junger Kunst, Baden-Baden

Mitglied im Berufsverband Bildender Künstler-Südbaden

ATELIERS
Sabine Charlotte Herrschaft und Jürgen Burkhart
Kirchgasse 40; D-79291 Merdingen; T.+F. 07668-94124

Sabine Charlotte Herrschaft

OBJEKTE

Bewegung 1

1957 in Berlin geboren 1976 Studium PH/TU-Berlin 1988 Schweißerprüfung GR II Din 8560. *Seit 1990 künstl. Arbeit als Autodidaktin, bevorzugte Materialien: Stahl, KFZ-Teile, Erodierdraht, Schrott, Zündkerzen. Ausstellungen in Freiburg und der Regio, in Münster, Wstf. und Beteiligung an „Natur-Mensch" St. Andreasberg, Harz*

Spinnennetz mit Kokons

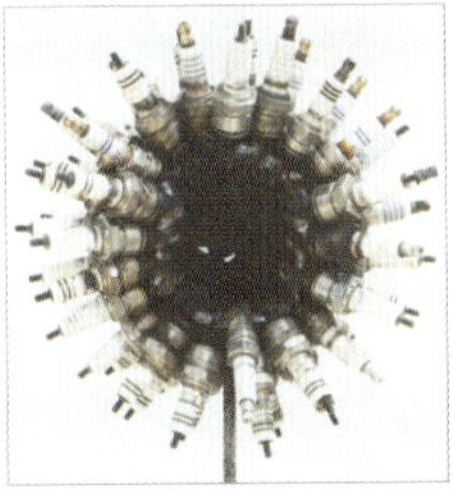

Pusteblume

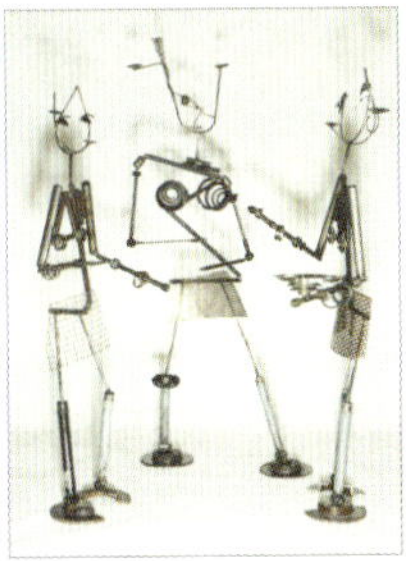

Frauen im Gespräch

„Bei Sabine Charlotte Herrschaft entpuppt sich Schrott als glitzernder Reichtum; massive, wuchtige Eisenteile skizzieren grazile Bewegungen im Raum. (...) Alle Figuren erobern den Raum, in den man sie stellt. Nicht indem sie ihn verdrängen. Sie öffnen ihn eher. Sie sind ja alle nur Gerüste und lassen der Luft Platz..."
U. Spranger, Kunsthistorikerin, Freiburg
Werke befinden sich im Besitz der Stadt Freiburg und in privaten Sammlungen

www.juergenburkhart.de
www.herrschaft.kulturserver-bawue.de
Atelierbesuche sind nach Absprache gerne möglich

Brigitte Prothmann
Malerin

geboren 1943 in Tschechien

seit 1980 zahlreiche Einzel- und Gruppenausstellungen in der Region

Techniken: Öl und Acryl

Themen:

Faszination Mensch
in seiner Vielgesichtigkeit – verarbeitet in Verdopplungen und Trilogien

Faszination Natur
verdichtete und vielschichtige landschaftliche Formationen

Schichtungen

Vielschichtig die Erde
Vielgesichtig wir
Unter Krusten verborgen
Pulsierend das Innere
Will treten ans Licht

Brigitte Prothmann Tichstr. 2 79341 Kenzingen Tel. / FAX 07644 / 931229

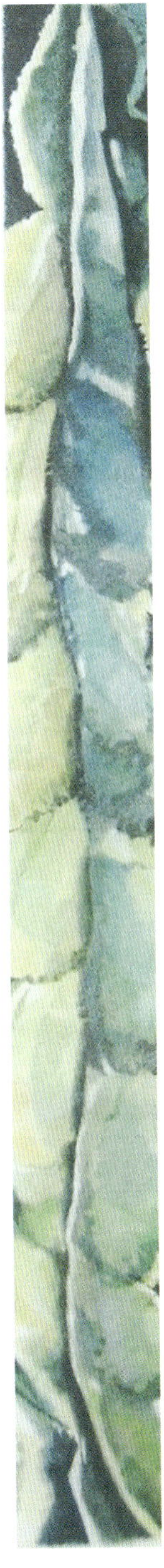

Gabriele Jüngling

„Grün“ steht im Zentrum

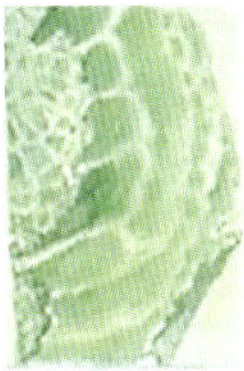

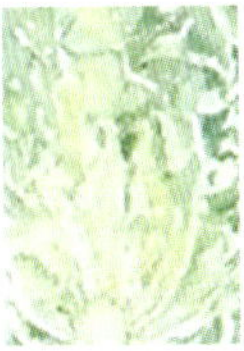

Pflanzen faszinieren mit ihrer Ordnung, Vielfalt und Anmut. Ihr Grün hat eine essentielle Bedeutung, wie sie vor keiner anderen Farbe in dieser Nachhaltigkeit erreicht wird.

Die Farbe Grün umgibt uns allgegenwärtig. Daran gewöhnt, nehmen wir sie nicht mehr bewusst wahr. Als Erfahrungsfarbe signalisiert Grün die Überlebensmöglichkeit. Sie ist Energie pur.

Grün, in Rhythmen eingebunden, ist wandelbar und zeigt die Kraft der Erneuerung und Wiederholung. Sie baut eine Brücke zwischen Sichtbarem und Unsichtbarem. Grün bietet Kommunikation an, ist Ausdrucksträger einer Sprache, die ganzheitlich erfasst und von jedem verstanden wird.

Meine Bilder entstehen durch additive Überlagerung und Vernetzung farbiger Linien, die sich zu einem "grünen Stoff" verweben.

geboren 1952

1970 – 1973	Fernstudium in Grafik und Malerei
1971 – 1975	Studium an der Erziehungswissenschaftlichen Hochschule Worms hier: Kunststudium bei Prof. H.D. Junker mit dem Schwerpunkt: Visuelle Kommunikation
seit 1975	Kunstpädagogin und Lehrerin
ab 2002	Weiterbildung in Akt- und Porträtzeichnen
ab 2003	Mitglied der GEDOK Freiburg

Kontakt: Dorfstraße 44a
79232 March
Telefon 07665/ 2848
gabriele.juengling@gmx.de

Marianne Emmenegger

Lehrerin für Musik und Bildende Kunst
an der GHS Umkirch

Mein berufliches Hauptanliegen ist es,
Kinder und Jugendliche über emotionale Wege
bei gleichzeitig praktischer Tätigkeit an die Künste
heranzuführen und sie für kulturelle Werte zu öffnen.

Im privaten Bereich male ich Bilder, die eine Brücke sein
sollen zwischen der Natur, meiner eigenen Kreativität
und der Fantasie des Betrachters.

Farben und Strukturen aus der Natur fügen sich zu etwas Neuem.
Schicht für Schicht „wächst“ das Bild zu lebendigen Natureindrücken.

Kontakt:

Tel.: 0049 (0) 7665 / 94 05 70
Gutshof 9
D - 79224 Umkirch
E-mail:
marianneemmi@aol.com

Margarete Machiedo

1970 – 1976	Afrika Aufenthalt
1998 – 2001	Galerie in Gundelfingen
seit 2001	Scheunengalerie in Bischoffingen
2003	Zahlreiche Gruppen- und Einzelausstellungen sowie Ausstellung in Brasilien und Kroatien

MarMac Art

Laufenerstraße 15
79114 Freiburg
Telefon 0761/44 35 35

Scheunen-Atelier
Neuer Weg 10
79235 Bischoffingen
Telefon 07662/94 74 61

WAHRHEIT UND EHRLICHKEIT
SIND TUGENDEN
DEREN WERT NICHT NENNBAR IST-
SIE REINIGEN DIE SEELE
BEGLEITEN DICH AUF SICHEREM BODEN
UND LASSEN DICH RUHIG SCHLAFEN

David Conche

Geboren im Jahre 1960 in Vittel wird David Conche Lehrer, nachdem er eine Weile in den paramedizinischen Fächern einer Hochschulausbildung „vagabundierte“.

Von seiner Ausbildung an der Schule für Massage und Kinesiotherapie in Strasbourg bewahrt er sich ein großes Interesse an der Ästhetik des menschlichen Körpers, das zusammen mit der Bewegung und den Hell/Dunkel Kontrasten die Hauptinspirationsquelle seiner Werke bildet.

Kontakt: Tel.: 00 33 (0)6 2286 4622
40, rue Ampère
F-68000Colmar

HUBERT Gross

Ölmalerei in Spachteltechnik

Geb. 1942 in Colmar
Lehrer für Bildende Kunst

Dominique Chapelle beschrieb seine Graphik als die eines Bildhauers des Lichts, der das Sujet seiner Überflüssigkeiten befreit. Den viril gemalten Szenen flirrender Mittagshitze wohnt eine große Stille inne, die dann beide im Winter von den Bildwänden strahlen... der Stil von Hubert Gross hat eine unbekümmerte Frische, er verwandelt die Bretagne gleichsam, indem er ihr die Farben des Traumes hineinzaubert: die Häuser treiben am Wind.

Mit einem Wort: Hubert Gross setzt all sein Talent ein, um uns an seinen Inspirationen teilhaben zu lassen. Sammler schätzen seinen markanten und scharfen, dabei gleichzeitig verpielten Stil und die Aktualität seines Œuvres.

Kontakt:

3, impasse des Ecureuils
F - 68900 Volgelsheim
Tel. 00 33 (0)3 89 72 60 75
Mobil 00 33 (0) 6 1807 3091

Gérard Marcel Meyer

Malerei

„Die Begegnung mit den Werken von Gérard Marcel Meyer bietet die Gelegenheit eines Treffens mit einer kunstgestalteten Arbeit, in der die Ästhetik nicht dem Konzept geopfert wird. Bilddiskurs und Sinn, Zeichen eines offenbaren Wissens des Künstlers, lassen der Emotion des Betrachtenden den Vorrang. Sollte dieser jedoch auf intellektuelle Nahrung bedacht sein, so wird er in den Werken von Gérard Marcel Meyer ebenso genügend Stoff finden, um seine Erwartungen zu befriedigen." (Christian de Moor, Auszug aus dem Katalog zur Ausstellung in der Galerie von Turckheim)

Die Motivationen eines Weges in Sachen Malen:

Zuerst die Freude an der Farbe, am Stoff, an der Materie, am Sinnlichen...
Die Aussage, das Zusammenfügen der Linien...
Trennung und Wiederfinden.
Und die Freude des Geistes, das Lesen und Verarbeiten des Bildes: der Weg vom Sinnlichen zum Sinn

Die Ausstellungen der letzten Jahre:

„Villes" (Stadt und Mensch)
2001 Galerie de Moor, Turckheim

„Points de vue sur la Ville"
(An- und Aussichten zur Stadt)
2002 C.C.I. (IHK), Colmar

„Architectures" (Architekturen)
2002 Eurocentre, Colmar

„...de l'Expérience du Fragment..."
(...von der Erfahrung des Fragments...)
2004 Villa Fleck, Ingersheim

Kontakt: 9, rue du Trèfle
F-68000 Colmar
Tel. 00 33 (0) 389 41 57 95

Bernard Frieh

Kunst- und Freskenmaler

Geboren 1938 in Colmar, lernte er bei Francois Fleckinger das Dekorations- und Freskenmalerhandwerk. Im Jahre 1955 fand er sich für zwei zwei Monate an der Schule für Dekorationskünste von Strasbourg ein. Nach diesem kurzen Gastspiel arbeitete er autodidaktisch weiter. Seine ersten Ausstellungen fanden an seinem Wohnsitz 1970 statt, von da an nahm er ebenfalls an Gruppenausstellungen teil, danach folgte die erste Einzelausstellung in Colmar 1982 in den Räumen der D.N.A. (Dernieres Nouvelles d'Alsace). Seitdem waren seine Bilder in Strasbourg, Cannes, Mulhouse, Kaysersberg, Nancy, Metz, Fénétrange, Sarrebourg und Colmar zu sehen.

Er malt besonders gern in Pastell und Öl nach Kundenwunsch, sowohl kleinere Formate als auch komplette Fassaden und Innenwände.

In seinem Atelier sind seine Bilder als Dauerausstellung zu sehen.

Kontakt: Atelier d'Art Bernard Frieh 15, Rue du Château

F 68180 Horbourg-Wihr Tel.: 00 33 (0)3 89 41 01 11

Roswitha Zeeb

erblühende Farben
erspüren
ertasten
erleben

Am Dorfbach 18
79241 Ihringen
0 76 68 - 95 04 71

Le Leonard

und

der Neo-Symbolismus

Le Leonard ist am 3. Mai 1963 in Wiesweiller geboren.
Seine künstlerische Karriere hat recht untypisch begonnen, denn er sollte ursprünglich Musiker werden.

Ab 1970 nahm er Querflöteunterricht auf dem Konservatorium in Sarreguemünd.

Zahlreiche Auftritte in Kirchen und Konzertsälen führten ihn 1982 in ein Orchester nach Berlin. Doch auf dem Höhepunkt seiner Karriere (zahlreiche Auftritte in ARD und ZDF) beschloß der Künstler, seiner wahren Leidenschaft nachzugehen: der Bildenden Kunst.

Mit einer Ausbildung als Maler hatte er bereits zuvor begonnen.
Bei Lehrern wie *dem Maler Jean Beck* oder *Roussel* hat er sich intensiv mit der Malerei beschäftigt. Mit dem erworbenen und umfangreichen Grundwissen zog er 1984 in eine Freiburger Künstler-Wohngemeinschaft und widmete sich von da an der experimentellen Kunst.

Er arbeitete mit zahlreichen Künstlern aus In- und Ausland zusammen. Aus diesen Erfahrungen schließlich entwickelte Leo einen ganz eigenen Stil, den *Dr. Riewert Ehrich* 1999 einen Namen gab **: Neo-Symbolismus**.

Im Januar 1999 ging Le Leonnard nach Paris mit seiner Arbeit. Die *Galerie Francoise Guillou* war von seinen Werken sofort begeistert, so dass man schon wenige Tage später miteinander einen festen Vertrag schloß.

Und auch dieses Mal sind es Freundschaften mit Galeristen und Künstler, die Anteil daran haben, dass Le Leonard heute nicht mehr von Montmartre weg zu denken ist .

**Die Technik des Künstlers ist neu.
Le Leonard zeichnet mit einem Skalpell.
Seine Bilder bestehen aus Büttenpapier, Schnur, Tusche und Asche**.

Le-leonard@gmx.net
Tel : 491753401071 oder 0033 - 3 89624195

Francine Hennel

Aquarell

Geboren 1944 in Gérardmer, Vogesen, studierte sie in Nancy und Paris Jura und arbeitete danach in der Stadt-verwaltung von Dunkerque. Heute wohnt sie nahe Colmar und arbeitet im dortigen Grundbuchamt. Sie malt seit frühester Kindheit und wurde im Gymansium auch von Marcel Levieux, dem Aquarellmaler aus den Vogesen, unterrichtet.

Als ausgesprochene Puristin malt sie vor Ort „nach der Natur“ und stellt hohe Ansprüche an die Ausdruckskraft ihrer Werke.

Ausstellungen:

1993	Epinal - Lavoir du Theatre
1994	Sundhoffen - „Les Talents de Sundhoffen“
2000	Gérardmer - Festival des Arts (von da an jedes Jahr)
2002	Zillisheim - Salon de la Peinture
2003	Colmar - Salon de la Peinture et de la Sculpture
2003	Hardelot - 1er Prix Aquarelle
2003	Montreuil-sur-Mer
2003	Boulogne - Fête de la mer
2003	Equihan Pl. - 1er Prix Aquarelle
2003	Riegel/Kaiserstuhl „Mutter Erde“
2004	Riegel/Kaiserstuhl deutsch-französische Ausstellung

Kontakt:

Tel.: 00 33 389 71 43 81
29, rue des Stades
F-68280 Sundhoffen

Christoph Schneider

Auftragsmaler und Kunstgalerie

Kontakt:

Tel.: 0049 (0) 7633 / 92 33 598
Mühlenweg 2a
D-79189 Bad Krozingen - Biengen

Galerie „KunstLädele"

Tel.: 0049 (0) 7633 / 92 32 171
Schlatter Straße 3, Lindenpassage
D-79189 Bad Krozingen

Öffnungszeiten

Mo - Fr : 9.30 - 12.30
14.00 - 17.30
Sa: 9.00 - 13.00

Geboren 1930 in Dresden
Ausgebildet an der Hochschule für angewandte Kunst, Berlin und der Meisterschule für Innenarchitektur, Bauwesen und Holztechnik, Berlin.
Ab 1956 ist er Assistent bei Erich Zander im Defa Studio für Spielfilm, Potsdam Babelsberg.
Tätig als **Filmszenenbildner** von 1961 bis Anfang 1988 in ca. 60 Spiel- und Fernsehfilmen, u.a. „Gefrorene Blitze", „Wilhelm Meisters theatralische Sendung", „Kai aus der Kiste", „Der Katzenprinz".
Von 1988 ab freischaffender Szenenbildner in Berlin, Hamburg, München, vorwiegend bei Rialto Film. Mitwirkung u.a. bei "Otto der Außerfriesische", „Otto - der Liebesfilm", „Schulz & Schulz", „Pappa ante Portas" und TV Serien wie „Frauenarzt Dr. Merthim"

1998 Umzug von Berlin nach Freiburg, damit verbunden das Ende der Filmtätigkeit.
Seit 1999 lebt Christoph Schneider in Freiburg und findet hier endlich genug Zeit, sich seiner eigentlichen Liebe, der Malerei, ausgiebig zu widmen.

2003 Ausstellung in Radolfzell „Aquarelle der Toscana"
2004 Galerieeröffnung „Kunstlädele", Bad Krozingen. Hier bietet Christoph Schneider auch Kunstobjekte in Holz und Leder sowie Einrahmungsarbeiten an. Seine Auftragsmalerei nach Kundenwunsch erfreut sich steigender Beliebtheit.

Alberto Schneider
Malerei

FASSADENGEMÄLDE
von Alberto Schneider sind prägend für die Region. Man findet sie sowohl im Rheinland wie auch im Allgäu.

Ein Besuch in der Galerie lohnt sich. Über 500 Originale aller Stilrichtungen. Bleistift-, Feder- und Kohlezeichnungen, Aquarelle, Pastell-, Kreide-, Öl- und Acrylbilder.

geboren in Grenzach am 17, Mai 1955 – Seit frühester Jugend Faszination durch die Malerei. Auf Wunsch des Vaters Bäckerlehre. Bis 1979 Meisterschule. Ab 1995 verwandeln sich die väterlichen Geschäftsräume in ein Atelier mit Galerie. Es entstehen Bilder, die weltweit verkauft werden; verschiedene Techniken, die in den Werken den Sinn des Gedanken widerspiegeln.

2001 Eintrag in das BLAUE BUCH „WHO IS WHO" und in das Ehrenbuch der Gemeinde Jechtingen.
Seit 2001 fortlaufende Weinetikettenserie *KREATIV VISION ALBERTO*

KUNST IM KELLER
Gegenüber der Galerie liegen die Gewölberäumlichkeiten des einstigen Winzerkellers, ideenreich in Szene gesetzt mit offenen Tanks – das richtige Ambiente für eine faszinierende Reise in die Welt der Malerei und Bilder.

Angelique Eckstein

Malerei

„Nur eins beglückt zu jeder Frist - Schaffen, wofür man geschaffen ist.“ *Paul Heyse*

„Für mich ist die Faszination des Lebens die Liebe zu den Farben, die Symbolik und der menschliche Körper - zentraler Ausgangspunkt für meine Arbeiten.“

Angelique Eckstein

geboren 1959 in Freiburg.

1987 Liebe zur Malerei entdeckt. Von da an Unterricht und Workshops bei namhaften Künstlern in Aquarell, Pastellkreide , Öl und Acryl .

1998-2002 Ausbildung und Schülerin des Kunstmalers Alberto Schneider.

Seit 2001 diverse Einzel- und Gruppenausstellungen in der Region.

Ab 2004 freischaffende Malerin in der Galerie Alberto.

Dauerhaft sind Bilder von ihr in Burkheim im Städtle-Cafe und in der Galerie Alberto zu sehen.

79361 Sasbach – Jechtingen
Dorfstraße 40
Tel.: 07662 / 94213
www.galerie-alberto.de
täglich 8-12 und 14 – 18 Uhr
auch Sonn- und Feiertage
außer mittwochs

Dietrich Feltgen

Geb. 1942 in Freiburg

Kontakt:
Schwarzwaldstr. 15
79341 Kenzingen
Tel./Fax:07644/1539
Email:dieter.feltgen@gmx.de

Auf der Suche nach der Vollkommenheit

Seit 1964 unterrichte ich als Lehrer mit Schwerpunkt Kunsterziehung an der Pädagogischen Hochschule in Freiburg.
Seit meinem 14. Lebensjahr beschäftige ich mich zunehmend mit Malerei. Ich bevorzuge Ölfarben, wobei ich nur die Grundfarben sowie Schwarz und Weiß verwende. Sämtliche anderen Farbnuancen mische ich selbst.

Meine Bilder sind der künstlerische Versuch durch Überzeichnung der Realität zum Traumhaften bzw. Alptraumhaften Probleme und Missstände der Gegenwart provokativ aufzuzeigen. Die Werke sollen zum Nachdenken,zur Auseinandersetzung, zur Überprüfung eigener Standpunkte und eventueller Vorurteile anregen.

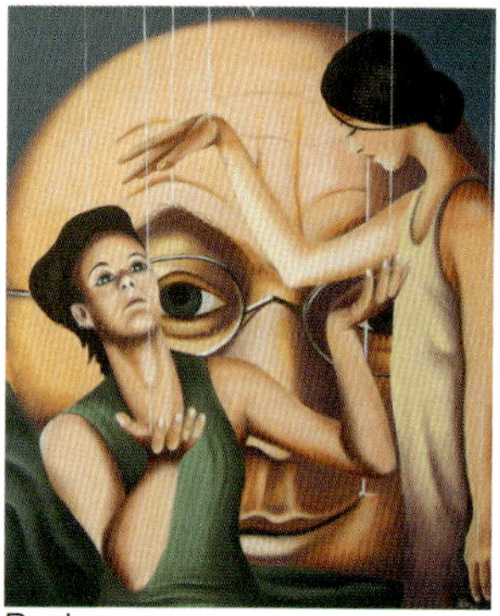

Regisseur

Einzug in den Reichstag

Seit 1988 sind die Bilder in zahlreichen überwiegend regionalen Ausstellungen zu sehen.

Seit 2004 bin ich Mitglied der Kunstkantine in Riegel am Kaiserstuhl.

Vogelperspektive

Carmen Gukelberger

Malerin

dreijährige Ausbildung an der
Folkwang-Schule in Essen

autodidaktische Weiterbildung
und Erlernen diverser Techniken
in Baden-Baden, Bühl und Freiburg.

Trotz Berufstätigkeit ist die Künstlerin
immer auf der Suche nach neuen
Ausdrucksmitteln und Formen.
Sie experimentiert mit verschiedenen
Techniken und entwickelt dabei
auch unkonventionelle Methoden.

Formlos, gestaltlos in der
Auseinandersetzung, Gestalt annehmend
durch die eigene Phantasie, das ist das,
was Carmen Gukelberger mit ihrer
Malerei erreichen will.

*Wenn Kreativität aus geistiger Schöpferkraft
und Ideenreichtum besteht, dann ist kreativ
sein für die Künstlerin Lebenskultur.*

Sorkas

**Zahlreiche regionale und überregionale
Einzel- und Gruppenausstellungen:**

u.a.: Centre Culturel, St. Dié
deutsch-französische Kunstausstellung in Riegel
Kulturforum, Emmendingen
Salon de la Peinture 2003 de Zillisheim
Leo Andersen Galleri 63, Dänemark
Buchmesse Basel

2. Art International, Breisach
Preisträgerin Salons Art International Breisach

Kontakt: Im Brühl 6 79279 Vörstetten Tel.: 0049 (0)7666 – 949518
Carmen.gukelberger@nexgo.de

Karl-Heinz Thiel

Atelier

Die Werke des Menschen, ein schwacher Versuch, "Neues" zu schaffen.
Unsere beschränkten Möglichkeiten sollten wir aber nutzen, um die uns umgebende Ordnung bzw. Unordnung zu erforschen, zu verstehen und nutzen.
Freier Geist, Phantasie und Träume sind individuell und einzigartig.
Das Spiel mit der Form und Farbe kann den Blick weiter öffnen, und ein Maler spielt mit der Form und Farbe.

Form und Farbe
in
handwerklicher
Kunst

Kontakt: Schulstraße 8
79359 Riegel am Kaiserstuhl
Tel./Fax: 00 49 (0) 7642 5015
e-mail: maler-thiel@t-online.de
www.maler-thiel.homepage.t-online.de

Petra Utz Malerei

Kontakt: im Bürgerstock 18 79241 Ihringen-Wasenweiler
Tel. 00 49 (0) 7668 7963 E-mail: Utz.Petra@ROL3.com

Galerie Sterntaler

Stefan Armbruster

Seit meiner Jugend zeichne ich. Angeregt durch einen alten Bildhauer in der Schweiz (Wigo 1979) begann ich in Holz zu schnitzen.
1983 Aktstudien, Acryl, Radierung (Tilmann Krieg, Kehl)
1984-89 Kunstschule Munzingen Freiburg, Bildhauerei (Reimar v. Bonin) Stilleben, Aquarell
Heute: Bilder, Skulpturen, Kurse, Ausstellungen

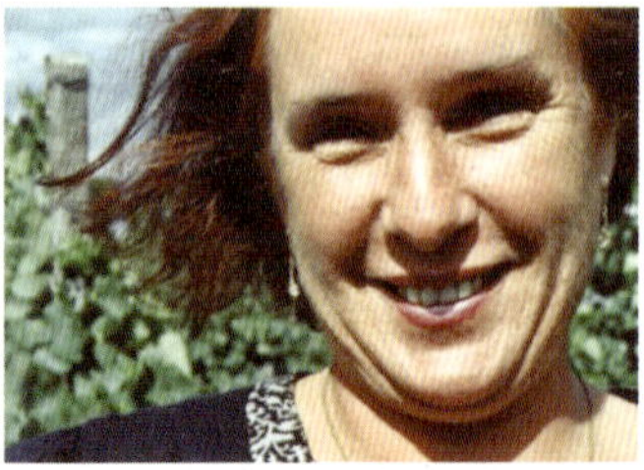

Petra M. Armbruster-Bonneur

Frühe Förderung durch kunstschaffenden Großvater und Mutter. 1972-76 Studium der Bildenden Kunst und Kunsterziehung an der staatl. Kunstakademie Karlsruhe und Univ. Bonn, Prof. C. Köhler-Achenbach (Kunstakad. Düsseldorf)
diverse Auslandsaufenthalte in USA, England, Frankreich, Indien
Heute: Bilder in Öl, Aquarell und Emaille

Kurse für Erwachsene und Kinder

Zeichnen, Malen, Tonplastik, Schnitzen, Steinhauen, Metalltreiben, Schreinern,

Kontakt:

Tel.:07642/929609
Dielenmarktstr. 15
D-79346 Endingen a. K.
www.galerie-sterntaler.de
info@galerie-sterntaler.de

„Buitre" Höhe 80 cm

Ricardo López

Bildhauer (Ton, Stein, Metall)

Fabelwesen

„Nachdem sich die Fabelwesen lange Zeit in den Untergrund zurückgezogen hatten, kommen sie jetzt langsam wieder an die Oberfläche."

Der in Madrid geborene Künstler Ricardo López hat eine besonders originelle Spezies entdeckt und sie in Ton geformt.

In seinen Figuren verbinden sich Witz und Kreativität.
Er beschreibt sie so „Für mich sind meine Fabelwesen Gefühle, Träume, ein Hauch der Seele".
Diese Verbindung von Realität und Traum spiegelt sich in seinen Arbeiten wieder.
Er widmet seine ganze Energie dem Abenteuer Leben.

Studium an der „Escuela de Bellas Artes" in Sevilla mit dem Abschluss der klassischen Ausbildung

Ausstellungen in Deutschland (u. a. Badisches Landesmuseum Karlsruhe), Belgien, Holland, Japan, Schweden, Schweiz, Spanien und USA

„Fuente" Höhe 130 cm

Preise und Auszeichnungen

- XV. Festival d'Art de Volonne (Frankreich) 1. Preis für die originellste Arbeit
- Endrundenteilnehmer des 60. nationalen Kunstwettbewerbes „José Camarón" (Spanien)
- 1. Preis des Bildhauerwettbewerbes „Miguel Segura" (Spanien)
- 1. Preis des XI. Bildhauerwettbewerbes in Gundelfingen

„Cabra" Höhe 65 cm

Atelier Ricardo López
Hauptstraße 40
D-79288 Gottenheim
Tel/Fax +49 (0)7665 6681

Atelierbesuche nach Vereinbarung

ALOIS LANDMANN

Landmann arbeitet mit der Kraft und Energie des Materials, und er bearbeitet dabei die Themen "Raum und Zeit", "Bewegung und Statik", "Ruhe und Dynamik".

Dr. Antje Lechleiter

Arbeiten im öffentlichen Raum u. a.:
Albert-Schweitzer-Gymnasium Gundelfingen
S-Bahn, Leinfelden-Echterdingen
Kreisgymnasium und Marktplatz Bad Krozingen
Kreisverkehr und maxit-Werk Merdingen
Kapelle der Katholischen Akademie Freiburg
Rathaus Brigachtal, Kirche St. Georg Achkarren

Alois Landmann
Wentzingerstr. 5
79291 Merdingen
Tel. 07668/7600
Fax: 07668/397
www.landmann-bildhauer.de
info@landmann-bildhauer.de

Maria-Luise Bodirsky

Skulpturen und Bilder

„Metamorphose“, Skulptur von Maria-Luise Bodirsky, 2004, Bronze, Unikat, 34cm Höhe

In meinen Ausstellungsräumen finden Sie weitere Metamorphosen, Fruchtbarkeits-Idole, Daphne, Antigone, Lots Weib, Phönix, Beziehungskisten, tanzende Paare…
und Bilder, Bilder, Bilder
Besuchen Sie mich!

Atelier-Hof

Hauptstrasse 69
D-79235 Vogtsburg-Oberrotweil
Telefon 07662-80144
www.Keramik-Atelier.Bodirsky.de

Sinnenfreuden im Kaiserstuhl
3 Ateliers im Atelier-Hof
Hauptstraße 69 in Vogtsburg-Oberrotweil
www.atelier-hof.de
Galerie SINNlich
Edelsteinschliffe
und Unikatschmuck
Tel.: 07662/91 20 33
www.grafik-im-atelier.de
Werbung • Fotografie • Illustration
Tel.: 07662/93 51 52
Maria-Luise Bodirsky
Skulpturen und Bilder
aus Keramik, Holz & Bronze
Tel.: 07662/80 144
www.keramik-atelier.bodirsky.de

Ulrich Sälzle

Skulpturen

Ulrich Sälzle, geboren 1965 erlernte den Beruf des Steinbildhauers in einer traditionell handwerklichen Werkstatt und besuchte die Meisterschule für Steinbildhauer in Freiburg.
Stein, Eisen und Bronze sind die Arbeitsmaterialien von Ulrich Sälzle - Ausgewogenheit von Spannungen und klare Strukturen bezeichnend für seine Formensprache.
Gezeigt wurden seine Arbeiten in zahlreichen Ausstellungen in der Region, der Schweiz und in Mexiko.

Ulrich Sälzle
Federstrasse 6

79362 Forchheim
Tel./ Fax 0 76 42 - 28 27

www.ulrich-saelzle.de
info@ulrich-saelzle.de

Jacques Millet

Holz- und Steinbildhauer
freischaffend seit 1987

Die Kunst ist eine
Vermittlerin des
Unaussprechlichen.
Goethe

Exzess

Aufbruch

Reproduktion und Restaurierung von Skulpturen
Pädagogische Arbeiten

nationale und internationale Ausstellungen
u.a. *Bildhauerprojekt* in Essen
Raumwandlungen in Hamburg
Kulturforum Breitenbach (CH)
Museum Trotte Arlesheim (CH)
REHAB Basel (CH)

viele regionale Ausstellungen,
Breisach, Badenweiler,
Staufen, Kenzingen und Vogtsburg

Internationale Symposien:
Coesfeld, Yach, La Bresse

Galerie „La Grange“

Galerie „La Grange“

Kontakt: Neulindenstr. 10
79235 Vogtsburg – Bickensohl
Tel. 0049 (0)7662 - 1850

Christopher Lampart
Bildhauer für Holz und Stein

Die größte Berufung für mich ist es, meine eigenen Bilder und Gedanken in Holz und Stein zu gestalten und mitzuteilen.

Anregungen hole ich mir aus meinem Alltag, aus dem Weltgeschehen und aus der Natur.

Aufgrund meiner internationalen Herkunft empfinde ich in besonderen Maße eine Verbundenheit mit den Menschen überall auf der Welt und für die Schicksale von Menschen, die ihre Heimat aufgrund von Krieg und Vertreibung verloren haben.

Seit über 10 Jahren bin ich in Südbaden als Bildhauer tätig und gestalte meine Werke nach eigenen Entwürfen und nach den Wünschen meiner Kundinnen und Kunden.

1963	geboren auf den Philippinen
1971	Kindheit und Jugend in Spanien
1980	Umzug nach Deutschland/Südbaden
1982-86	Ausbildung zum Holzmechaniker
1986-88	Seefahrt
1989-94	Ausbildung zum Holz- und Steinbildhauer
1994-96	Lehr- und Wanderjahre bei verschiedenen Bildhauerbetrieben in Südbaden
Seit 1996	freischaffend in eigener Werkstatt

Holzschnitzarbeiten, Kreuze, Figuren
Bilder, Schriften, Brunnen, künstlerische
Grabmale - aus Holz und Stein

Kirchstr. 1
79346 Endingen-Kiechlinsbergen

Telefon (0 76 42) 928 911
www.bildhauer.lampart.de

CHRISTOPHER LAMPART
FREISCHAFFENDER KÜNSTLER

BERNHARD MALIN

1938 in Essen geboren, in Süddeutschland aufgewachsen und nach vielen Berufsjahren – jetzt im Ruhestand – lebe ich nun das Leben, das ich mir eigentlich schon in jungen Jahren gewünscht habe: nämlich eines mit gestalterischer, künstlerischer Tätigkeit.

Keramik, Muschelkalk, Sandstein, Marmor, Alabaster sind meine Materialien. Die im Laufe der Zeit in Skizzenbüchern gesammelten Ideen setze ich nun um. Dabei treibt mich meine Neugier immer weiter: zu neuen Materialien, neuen Arbeitsverfahren und Kontakten mit anderen kreativen Menschen.

Zunächst war es der leicht formbare Ton, mit dem ich Kleinplastiken gestaltete.Dann, nach drei Bildhauerkursen, bearbeitete ich Muschelkalk und Sandstein. Während einer Toskana-Reise begeisterte mich die Arbeit mit dem harten Marmor, aber ganz besonders mit dem weicheren "Stein der Götter", dem Alabaster.

Seit 1996 stelle ich meine Plastiken und Skulpturen in Einzel- und Gruppenausstellungen aus. Zwei Großskulpturen in Edelstahl habe ich als Auftragsarbeit für eine Klinik im Saarland gestaltet.

Ich denke in Formen, habe immer wieder neue Ideen und bin gespannt, was noch alles Neues kommt.

Bernhard Malin
In der Breite 47, 79224 Umkirch
Tel. 0049 (0)7665 6206

Peter Gutmann

Bildhauer

1948	Geb. in Freiburg
1964	Lehre bei August Storr, Bildhauer
1967-71	Münsterbauhütte Freiburg als Bildhauer
1971-73	Meisterschule Freiburg, Prof. Schumacher
1973	Selbständig in Freiburg/Ebnet
1989	in Endingen am Kaiserstuhl

Kontakt: Elsässerstrasse 7
D-79346 Endingen
Tel. 00 49 (0) 7642 3278
E-mail: gutmann-peter@t-online.de

Martin Gutmann

Bildhauer

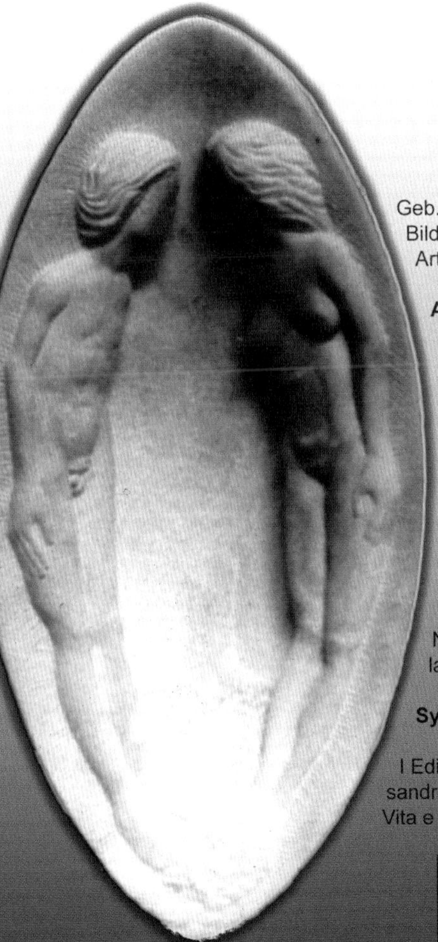

Geb. 1975 in Freiburg.
Bildhauerstudium an der Academia di Belle Arti di Carrara

Ausstellungen

Stein und Wein, Novo, Endingen
Grenzenlos - sans Frontieres
Im Stein ist die Freude der Entdeckung, Autohaus Märtin, Bötzingen

Kollektivausstellungen

Biennale Collettiva a degli Studenti di Belle Arti di Carrara
Andiamo al Piazzo, Biella
Arte in Viaggio, Capo d'Orlando, Sicilia
Novissima Anatomia, Musio „La Specola“, Firenze

Symposien

I Edizione del Concorso di Scultura „Alessandro Montelleone“, Reggio Calabria
Vita e Paesaggio di capo d'Orlando

„Im Stein ist die Freude der Entdeckung.“
Marino Marini

Kontakt: Elsässerstrasse 7
D-79346 Endingen
Tel. 00 49 (0) 7642 3278
Mobil: 00 49 (0) 172 74 56 92 5

Jutta Pankonin-Link im „Atelier Innenhof“

Wer weiß von sich selbst was in ihm steckt und wie er das heraussetzen kann? Wer Lust hat dies unter Anleitung zu entdecken, so dass er seine Schöpfungen auch wertschätzen lernt, der kann zu mir nach Köndringen ins „Atelier Innenhof“ kommen oder auch einen Kurs belegen an der Volkshochschule Nördlicher Kaiserstuhl e.V. Mein nächster Kurs wird den Titel tragen: Wie erarbeite ich mir den eigenen Stil. Ich werde wasserlösliche Farben vorstellen u. a. die Aquarell- und Acrylfarben und die Eitempera.

Ich bin anthroposophische Kunsttherapeutin und Kunstpädagogin und habe praktische Erfahrungen im Umgang mit malenden Kindern. Jetzt suche ich verstärkt auch wieder den Kontakt zu Gleichgestimmten, denn meine beiden Töchter werden selbstständig und „Mama“ erarbeitet sich ihr neues Profil. Das spricht auch aus meiner hier abgebildeten Pappmachee- Arbeit, einer humorvollen Frauengestalt. Wenn Sie Interesse an meinen Bildern haben gehen Sie auf:
http://home.tiscali.de/jutta.pankonin

Meine Bilder sind auch zu erwerben und suchen neue Ausstellungsmöglichkeiten.

Atelier Innenhof
Jutta Pankonin-Link
Heimbacherstr.11
79331 Köndringen
Tel.: 07641/49020
e-mail: jutta.pankonin@web.de

Aisaku Suzuki

Atelier Keramik Aisaku Suzuki
Synagogenplatz 5
D - 79206 Breisach
Tel.: +49 (0) 7667 - 6137
Mobil: 0178 - 4628961
E-Mail: aisaku@keramiksuzuki.de
www.keramiksuzuki.de

Geboren in Kobe, Japan. Nach dem Studium der französischen Literatur, Keramikstudium in Kyoto.
1968-69 Reise nach Europa. Arbeit als Keramiker in Frankreich und Österreich.
1971 eigenes Atelier in der Gegend Bordeaux.
1979 Verlegung des Ateliers nach Breisach.

Seine Arbeiten sind
aus Steinzeug gedrehte Gefäße für Teezeremonie, deren Ästhetik eindeutig unter dem japanischen Einfluss steht, jedoch mit einer modernen Sensibilität,
aus Platten aufgebaute flache Vasen oder aus Porzellan geformte skulpturale Gefäße von ganz eigenem Charakter.
Er gestaltet auch minimalistische abstrakte Plastiken, die seine Neigung zur zeitgenössischen Kunst verraten sowie
Haiku-Bilder aus Porzellan als Umsetzung der Haikus des japanischen Dichters Matsuo Basho (1644-94).
Seine bevorzugte Glasuren: kristallines Weiß, Türkis, Dunkelblau und Ochsenblut(Dunkelrot), daneben auch Dunkelgrün, Schwarz und Goldbraun.

Seine Arbeiten wurden schon in zahlreichen Einzelausstellungen in Deutschland, in der Schweiz, in Frankreich und Österreich sowie in Japan gezeigt und von verschiedenen Museen in Deutschland, Frankreich und in der Schweiz angekauft.
1969 Aufnahme als Mitglied in die Académie Internationale de la Céramique in Genf.

Kleine weiße Plastik, Porzellan, 32 x 4 x 11

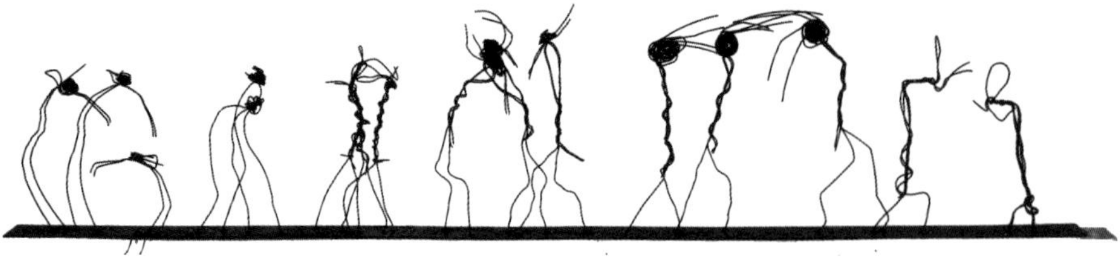

Kunstwerkstatt Metall

Helmut Binninger und Margitta Budde-Großklaus

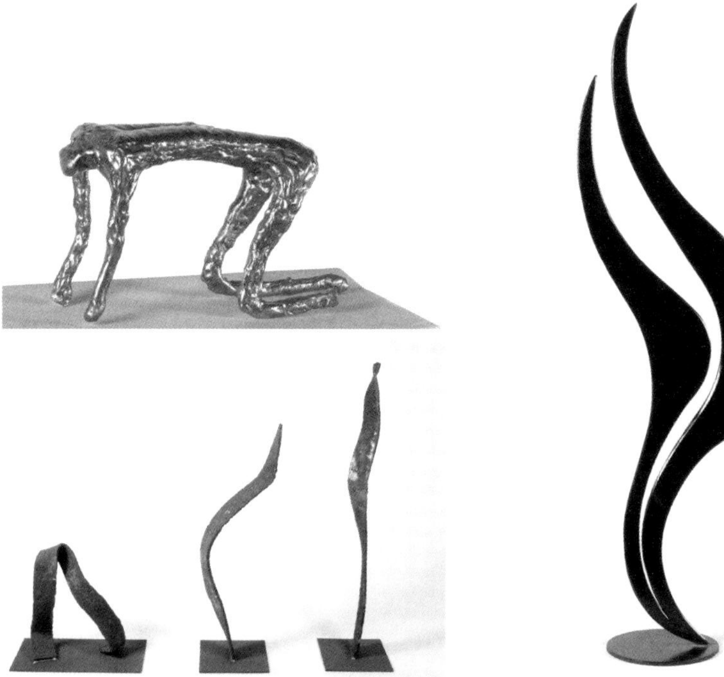

Konferenz • Aus der Hölle • Evolution • Die Liebenden

Skulpturen, Objekte, Installationen, Malerei

Workshops: Metallgestaltung für alle!
Aktuelle Kursangebote:
www.kunstwerkstatt-metall.de

Kontakt: Robert-Bunsen-Straße 3
79211 Denzlingen
Tel. 00 49 (0) 7666 4427

Peter Zimmerman

Stahlbildhauer
Leopoldstr. 30
79359 Riegel a.K.
Tel. 07642 40309

Lebt und arbeitet seit 1993 in Riegel und hat neben seiner freien Tätigkeit eine Kunstschmiedewerkstatt am selben Ort seit diesem Zeitpunkt.

geb. 1957	in Emmendingen
74	erste Stahlskulpturen
77-79	Ausbildung als Kunstschmied
79-82	Assistententätigkeit Helmut Lutz Breisacher Schule
85- 89	Eigenes Studio als freier Stahlbildhauer
89	Residency Angel`s Gate Cultural Center Los Angeles
89-91	Eigenes Studio in New York City Mitglied der Rivington School
92	Eröffnung des Studios in Riegel
93	Eröffnung einer Kunstschmiedewerkstatt in Riegel
96-97	Residency der Stadt New York City im Socrates Sculpture Park
98	Ausstellung im Socrates Sculture Park in New York City
02	Ausstellung Bridgeport Connecticut
99-04	Ausstellung im Skulpturenpark Liegewiese im Faulerbad in Freiburg

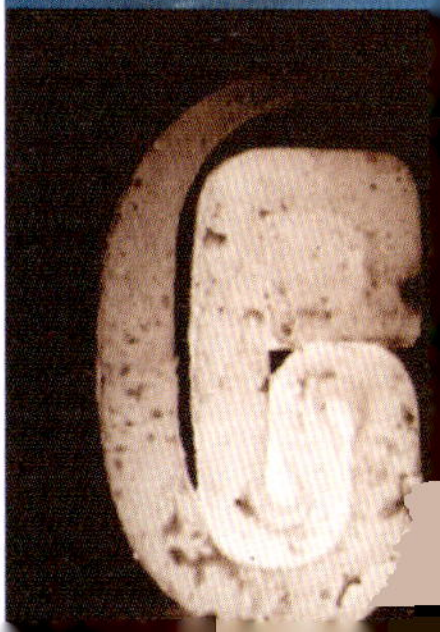

Oliver Th. Bär

Grafik - Collagen - Buchgestaltung - Objekte

geboren 1966 in Offenburg
arbeitet seit 1994 autodidaktisch

Kontakt:

Tel.: 0049 (0) 7663 / 91 28 18
Saarstrasse 12
D - 79353 Bahlingen am Kaiserstuhl

Ohne Titel

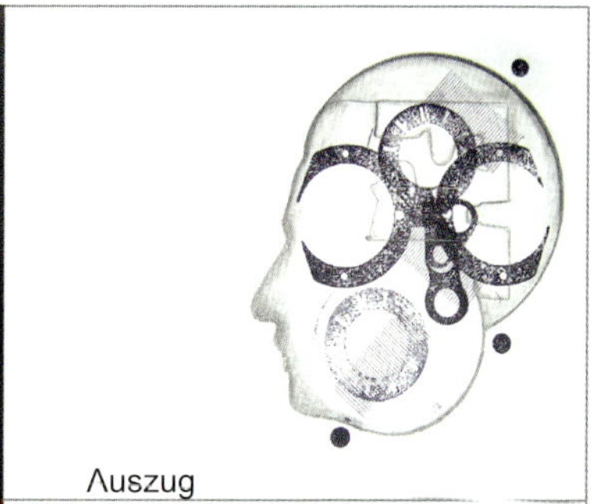

Auszug

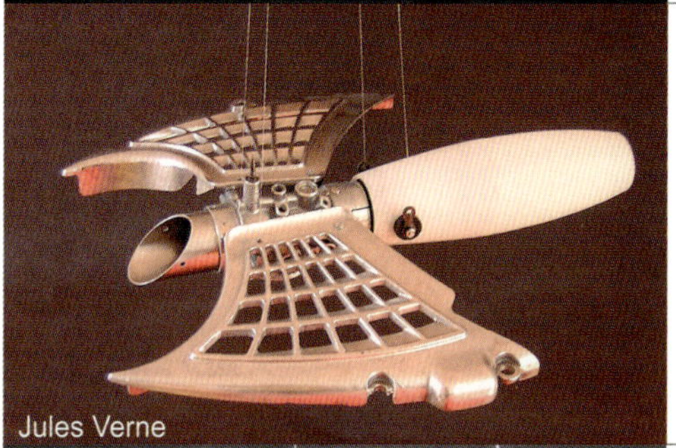

Jules Verne

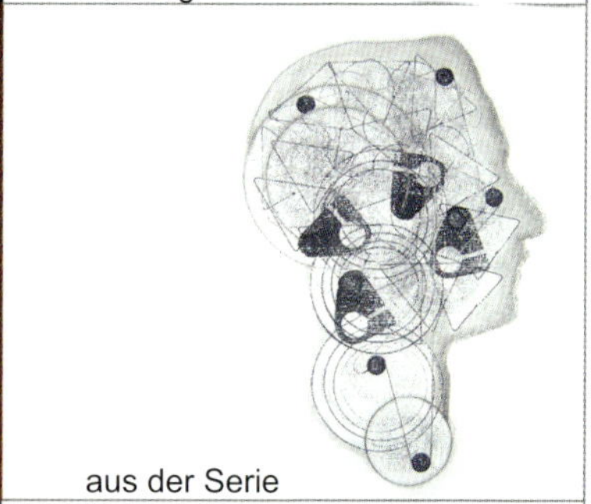

aus der Serie

Polizei

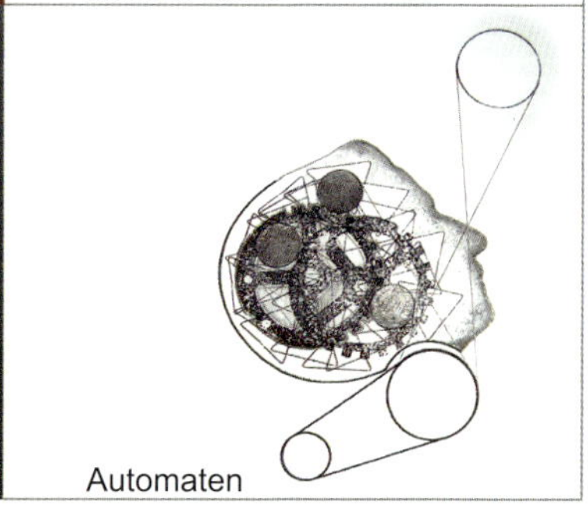

Automaten

ARTige Typen aus Papier

Dorothea Siegert-Binder / Spielzeugdesignerin / freischaffende Künstlerin
Atelier und Workshops: Stadenweg 21 / D-79353 Bahlingen / Tel./Fax: 07663-5709
E-Mail: info@siegert-binder.de / www.siegert-binder.de

Ich habe mich seit einiger Zeit dem Material Pappmache´verschrieben und die Faszination, aus "nichts" etwas zu machen, hört nicht auf. Es entstehen immer neue Wesen, Skulpturen, Personen. Sie werden immer größer, dicker, bunter, verrückter.

Mit einem Lächeln über die eigenen Unzulänglichkeiten, über Querelen des Alltags, über vermeindliche Belanglosigkeiten, befasse ich mich mit Menschen, die mir begegnen, die mich freuen, ärgern, wundern... Manche strahlen durch ihre Körperfülle eine Zufriedenheit und Sattheit aus, manche die pure Lebensfreude oder Melancholie und Weisheit. Manchmal sind es Arrogante und Besserwisser, Schnösel und Pappenheimer, Spiegelbilder.

Ich versuche, der Kunst eine heitere Seite abzugewinnen.

KALLIGRAPHIE

Die Schrift, im Wandel der Jahrhunderte immer wieder von Stilepochen beeinflusst, inspiriert mich, in Verknüpfung mit graphischer Textgestaltung.
Mit unterschiedlichen Werkzeugen und Materialien gestalte ich freie Kalligraphien, genauso auch Urkunden, Stammbäume und besondere Spruchkarten für jeden Anlass.

Elli Konstanzer
Breulstr.27
79241 Ihringen
Tel.:07668/378

Atelier für grossflächige Dekorationsmalerei
W i l f r i e d   M a y e r h o f e r

In einem Malsaal von ca. 230 qm. entstehen Malereien in großem Format für Theater, Film, Messebau, Events.................

2001 entstand der Vorhang für das Bolschoi-Theater Moskau, nach einem Gemälde von Golowin, gemalt auf Leinen. Größe: 22 X 12 m

Malerei auf Nessel, Leinen, Tüll, Operafolie (transparent),Theatervorhänge, Wandmalerei, Kopien alter Bilder... nach eigenen Entwürfen, oder vom Kunden gewünschte Vorlagen.

2003 – der Vorhang für das Theater Bamberg auf Nessel gemalt. – Faltenwurf und Gold sind gemalt. (Foto – Ausschnitt Mitte)

Wilfried Mayerhofer, 79241 Ihringen, Bachenstr. 35
mail - w.mayerhofer@blickfang-wm.com

Tel & Fax 07668 950581
www.blickfang-wm.com

Gudrun Dienst

Atelier & Galerie

Kurse, Bilder, Kunstkarten

Kapuzinerkresse (1996)

Die Lust am Selbstgestalten, an der Abstraktion

Lebensphasen (2003)

Sich Zeit nehmen für Stimmungen und Themen

Jeder Mensch hat ein kreatives Potential, das sich fördern und entfalten lässt.

Kontakt und Anmeldung:
Tel: 49(0)7667 / 6628
Rempartstr. 6, 79206 Breisach

K**UNST**W**ERK**
Tel: 49(0)7667 / 929634 Richard-Müller-Str.17, 79206 Breisach

Lebenserfahrung (2004)

Auf etwas aufmerksam machen

Künstlerisches Arbeiten zur Förderung der Kreativität

Beim künstlerischen Arbeiten wird die sinnliche Wahrnehmung unterstützt, innere Gedanken, Gefühle können bewusst und zum Ausdruck gebracht werden. Kreatives Denken und Handeln kann so unterstützt und gefördert werden.

Die Kurse werden in Zusammenarbeit mit dem „K**UNST**W**ERK**", Breisach, *durchgeführt.*

lebensArt

Lilli Röckle

Freischaffende Künstlerin
Diplom-Kunsttherapeutin
Tanz-Sozialtherapeutin

- Kurse im eigenen Atelier für Kinder und Erwachsene
  - Offenes Atelier -
- Kurse über die VHS Emmendingen
- Einzelstunden

Lilli Röckle
Im Hausgrün 27
79312 Emmendingen

Telefon (07641) 8756
lilli.roeckle@freenet.de

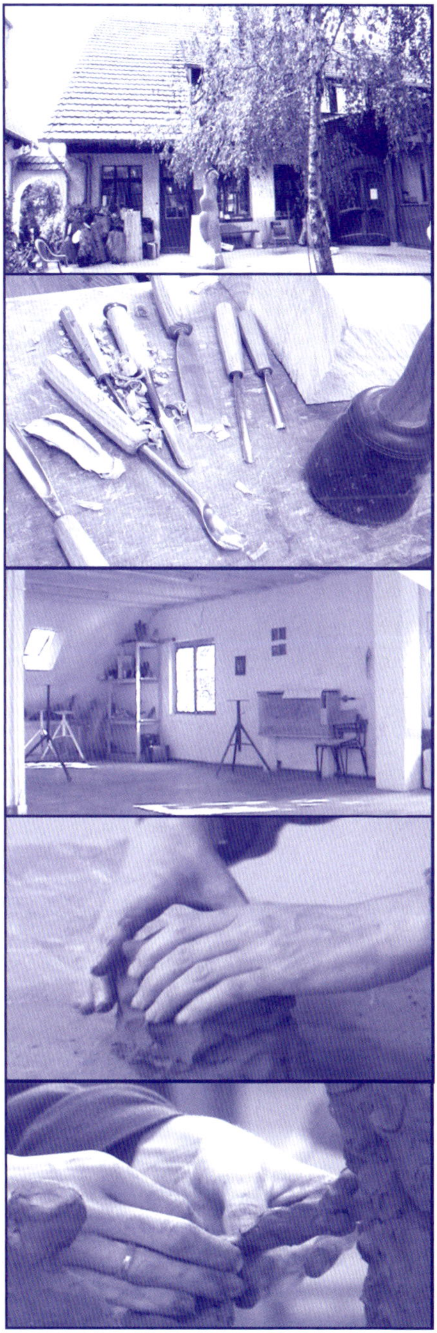

Wege zur plastischen Kunst

Edith Maryon Kunstschule Freiburg

Die Edith Maryon Kunstschule ist eine staatlich anerkannte private Kunstschule für Bildhauerei. Sie steht unabhängig von Bildung und Alter für alle Menschen offen, die eine intensive Auseinandersetzung mit der plastischen Kunst suchen. Die Edith Maryon Kunstschule wurde 1982 in Munzingen gegründet.

Die Edith Maryon Kunstschule bietet verschiedene Ausbildungen in der plastischen Kunst von den ersten Grundlagen bis zum Diplom an.

Themen/Schwerpunkte
Wahrnehmungsschulung innerer und äußerer Erlebnisse
Naturstudien: Plastische Phänomene, Skelett
Menschliche Gestalt, Portrait
Umgang mit inneren Erlebnissen bis zur äußeren Form
Land–Art
Entwicklungsmetamorphosen
Freies Arbeiten nach eigenen Themen

Materialien/Techniken
Arbeiten in Ton und Gips
Schnitzen in verschiedenen Hölzern
Steinbearbeitung
Kupfertreiben, Schweißen
Freie Materialien

Vollzeit-Studium bis zum Diplom (BAföG-berechtigt)
Berufsbegleitendes Studium mit Zertifikat (4 Jahre)
Aufbau-Studium bis zum Diplom (1,5-2 Jahre)
Gast-Studium (nach Abstimmung)
Künstlerische Arbeitswochen – Kurse zu verschiedenen Themen und mit unterschiedlichen Materialien

Information und Anmeldung:

Edith Maryon Kunstschule Freiburg
Dorfgraben 1
79112 Freiburg-Munzingen
Tel. 07664 4803
Fax 07664 2397
e-mail: edithmaryon-kunstschule@web.de

Weitere KünstlerInnen

Umkirch

Zuzana Blumenfeld-Kenk

Zuzana Blumenfeld-Kenk
Die verschiedenen Lebensphasen spiegeln sich in ihren Bildern wieder: die innere Zufriedenheit, aber auch ein ständiges Suchen in der bewegten Geschichte ihres Lebens. Höhen und Tiefen, Stärken und Schwächen verleihen den Bildern besondere Akzente.

Wolfgang Neubert

Wolfgang Neubert
Bilder von der friedlichen Stimmung eines frühen Morgens und eines Sonnenuntergangs im Taubergießen sind Beispiele für seine Arbeiten in Öl. Mit seiner dreiteiligen Collage Afrika, in der Meer, Urwald und Wüste dargestellt wird, wagt Neubert den Schritt von der darstellenden Kunst zum Abstrakten. In mehreren ungegenständlichen Bildern , in denen weder Linien noch Formen das Bild gestalten , sondern allein die Farben, kommen die " Farbenfreuden " deutlich hervor.

Monika Schacherer-Bleyler

Monika Schacherer-Bleyler
freischaffende Malerin / Kunstvermittlerin
Leitung von Kunst- und Kulturreisen, Seminaren, Führungen. Lehrtätigkeit in der Erwachsenenbildung und Jugendkunstschule

Eichstetten

Karin Lotzwi

Karin Lotzwi
reduziert Gegenstände zum Bildträger für optische Effekte. So spielen Reflexionen und Spiegelungen eine tragende Rolle in ihren Werken, die sie mit Eitempera gemalt hat.

Endingen

Regina Rinker
Malerei, großformatige Bilder

John Tun Sein
Indischer Maler in Amoltern
abstrakt bis konkret

Ludwig Köhler
Bildhauer in
Königschaffhausen
in der Bahnhofstraße
einzigartige gesägte,
gerippte Holzobjekte

Riegel

Telemach Wiesinger
Kunstfotograf im alten Feuerwehrhaus

Emmendingen

Ernst Thomann, geb. 1910
Holz, Stein, Bronze – zuletzt Edelstahl
einer der bedeutendsten Künstler in der Region
viele Kunstobjekte im öffentlichen Raum, vor allem in Emmendingen

Peter Thomann
ist der Sohn von Ernst Thomann, preisgekrönter Fotograf, der für einige namhafte Zeitschriften in Deutschland arbeitet

Peter Hauck

Peter Hauck
Bildhauer
Bildhauergalerie für Zeitgenössische Kleinplastik
Farbe – ein integrativer Bestandteil der Formwahrnehmung bei seinen Skulpturen.

Monika Baltes
Ausbildung zur Fotogravurzeichnerin
Dozentin für Malerei in verschiedenen Techniken
Studium an der Europäischen Akademie für Bildende Kunst Trier
Akademiekurse an der Kunstschule Khan, Leonhard

Bötzingen

Barbara Dier
Malerin - Ausbildung an der "Freien Hochschule für Grafik-Design und Bildende Kunst" in Freiburg.
Sie benutzt kräftige, intensiven Farben als Mittel des emotionalen Ausdrucks.

Barbara Dier

Kunsthandwerk

Mutgard Dross
Marionettenwerkstatt

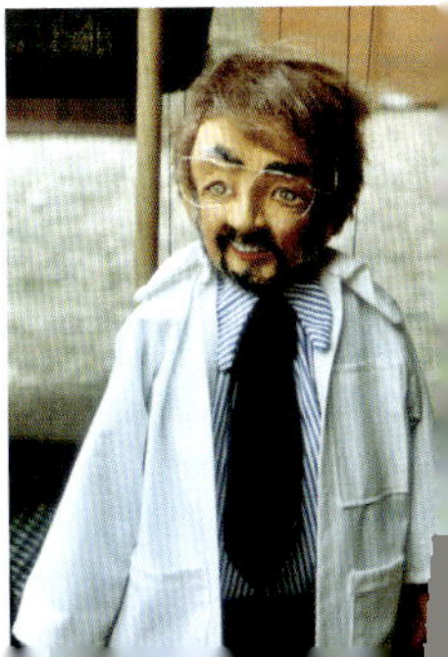

Die Marionettenbaukünstlerin Mutgard Dross ist Erzieherin. Das Handwerk der Marionettenbaukunst erlernte sie am Genfer See, wo sie 1980 an der Marionettenbaubühne ihrer Schwester über ein halbes Jahr lang mitarbeitete (Marionettes d` Allaman).

Dort entstanden ihre ersten Figuren, die bald von einem größeren Publikum beachtet wurden.

Sie verkaufte auf Kunstmärkten rund um den Genfer See und zog 1981 nach Burkheim. Hier eröffnete sie mitten in der Altstadt 1982 ihr eigenes kleines Geschäft mit angeschlossener Werkstatt. Sie beginnt neben den "freien" Figuren, Marionetten nach Vorlage und Foto zu erarbeiten.

1994 interessierte sich das Fernsehen: Der SWR3 berichtet in einem Werkstattbericht in der Sendung "Fahr mal hin".
1996 trat sie mit ihren Marionetten in der ZDF-Livesendung "Wintergarten" auf.

Ausstellungen in: Basel, Freiburg, Lausanne, Eguisheim, Hamburg und München

Wind- und Klangspiele, Glasperlenmobiles, Metallhähne, Eulen, Katzen Und Fische als Teelichthalter, Hand- und Fingerpuppen und einiges mehr aus Ali Babas Höhlenreich.

täglich geöffnet von: 9 bis 12.30 Uhr und 15 bis 17.30 Uhr

Mittelstadt 11
79235 Vogtsburg-Burkheim
Tel.: 0049 (0)7662 / 94201
www.marionetten-burkheim.de

SINGLES PAARE BEZIEHUNGSKISTEN

FABELHAFTE FIGUREN

Eva Lübold
Stockackerweg 5
D – 79331 Teningen-Nimburg
Tel.: 0049 (0)7663 - 912690

offene Werkstatt:
dienstags 16 bis 20 Uhr

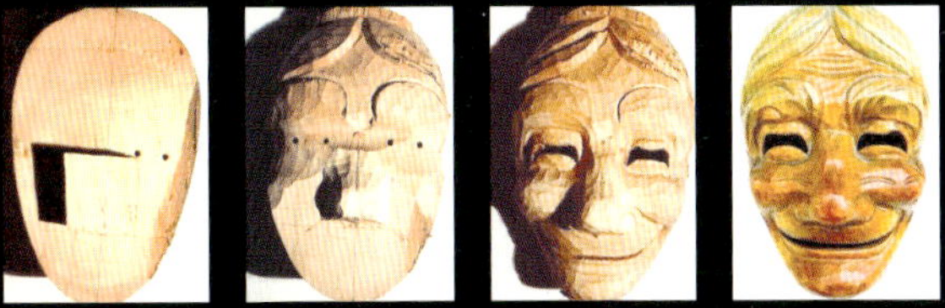

Leopold Schmidt

Holzschnitzer

Leopold Schmidt erfüllte sich seinen Traum und startete nach einem 45jährigen Berufsleben als Landwirt und Weinbauer in Sasbach eine neue Karriere: Er wollte schon in jungen Jahren mit Holz arbeiten, namentlich das Schnitzen hatte es ihm angetan. Also ging er noch einmal „in die Lehre" bei einem Kenzinger Maskenschnitzer, eines kam zum anderen und plötzlich fand er sich wieder als gut ausgelasteter Holzbildhauer aus Passion. Die nebenstehende Front eines 6000-liter Weinfasses hielt ihn an die 500 Stunden an seinen Schnitzmessern fest. Auf zahlreichen Ausstellungen, Kunstmärkten; Messen und Weihnachtsmärkten waren seine Schnitzarbeiten schon zu bewundern. Seine bevorzugten Hölzer kommen aus der Umgebung, viel Linde, manchmal Ahorn sind die Hölzer, aus denen er seine Kunstwerke schnitzt.

Kontakt:

Tel. & Fax: 0049 (0) 7642 / 14 67
Mobil: 00 49 (0) 173 918 78 75
Wyhler Strasse 2
D - 79361 Sasbach am Kaiserstuhl

Angelika Sameith

Puppenwerkstatt

Als ausgebildete Waldorfkindergärtnerin fertigte Angelika Sameith mit 18 Jahren die erste Puppe selbst an, zunächst für ihre Kinder, dann für Verwandte, danach für den Schulbasar. Seit 2002 ist sie mit ihren Waldorfkinderpuppen präsent auf den Kunsthandwerkermärkten in Freiburg, Heitersheim, Munzingen und Burkheim.

Ganz charakteristisch für ihre Puppen ist der neutrale Gesichtsausdruck, Kinder haben so die Möglichkeit, im Spiel mit den kuschligen Schmusepuppen in der Puppe das Gesicht zu sehen, was sie für ihre Rolle gerade brauchen.

Die Puppen werden aus auschließlich hochwerigen, reinen Naturprodukten handgemacht, also aus Schurwolle, Baumwolle und Wolle gefilzt und genäht. Alle Puppen bekommen natürlich auch eine kindgerechte altersangepaßte Ausstattung.

Mit den Puppen kommen die Jahreszeiten ins Haus, ins Kinderzimmer und auf den Jahreszeitentisch eines Waldorfkindergartens. Da gibt es Blumenkinder, Schneemänner, Nikoläuse, Laternenkinder, Osterhasen, Gräserjungs, Drachenkinder - und noch viele mehr, die Ideen gehen ihr noch lange nicht aus.

Sie bietet auch regelmäßig Kurse an in ihrer Puppenwerkstatt, wo dann an 5-10 Abenden 4-6 TeilnehmerInnen sich nicht nur von Angelika Sameiths Können etwas abschauen dürfen, sondern auch im Gespräch manche Erziehungsprobleme geklärt werden können.

Kontakt:

Tel.: 0049 (0) 7664 / 22 73
Alemannenstrasse 12
D - 79227 Mengen

grünes & mehr

Floristwerkstatt
Ursula Maier

Zentrum für Handwerk und Kultur
Gewerbegebiet über der Elz
Im Hausgrün 27
79312 Emmendingen

Telefon: (01 72) 7 18 82 37

Ursula Maier wurde 1953 in Sigmaringen geboren. Nach ihrer Ausbildung zur Weißnäherin in München war sie 23 Jahre lang Hausfrau und Mutter ihrer drei Kinder, wobei sie kleinere Jobs ausübte.
Als Wiedereinstieg absolvierte sie in Freiburg eine Ausbildung zur Floristin und machte sich im August 2002 selbstständig mit der Floristwerkstatt "grünes & mehr".

Herzen

Fädelungen

Kränze

Ihre Produkte sind überwiegend aus Naturmaterialien hergestellt. Das kreative Angebot reicht von Kränzen, Herzen und Wachscollagen über Lavendelsäckchen, Fotokarten und Dekorationen. Außerdem werden auf Bestellung natürlich auch Frischblumen-Arrangements gefertigt.

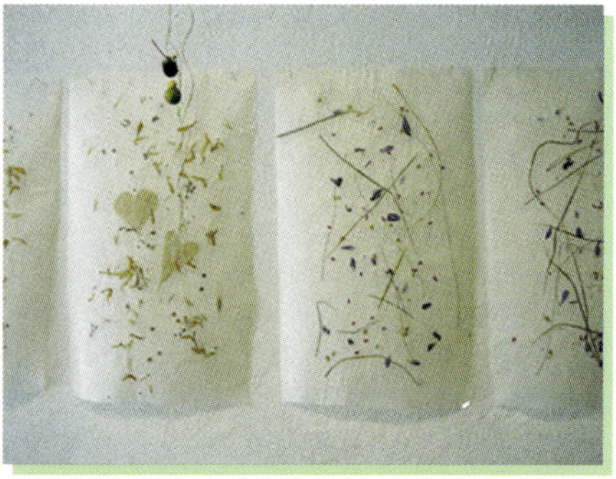

Wachscollagen

BADBERGLADEN

KUNST & TECHNIK

www . badbergladen . de

Keramik & Schmuck
Skulpturen aus Granit & Sandstein
Artesania aus Chile

Conny Brändle
Badbergstraße 15
79235 Vogtsburg-Oberbergen
Tel. 00 49 (0) 7662 / 94 78 32
conny@badbergladen.de

ab 2005 in Bergstraße 34
Vogtsburg-Bischoffingen

Ruth's Pottery

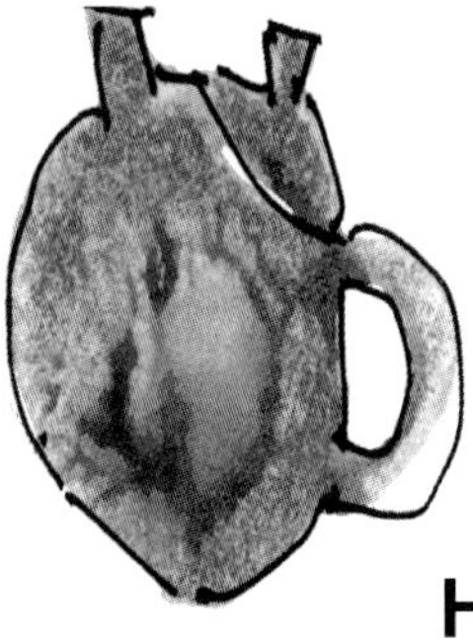

Keramische Gestaltung

Hier finden Sie

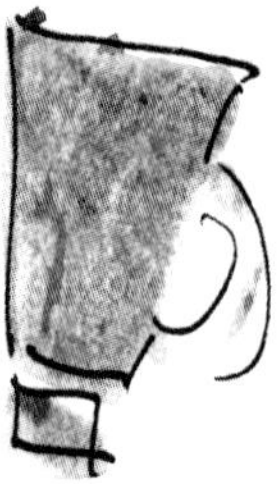

> Keramische Einzelstücke
> Gefäße für den täglichen Gebrauch
> Individuell gestaltete Urnen
> Schönes nach Ihren eigenen Vorstellungen
> oder werden Sie selbst bei einem meiner Kurse kreativ

Ruth Wessolleck
Schulstr.28
79364 Malterdingen
Tel:07644-913074

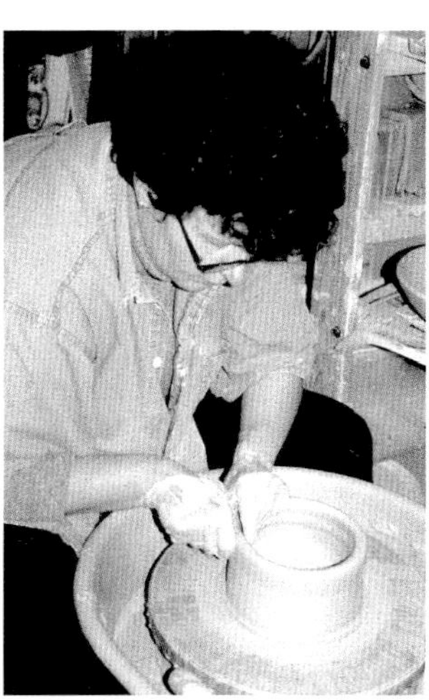

Öffnungszeiten
Jeden Di 10:00Uhr
bis 20:00Uhr
und je nach
Vereinbarung

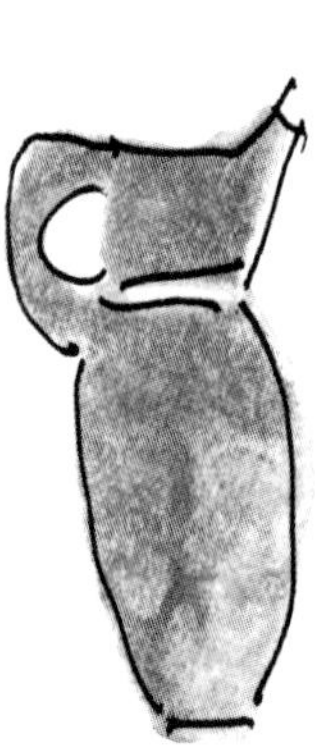

SEIT 25 JAHREN...

begeisterte Geschirrtöpferin und immer noch offen für neue Ideen, finden Sie heute bei mir eine große Auswahl an hochwertiger Gebrauchskeramik aus Feinsteinzeug:
von der einzelnen Schüssel oder Tasse bis zum kompletten Speiseservice und das alles frei auf der Scheibe gedreht. Farben und Dekore reichen von naturweiß über tiefblau bis schwarz.
Gebrannt bei 1260° garantiere ich eine hohe Festigkeit im alltäglichen Gebrauch. (spülmaschinenfest)
Gerne fertige ich für Sie auch nach Ihren Wünschen für besondere Anlässe. Das kann die individuelle Teekanne sein, das spezielle Waschbecken, ein außergewöhnlicher Lampenfuß oder das pfiffige Geschenk für Ihren Geschäftspartner.

WER ETWAS MIT DEN HÄNDEN BERÜHRT, WIRD SELBST BERÜHRT

In entspannter und inspirierender Atmosphäre finden in meiner Werkstatt verschiedene Kurse und Workshops statt.
Als Diplompädagogin und anerkannte Begleiterin in der Arbeit am Tonfeld ® biete ich außerdem in Einzelarbeit individuelle Entwicklungsförderung für Kinder und Jugendliche an.

Auf Ihren Besuch freue ich mich!

Töpferei Ines Verschl
Keramikmeisterin

Zentrum für Handwerk u. Kultur
Im Hausgrün 27
79312 Emmendingen
Tel. 07641 – 9542067
www.ines-verschl-keramik.de

détail die goldschmiede

die goldschmiedinnen vom détail laden Sie ein zu neuen ideen

in jedem edelstein schlummert ein verborgenes schmuckstück

offen:	di. - fr.	9.30 - 18.30
	sa.	9.30 - 14.00
geschlossen:	mo.	

Kontakt: Elfi Gamp und Ute Biesold
goldschmiedemeisterinnen
westend 9
d-79312 emmendingen
Tel. 00 49 (0) 7641 57 12 22
website: www.goldschmiede-detail.de

Angelika Kaul

1959 in Tönisvorst / Krefeld geboren
seit 1993 Beschäftigung mit der Malerei auf Seide
diverse Ausstellungen in Nordrhein-Westfalen, Rheinland Pfalz, Saarland und Baden – Württemberg.
Regelmäßige Teilname an Kunsthandwerkermärkte.

Wer die verschiedenen Seidenarten so wie ich, kennen- und lieben gelernt hat, der weiß welche Faszination Seide auf einen ausüben kann. Seit vielen Jahren beschäftige ich mich mit dem Bemalen und Gestalten von Tüchern, Textilien, Wohndekoration, Krawatten und vielem mehr.

Mein Anspruch ist, Kunst tragbar zu machen. Sie soll auch den Wünschen und Vorstellungen der Träger gerecht werden.

Durch die Kombination verschiedener Techniken habe ich meine Ausdrucksarten verfeinert und vor allem im modischen Bereich neue Möglichkeiten gefunden.

Öffnungszeiten:
nach telefonischer Vereinbarung

Angelika Kaul, Ziegeleiweg 17,
79206 Breisach,
Tel./ Fax: 07667 / 83 39 88

www.seidenmalerin.de
e-mail: kaul.de@freenet.de

• Immer am Wochenende vor Ostern und am 3. September wochenende ist in Emmendingen Künstlermarkt
• Über 100 Künstler und Kunsthandwerker stellen aus
• Aussteller aus dem Bundesgebiet und dem benachbarten Ausland reisen an
• Objekte, Bilder und kunsthandwerkliche Arbeiten werde zum Kauf angeboten
• Arbeiten und Vorführungen an den Ständen
• Rahmenprogramm mit "Emmendinger Kleinkunstpreis" und Kinderkunst zum Mitmachen auf der Schlosswiese
Die Spielspirale
Zaubern Spielen Jonglieren
Emmendinger Künstlermarkt
Infos: Tel. 07641-55615
www.spielspirale.de

AHA's und OHO's

RICHTER-ART
Kenzingen
Künstlerbedarf
Öl-, Acryl-, Aquarellfarben, Öl-, Pastellkreide, Tusche, Druck-, Textil-, Seidenmalfarbe, Pinsel, Staffeleien, Leinwände, Keilrahmenleisten
Einrahmungen
Bildereinrahmung mit Holz & Aluleisten, Wechselrahmen, Passepartout-, Glas- & Rückwandzuschnitte
Kreativideen
Bastelzubehör, Trendartikel, Papeterie, Deko-Artikel, Specksteine, Keramikbedarf, Werkzeuge & Hilfsmittel
Puppen- & Seidenmalzubehör
Airbrushfarben & Technik
Kursprogramme
Aquarellmalen und Zeichnen
Öl- und Acryl-Malkurse
Malkurse für Kinder, Jugendliche & Erwachsene
Bastel-, Airbrush-, Specksteinkurse für Erwachsene und Kinder
Inh. Alwin Richter
Hauptstraße 3
79341 Kenzingen
Tel.: +49 (0)7644-4424
Fax.: +49 (0)7644-4454
mail@richter-art.de
www.richter-art.de
Öffnungszeiten:
Mo, Di, Do, Fr 9.30 - 12.30
14.30 - 18.30
Mi 9.30 - 12.30
Sa 9.30 - 13.00

s'Schiereládele

HANDEL MIT ANTIQUITÄTEN
KUNSTGEWERBE - GESCHENKARTIKEL

Besuchen Sie mich und starten Sie eine kleine Entdeckungsreise durch einen liebevoll restaurierten Kornspeicher aus dem 17. Jahrhundert. Entdecken sie in ansprechendem Ambiente viele ausgesuchte Antiquitäten und ausgefallenes Kunstgewerbe. Darüber hinaus bieten wir Ihnen eine Vielzahl Geschenkartikel jeder Preisklasse an. Parken Sie im Hof vor dem Laden und schauen Sie doch einfach mal herein. Ich freue mich auf Ihren Besuch.

Geöffnet:
Di - Fr 9.30 - 12.00 Uhr
15.00 - 18.00 Uhr
Sa 10.00 - 13.00 Uhr
Mittwochnachmittag geschlossen

Ruth Hausknecht
Hauptstraße 133
79211 Denzlingen
Tel. 07666 3138

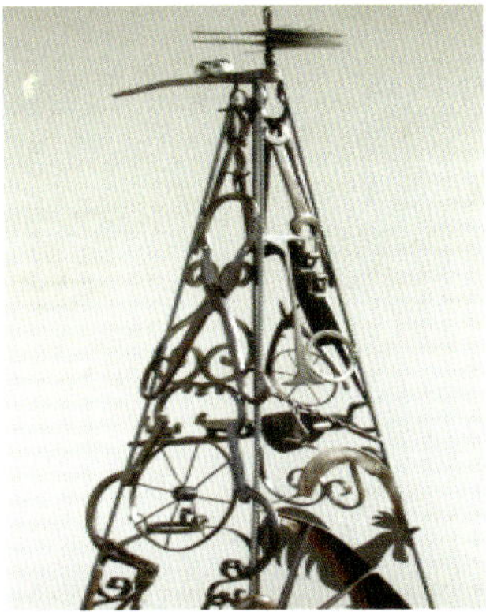

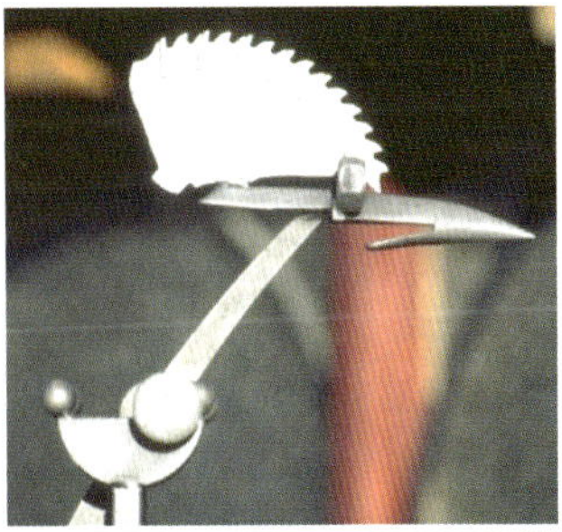

Atelier Kubias

Einrahmungen, Kunstgalerie und Buchbinderei

Dem heutigen Inhaber Harald Weber, geb. 1960, ist das Atelier Kubias schon seit seiner an diesem Ort absolvierten Ausbildung zum Buchbinder vertraut. In der bereits seit 1980 bestehende damaligen Galerie hat er sein Handwerk gelernt und sie mit 29 Jahren als Inhaber übernommen. Heute bietet er dort nicht nur erstklassige Einrahmungen und handgearbeitete Buchbindearbeiten für Unikate und Kleinauflagen an.

Das Kerngeschäft umfasst vielmehr noch Restaurierungen von Bildern und alten Rahmen, die mit großem Sachverstand und handwerklichem Geschick wieder zu neuem Glanz gebracht werden. Sie ziehen in neue Praxis-, Büro- oder Wohnräume um, haben den Wunsch, darin eine stimmige Privatgalerie einzurichten? Auch hier sind Sie mit Ihrem Vorhaben beim Atelier Kubias in besten Händen, denn der Fullservice umfasst die Auswahl an Bildern oder Kunstdrucken inkl. Beleuchtungsberatung, deren Rahmung und anschließende Montage vor Ort. Sie wählen lieber selbst aus? Den Katalog dazu können Sie vom Atelier Kubias ausleihen, das auch gern den Bestellservice für Sie übernimmt.

Über die Qualität der Einrahmungen muß man nicht viel Worte verlieren: Die Stammkunden, z.T. in der 3. Generation, wissen, warum sie „ihrem“ Atelier Kubias die Treue halten. Für die Lieferung der Rahmenleisten stehen über 20 Lieferanten in Europa zur Auswahl.

In der Galerie werden alle 4 Monate neu Bilder präsentiert, die zu Emmendingen und zur Kundschaft passen. Harald Weber zeigt dabei auch gern sein Gespür für neue Strömungen, wenn er einfühlsam seine neue Aussstellung zusammenstellt. Hier sind auch mitunter Originalgrafiken, Siebdrucke und Radierungen von Künstlern wie Chagall und Miró zu entdecken.

ATELIER KUBIAS

Ladenzeiten: Tägl. 9-13, 15-18.30
Sa. 10-13 Uhr
Mittwochnachmittags geschlossen

Kontakt: Markgrafenstrasse 28
D-79312 Emmendingen
Tel. 00 49 (0) 7641 4 36 61
Fax. 00 49 (0) 7641 57 24 21

R. C. - Mineralien

Rainer Czeczor

Hier findet jeder
„seinen Stein“

Mit dem Basteln von Edelsteinbäumchen fing alles an...

Als Rainer Czeczor 1989 in den Kreativbereich einstieg, eröffnete er zunächst ein Ladengeschäft für Mineralien und Geschenkartikel und am Abend erteilte er Bastelkurse in Reha-Zentren. Die erste Reise nach Südamerika 1992 brachte die Schlüsselbegegnung mit Speckstein. Die ersten Steine wurden aus Brasilien importiert.

Heute bietet das Unternehmen eine grosse Auswahl an Künstlersteinen in Speckstein, Alabaster und Marmor.
R.C. – Mineralien wurde zu einem wichtigen Partner für Bastel- und Hobbyläden, Schulen, Kindergärten, Kunstschulen, Großhändler für Künstlerbedarf, Reha-Zentren, Kliniken, Garten- und Landschaftsbau sowie für die Ofenbauindustrie.

Im Angebot von R.C.-Mineralien finden Sie:

Speckstein
- vom 1 kg-Beutel bis zum Künstlerstein
- Einsteiger-/Bastel-Sets, Rohlinge
- Pizza-, Grillteller, Brotbackplatten
- Gartenskulpturen
- Ofen-Formteile und Platten
- Geschenkartikel

Alabaster
Marmor
rohe Mineralien
Werkzeug
Zubehör

RAINER CZECZOR - GROSSHANDEL
Zum Hippenkreuz 4 D -79189 Bad Krozingen
Tel: + 49 / 0 76 33 / 16 04 89 Fax: 10 13 18
e-mail: r.c.mineralien@t-online.de
www.r-c-mineralien.de

Claudia Richter

Ein etwas anderer Verlag

Selbstentdecktes und regionale Hommagen – lyrisch und poetisch aufbereitet für die, die auch gerne in's Schwärmen geraten.

Unentdeckte Schätze im Markgräflerland
Eine Liebeserklärung!
Streifzüge durch eine der schönsten Gegenden Deutschlands!

Leseprobe: ***Lebensweg***

Sie war sehr klein
und grün und glatt und hart,
und sie begab sich auf die Reise.

Durch Jahr und Tag,
durch Sonne, Wind und Eis.

Zwar ist sie runzlig jetzt,
doch schwer und süß und weise
und die sie mögen
die verwöhnt sie zart.

Weitere bisher erschienene Bücher:

Gemischte Gefühle
Erinnerungen an Väter
beginnend in der Zeit des Naziregimes bis hin ins Handy-Zeitalter. Ein Stück Zeitgeschichte

Ein Mädchen in der Wüste
Geschichten für junge Menschen
Nachdenkliches, Vergnügliches, Erlebtes, Erdachtes, Kurzweiliges und auch Tiefsinniges.

Mosaiksteinchen
Gedichte

Bilder und Fotopostkarten mit schönen Naturmotiven

Telefon: 0049 (0)7633/101061 Mobil: 0170 5354321 www.claudia-richter.com

Der Hörbuchladen

Emmendingen

Viele Menschen entdecken seit einiger Zeit den Sinn und die Sinnlichkeit des Hörens wieder. Gesprochene Texte werden als lebendig empfunden. Der Klang einer menschlichen Stimme vermittelt Nähe und Wirklichkeit und lässt dabei genügend Spielraum für eigene Fantasie. Längst wissen wir um die seelischen Wirkungen des "Lautlesens" und "Hinhörens". Gutes Hören macht uns fähig zum Gespräch, zur Geselligkeit und zum Miteinander.

Zum Herbstanfang 2001 wurde der einzige Hörbuchladen in Südbaden in Emmendingen eröffnet. Das Geschäft befindet sich in einem schönen Fachwerkhaus in der Emmendinger Innenstadt, drei Gehminuten vom Bahnhof entfernt.

Mehr als 2000 Titel - gesprochener Bücher aus unterschiedlichen Bereichen - werden inzwischen im Hörbuchladen angeboten. Hier ist der Gast eingeladen, im Hörbuchladen in gemütlicher Atmosphäre ein "Ohr voll" zu nehmen, und sich von eindrucksvollen Stimmen in spannende Welten tragen zu lassen.

Das Sortiment ist vielseitig und das Angebot wächst ständig.

- Deutsche Klassik und Romantik
- Romane und Erzählungen
- Lyrik / Gedichte / Balladen
- Unterhaltungsliteratur
- Biographische Romane / Biographien / Briefwechsel
- Sachbuch
- Kriminalromane / Science Fiction
- Kabarett / Humor
- Kinder- und Jugendliteratur
- Märchen und Sagen
- Lehr- und Lernbücher
- Pädagogik
- Philosophie
- Psychologie / Lebenshilfen
- religiöse Literatur

Es stehen vollständige und gekürzte Lesungen, Hörspiele, Features, Dokumentationen und vieles andere mehr zur Auswahl.

Möchte man wissen, ob ein bestimmter Text, der im Radio zu hören war, im Handel erhältlich ist; oder welche Texte von bevorzugten Sprechern noch aufgenommen wurden, so erhält man hier gleich oder nach entsprechenden Recherchen kompetente Auskunft

der hörbuchladen
Westend 17
79312 Emmendingen

Telefon 07641-956745
Telefax 07641-956746
e-mail: hoerbuchladen@t-online.de

Öffnungszeiten

Mo - Fr	9.30 Uhr - 13.00 Uhr
	14.30 Uhr - 18.30 Uhr
Sa	9.30 Uhr - 14.00 Uhr

Neutor-Buchhandlung

Annette Böder
Sabine Schweitzer

„Neutor-Buchhandlung: Der beste Ort zu Lesereisen. Wenn ich möchte, werde ich auch von sehr freundlichen und kompetenten Fachleuten ein Wegstück begleitet.

Doch am liebsten gehe ich allein durch diese Welt der Bücher. Und in keiner anderen Buchhandlung öffnen sich mir so viele neue Tore.“ So die Meinung des Lesers Claus Renner zum Angebot der Neutor-Buchhandlung in Breisach.

1979 eröffnet, lädt das weitgefächerte Sortiment auf 100 m² zum Stöbern, Schmökern und Entdecken ein. Besondere Schwerpunkte sind die reiche Auswahl an Kinder- und Jugendbüchern, Taschenbüchern sowie Reise- und Regionalliteratur.

Als gutes Beispiel sei hier auf den im eigenen „Verlag der Neutor-Buchhandlung“ erschienenen Bildband „Breisach und der Kaiserstuhl - Impressionen einer Landschaft“ hingewiesen, der auf der gegenüberliegenden Seite vorgestellt wird.

Autorinnen wie Viola Roggenkamp, Elke Schmitter und Barbara Honigmann wurden zu Lesungen eingeladen, gelegentliche Buchbesprechungsabende tragen zum Austausch unter den LeserInnen bei. Da die Buchhandlung ein weites und grenznahes Einzugsgebiet hat, werden die KundInnen selbstverständlich individuell auf Deutsch und Französisch beraten.

Der Buchbestellservice von heute auf morgen wird so natürlich gern und oft in Anspruch genommen. Das ist zwar heutzutage auch über Internet möglich, aber wem da der persönliche Kontakt fehlt und wer mit Vorliebe in einem gutsortierten Angebot stöbert, ist in der Neutor-Buchhandlung am rechten Platz. Annette Böder, Sabine Schweitzer und Markus Mößner kümmern sich sehr gerne um die individuellen Wünsche der Kundschaft.

Öffnungszeiten:	Montag - Freitag	9-13 Uhr und 14.30-18.30Uhr
	Samstag	9-13 Uhr
Kontakt:	Neutorstraße 29	D-79206 Breisach
	Tel.: 0049 (0) 7667 17 17	Fax: 0049 (0) 7657 8 08 46
	E-mail: neutorbuch@t-online.de	

Claus Clorer: Breisach und der Kaiserstuhl
Impressionen einer Landschaft

Buchvorstellung

Hier stellen wir nun den 2003 im „Verlag der Neutor-Buchhandlung" erschienenen Bildband „Breisach und der Kaiserstuhl - Impressionen einer Landschaft" vor, der auf seinen 60 Seiten in vielen Farbabbildungen die verschiedenen Facetten dieser Region auffächert.

Claus Clorer fotografierte zu jeder Jahreszeit, zu vielen Tages- und auch Nachtzeiten die abwechslungsreiche Landschaft des alten Vulkans. Fein beobachtete Details,die es in den Dörfern zu entdecken gibt, Ansichten von Kirchen, Denkmälern und Skulpturen erfreuen das Auge. Im redaktionellen Textteil erfährt man viel Wissenswertes über die Geschichte, die Geographie, das Klima und natürlich das Hauptmerkmal, den Weinanbau und seine Besonderheiten. Flora und Fauna finden Erwähnung in Text und Bild. Die Ausführungen zur Historie werden durch hervorragende Reproduktionen alter Stiche ergänzt, die den Kaiserstuhl vor seiner Kultivierung und den Rhein vor seiner Begradigung durch Tulla zeigen.

Für die Einen ein sehr ansprechendes Mitbringsel, für die Anderen Inspiration zu eigener Entdeckung der Region zwischen Schwarzwald und Vogesen.

Kontakt: Neutor-Buchhandlung Neutorstraße 29 D-79206 Breisach
Tel.: 0049 (0) 7667 17 17 Fax: 0049 (0) 7657 8 08 46
E-mail: neutorbuch@t-online.de

Löwen-Lichtspiele Kenzingen

Kino und Arthouse

Die Familie Kauschwitz betreibt unweit des Bahnhofs Kenzingen ein weniger kleines, dafür aber sehr feines Kino. Die LÖWEN-LICHTSPIELE sind seit 1951 der Anziehungspunkt für die Filmbegeisterten in und um Kenzingen.

Ein großer Saal mit 199 Plätzen und das seit 1993 existierende Studio mit 33 Plätzen, in dem Filme weitab vom Mainstream ihr Publikum finden, bieten ein mit viel Liebe zum Film und kenntnisreich zusammengestelltes Filmprogramm. Und mehr noch als das: Im Kino, das auch so etwas wie eine Schaubühne ist, wird regelmässig Theater geboten. Abends für die Großen, nachmittags Märchen für Kinder. Auch Clowns wurden schon im Kino gesehen - nicht auf der Leinwand, sondern davor.

Bei den gezeigten Dokumentarfilmen haben die Zuschauer Gelegenheit, nicht nur den Namen des Regisseurs oder der Produzentin, sondern auch diese selbst zu sehen und nach der Vorstellung Fragen zu stellen.

Spannend wird es auch, wenn Kino und Theaterbühne Hand in Hand zusammengehen: Stummfilme mit Live-Vertonung sind heutzutage eben doch eine andre Ebene als die Klänge aus der hauseigenen, feinen Dolby-Digital® Anlage, in den LÖWEN-LICHTSPIELEN bei den Klassikern wie „Metropolis“ oder Buster Keatons „Go West“ unmittelbar zu erleben.

Filmreihen, auch in Zusammenarbeit mit der VHS, widmen sich ausgesuchten Schauspielern und Regisseuren. So ist z.B. eine Serie von Filmen mit Joachim Krôl geplant, ebenso wie eine Musikfilmreihe.

Das sorgfältig ausgesuchte und überlegt zusammengestellte Kinoprogramm findet sich unter

www.Kino-Kenzingen.de

Seit 1991 wurde das Kino jedes Jahr durch das Ministerium für Kultur und Kunst, Baden-Württemberg, ausgezeichnet. 2002 und 2003 kam dazu noch ein Bundespreis der Bundes - Kulturminister.

Kontakt: D - 79341 Kenzingen
Tel. 00 49 (0) 7644 385
E-mail: info@kino-kenzingen.de

ZENTRUM FÜR HANDWERK UND KULTUR
Im Hausgrün 27, 79312 Emmendingen

Hier finden die Besucher unterschiedliche Werkstätten und Ateliers, in denen selbständige Handwerker und Künstler, Musiker und Kleinunternehmer anderer Sparten arbeiten.

Das Projekt begann im Jahr 2000 und ist seitdem langsam gewachsen. Heute beheimatet das Haus Schreiner, Holzkünstler, Keramikerin, Floristin, Zahntechniker, Musiker, Kulturmanager, Künstlerinnen der Glasverarbeitung, Leuchtendesigner, Kunstmalerinnen, Architekt, Bildhauer, Goldschmiedinnen...

Jeder Gewerbetreibende geht hier seinen Aufträgen und Tätigkeiten in Eigenregie nach.

Das Zentrum für Handwerk und Kultur ist ein Ort an dem Kommunikation möglich ist und Gemeinsames und Kreatives durch Austausch und im Miteinander entstehen kann.
Im Foyer oder in den Außenanlagen können die Hausgrün-Unternehmer ihre Produkte präsentieren.
Durch Eigeninitiative werden Workshops und Seminare angeboten, zu denen auch befreundete und interessierte Betriebe eingeladen sind.
Sommer wie Winter finden die „Hausgrünler“ genügend Anlässe zum Feiern von Festen – draußen am Feuer oder drinnen bei Kerzenlicht und einem Gläschen Wein...

Träger des Zentrums:
Der Gedanke, im Zentrum für Handwerk und Kultur verschiedene berufliche Sparten (Handwerk, Dienstleistungen, Kunst) zusammenzuführen geht zurück auf Renate und Michael Hall. Ihre Absicht war und ist es, Handwerkern und Künstlern ein gemeinsames gutes und kreatives Umfeld zu bieten.
Allen, die Interesse an Werken von Kunst, Handwerk und eigenem Gestalten haben, sind herzlich willkommen.

Weitere Ziele des Zentrums:
Gemeinsame Projekte mit dem Schwerpunkt Kunst und Handwerk sowie Events auszuarbeiten und zu realisieren, auch in Mitarbeit mit Außenstehenden.
Inhalte des Zentrums und die praktische Nutzbarkeit einer breiten Öffentlichkeit bekannt zu machen.

Barbara Ambs
Bildende Künstlerin
Peter Stolz
Bildhauer
Rose Wichtler
Bildhauerin

Kunst ist immer auch Handwerk – Handwerk immer auch Kunst!

Das Projekt „Zentrum für Handwerk und Kultur" verinnerlicht diese Erkenntnis und vereint Beides unter einem Dach:

Im Hausgrün 27 – 79312 Emmendingen
Tel. 07641-574 463

Hier leben und arbeiten Handwerker und Künstler gemeinsam, hier entsteht durch gegenseitigen Austausch Neues.
Durch Kommunikation will dieses Projekt Brücken bauen, bis hin zu denjenigen, die dieser Projektgemeinschaft ihre Aufmerksamkeit schenken. Denn das „Zentrum für Handwerk und Kultur" lebt nicht zuletzt auch durch Zuspruch und Teilnahme von Interessierten und Kunden.

Ines Verschl
Keramikmeisterin
Anne Marie de Cabooter
Party Service Glasverbleiung
Christoph Berstecher
Lichtobjekte
Paul Della-Vanzo
Australian Hardwoods

Michael Hall
Schreinermeister
Markus Häberle
Schreinermeister
Martin Borchers
Transport/Logistik
Lilli Röckle
Dipl.-Kunsttherapeutin

Ursula Maier
Floristin
Rolf Zimmermann
Schreinermeister
Stefan Kraft
Schreinermeister

Ulrich Lamott
Zahntechniker
Sven Kestel
Kulturmanagement
Dirk Kottmann
Freier Architekt
Elfi Gamp, Ute Biesold
Goldschmiedemeisterin
Annette Landgraf
Goldschmiedin
ele

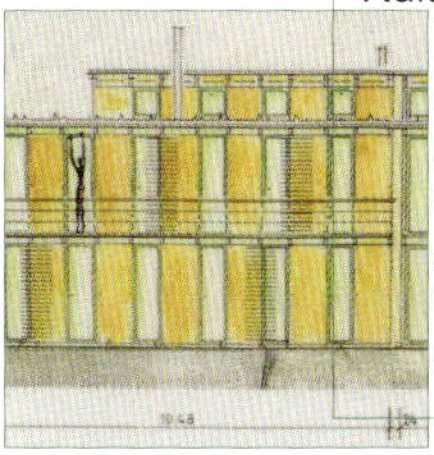

SPIEL MIT FORMEN...

Holz bietet eine Vielfalt an Möglichkeiten im Innenausbau. Durch die Auswahl von hochwertigen Materialien und die Anwendung innovativer Detaillösungen biete ich langlebige und zeitlose Qualität, bevorzugt aus heimischen Holzarten mit ökologischen Oberflächen.

Markus Häberle Schreinermeister

Zimmertür
Esche

Möbelgriff
Buche hell

Wandschränkchen
Kiefer/Buche

...UND MATERIAL

Die Kombination vielfältiger Hölzer mit unterschiedlichsten Materialien, Formen und Farben erlaubt die Verwirklichung individueller Wünsche. Das Ergebnis ist die funktionelle und harmonische Gestaltung von Wohn- und Lebensräumen – Möbeln zum Anfassen und Wohlfühlen.

Anrichte
verkernter Ahorn

Schuhgeschäft-
Einrichtung
Platane furniert

Garderobe
Ahorn / Linoleum

Markus Häberle

Möbel und Bauschreinerei
Im Hausgrün 27
79312 Emmendingen
Tel. 07641 / 936905

Natural Furniture

Ich bin freischaffender Künstler und fertige Möbel und Kunstobjekte aus heimischen Holzarten an.
Dabei gebe ich jedem Objekt eine individuelle Note durch die natürliche Form des Baumes, durch die Maserung des Holzes und durch feine, qualitativ hochwertige Holzverarbeitung.
Die Bäume des verwendeten Holzes werden von mir ausgesucht, gefällt und abgelagert.
So entstehen unverwechselbare Möbel und Kunstobjekte von einmaliger Schönheit.
Einmalig sind auch meine Tisch- und Bank-Sets aus massivem Tannenholz. Auch hier ist jedes Teil ein Unikat.

Eine weitere Spezialität von mir ist die Restaurierung von alten bzw. antiken Türen.

Die Holzwerkstatt und die Unikate sind im Innenhof und im Ausstellungsraum eines alten, aufwendig restaurierten Bauern - hauses zu besichtigen.

Pierre Rutsch
Dorfstraße 29
79346 Amoltern

Telefon 07642/3690
Fax 07642/927875
Handy 0172/9151430
E-Mail pierre@NaturalFurniture.de

www.NaturalFurniture.de **www.pierre-blockhuette.de**

Fautz die Gärten

Erlebnis - Marktplatz - Ideen

„Wenn ich einen grünen Zweig im Herzen trage, wird sich ein Singvogel daraufsetzen“ - was sich anhört wie eine fernöstliche Weisheit, ist auch eine. Mitgebracht von einem ¾ Jahr Japanerfahrung, wendet Axel Fautz diese Wahrheit zur Freude seiner Kunden gern an. Für ihn hat jeder Gartenraum eine besondere Bedeutung. Ob das nun der Kurpark in Bad Krozingen ist, der von „Fautz die Gärten“ gepflegt wird, oder ein Privatgarten, die Handschrift des in Feng Shui geschulten Gartengestalters wird sich in der Harmonie und der Balance der Elemente wiederfinden. Ausgleich zwischen Feuer-, Holz-, Erde-, Wasser- und Metall-Chi bringt den Energiefluß in Einklang mit den Himmelsrichtungen. Das gilt nicht nur für „Gärten im asiatischen Stil“,

denn auch hierzulande spüren Menschen die Wirkung einer energetisch gut gelungenen Komposition - auch wenn sie mitunter gar nicht als solche wahrgenommen wird. Das Angebot geht noch weiter: Hier bekommt man Kunstausstellungen zu sehen, erlebt Kunsthandwerkermärkte und profitiert von den Erfahrungen der Gartenbauprofis, die diese in Vorträgen und Seminaren weitergeben. Der Marktplatz mit seinen mehr als 10 000m² Ausstellungsfläche ist pure Freude für PflanzenliebhaberInnen.

Öffnungszeiten:
März bis Juni
Mo.-Fr. 9.00-19.00 Uhr
Juli bis Februar
9.00-18.00 Uhr

Sa. 9.00-14.00 Uhr

Kontakt:

Biengener Allee 20
D - 79189 Bad Krozingen
Tel. 00 49 (0) 7633 92700
Fax 00 49 (0) 7633 927070
E-mail: info@fautz-diegaerten.de
website: www.fautz-diegaerten.de

Rosenhof

Rosen + Wein

1985 war für den Bahlinger Winzer Hanspeter Weiß ein Jahr, das sein Leben und das seiner Frau in eine neue Richtung lenken sollte. Lange grübelte er schon über die Zukunft seines landwirtschaftlichen Betriebes. In jenem Winter, als er dann mal wieder seiner Frau eine Rose schenkte, hatte dies „ernsthafte" Folgen. Die Idee war plötzlich da - Rosen züchten und sich auf Rosen spezialisieren. Es war der Wegweiser für eine neue Geschäftsidee, die er schon bald in dem historischen Hof von 1771, im Ortskern von Bahlingen, verwirklichte.

Mo bis Fr 9 – 12.30 und 15 –18.30 SA 9 – 16 Uhr

Schreitet man heute durch das alte Holztor, so trifft man in jedem Winkel des südländisch anmutenden Hofes, den er und seine Frau Waltraud 1994 liebevoll im alten Stil umgebaut haben, auf duftende Englische Rosen in allen Farbnuancen. Für jeden Anlaß, für jede Stimmung eine andere Farbe, ein anderer Duft – ein anderer Rosengenuß.
Charles Austria, Leonardo Da Vinci, Eden, Caprice de Meilland, Honoré de Balzac und viele Sorten mehr. Inzwischen bauen die beiden Kulturliebhaber auf über 2 Hektar ihre auch überregional bekannten Rosen an.

Kulturevents - Der Rosenhof wird nun auch wegen seiner Kulturveranstaltungen immer bekannter und beliebter. Dabei verwandelt sich der Innenhof immer häufiger in eine zauberhafte Kleinkunstbühne. War es zunächst das alljährliche *Fest der Sinne*, so sind es heute die *Sommerfeste*, bei denen regionale Künstler wie *Tri elles vocales, Öl des Südens, Sunny Manzanas, Los Trottolos* (Flamenco) oder die Musikkabarettgruppe Ton Up bereits aufgetreten sind. Auch der *Lyrical Summer* mit Heinz Kemner macht hier Station.

Feiern - Auch die dazugehörige ebenfalls neu gestaltete Scheune mit Empore ist für stilvolle Feste hervorragend geeignet. Schöne alte Holztische, ein Piano für den Entertainer, hauseigener Wein – das Flair einer gemütlichen Kaiserstühler Straußi. Hier wird so manche Hochzeit gefeiert. Aber auch andere Anlässe – individuell gestaltet und organisiert – werden im Rosenhof zum einmaligen und bleibenden Erlebnis.

rosige Aussichten:
Waltraud und Hanspeter Weiß

Der Rosenhof versteht sich als eine Oase für Besinnlichkeit. So wechseln mit den Jahreszeiten Kulissen, Aktionen und Angebote. Im Juni, während der **Rosentage** sind es die vielfarbigen Rosenteppiche und im Spätherbst der advendliche Zauber, bei dem das floristische Kunsthandwerk im Vordergrund steht.

Zum Rosenhof gehört auch das eigene **Weingut**. Die Weine sind vorwiegend trocken ausgebaut. Aber auch für den süßen Gaumen hält man Spezialitäten wie den Muskateller bereit.

Der Fantasie sind keine Grenzen gesetzt, wenn man die Möglichkeiten und die Leidenschaft dazu hat wie Hanspeter und Waltraud Weiß. Noch mehr Kultur ist angesagt. Aber was und wie wird noch nicht verraten. Es sind in jedem Fall rosige Aussichten.

Hauptstr. 14 79353 **Bahlingen** Tel. 0049 (0)7663-4974 www.rosenundwein.de

Café Lissele

Das Café mit „Tante Emma"-Laden

In der Ortsmitte, nahe der Kirche von Leiselheim liegt das „Café Lissele", das ein wenig an die südländischen Kombinationen von Lebensmittelladen mit gemütlichem Gastraum erinnert. Im ersten Stock findet sich ein kleiner Laden, in dem ein Grundsortiment für Ältere, für „Autolose" und für die Vergesslichen parat steht. Hier entsteht nebenher ein kleiner Schwatz schon beiläufig. Im Cafè und auf der daran angeschmiegten Terrasse wartet das Angebot an Eis, Kaffee und selbstgebackenen Kuchen ebenso auf begeisterte Abnehmer wie die Auswahl an kleinen Speisen, zu denen ein Wein aus dem Ort gut passt.

Offen: Täglich 11 - 22 Uhr
Ruhetag: Montag

Kontakt: Scherchstr.3
79361 Leiselheim
Tel. 00 49 (0) 7642 92 96 19

Brunnenstüble

Der etwas andere Stammtisch

Etwas anders? Ja, der Stammtisch im Brunnenstüble findet nämlich inmitten einer Galerie statt. Die im sechswöchigen Rhythmus wechselnden Ausstellungen zeigen Malerei, Bildhauerei, Keramik sowie außergewöhnliche Sammlungen verschiedenster Art - von Puppenhäusern bis Teddybären, von Porzellan bis Zinnfiguren. So hat sich das Brunnenstüble in kurzer Zeit zum Treffpunkt von Wein- und Kunstliebhabern entwickelt. Jung und Alt haben so in einer gemütlichen Atmosphäre am Stammtisch ständig Gelegenheit, etwas Neues aus dem Dreiländereck zu entdecken.

Offen: Tägl. 18.30 - 22 Uhr
Ruhetag: Donnerstag

Kontakt: Meerweinstr.3
79361 Leiselheim
Tel. 00 49 (0) 7642 92 96 21

Markus Dirr

kreative Metzgerei

Wenn einer eine Reise macht, dann kann er was erzählen. Wenn einer aber jahrelang durch die Welt zieht, dann hat er nicht nur viel zu erzählen, sondern hat auch eine Menge gelernt und trägt unzählige Inspirationen in sich. Das jedenfalls trifft auf den Endinger Metzgermeister Markus Dirr zu.

Zunächst lief im väterlichen Betrieb alles im Sinne der Familientradition als Markus Dirr das Metzgerhandwerk erlernte. Der Lebensentwurf schien klar, wenn der junge Geselle nur nicht so anspruchsvoll gewesen wäre. Nach Köln zu Franz Keller, Junior zog es ihn. Das war der Anfang seiner Kochkarriere. Nach der Kochlehre weg von der deftigen Küche in Köln – hin zur feineren Luxusküche nach Davos in's Hublis Landhaus.Die noch feinere und exquisitere Küche erlebte er bei den Aviognesis in der Toskana. Nach der zwischenzeitlichen Metzgermeisterprüfung 1988 - mal wieder daheim im Kaiserstuhl – engagierte er sich im angesehenen Kulm-Hotel im noblen St.Moritz. Höhepunkte seiner Laufbahn waren die Tom-Moores-Taverne, dem ältesten Restaurant auf den Bermudas und ein Upper-Class-Italiener in Manhattan. Als letzte Topadresse in seiner beneidenswerten Biographie steht Witzigmann in München.

Die feinen Unterschiede zwischen Wurst und Salchicha, zwischen geräuchertem Speck und einer luftgetrockneten Pancetta haben sich in ihm verinnerlicht.

Die Wanderjahre sollten zunächst einmal ein Ende haben. Er stieg beim Vater daheim in Endingen ein und eröffnete eine Filiale. Der Heimkehrer besaß nun einen hochentwickelten Gaumen und meisterliche und internationale Feinkostfertigkeiten. Dies alles, sowie sein Ehrgeiz und seine unerschöpfliche Kreativität spornten ihn dazu an, die Landmetzgerei in eine Exquisit-Metgerei zu verwandeln – und das, wie sich rumspricht, mit großem Erfolg.

Zu seinen beliebten **Spezialitäten** - das Repertoire wird stets erweitert – zählen natürlich Pancetta und Coppa. Eine Klasse für sich sind die luftgetrockneten Schinken (16 Monate Hängezeit) auch immer mal wieder mit natürlichen Aromaten wie Fenchel oder Koriander veredelt. Oder die verschiedenen Salamisorten wie zum Beispiel die Wildschweinsalami gefüllt mit Haselnüssen und Rosinen, auch mal etwas pikanter.
Das Erfolgsrezept ist für seine Kaiserstühler Spezialitäten ist denkbar einfach: Salz, ausgewähltes Fleisch, Klima und Zeit und noch ein's drauf – natürliche Gewürze.

Fleisch. Markus Dirr ist Purist und legt größten Wert auf die Herkunft des Grundproduktes Fleisch. Das Schlachtvieh ist ausgewählt. Gleich in der Nachbarschaft werden auf den Hohensteiner Höfen die Sauen nach Dirr's Vorstellungen frei und gesund (eigenes Korn) aufgezogen. Nochmal etwas Besonderes sind die Hinterwälder Rinder des ganzheitlichen Bioland-Hofs Pix aus Ihringen. Stressreduziertes Schlachten auf dem Feld garantiert bestes zartes Fleisch. Im Angebot ist auch Milchkalbfleisch – hell und zart, weil die Kälber bewusst grasfrei aufgezogen werden. Auch Lammfleisch in bester Qualität ist zuweilen erhältlich.

Partyservice – ungewöhnlich, mediterrane, leichte Küche, mariniertes Fleisch – serviert wie in Apulien oder Ligurien.

Markus Dirr	Königschaffhauser Str. 17	Tel.: 0049 (0)7642 – 1627	D 79346 Endingen
	Marktplatz 3	Tel.: 0049 (0)7642 – 8722	

Geldermann

Führungen in den Sektkellern

Die Besichtigung der Geldermann Privatsektkellerei mit ihren über 600 Jahre alten Kellern ist nicht nur für Freunde des edlen Getränkes ein echtes Erlebnis.

Täglich um 14 Uhr – außer an Sonn- und Feiertagen – öffnet die Kellerei Gewölbe und Produktion für Führungen, eine Voranmeldung ist nicht notwendig. Bei dem etwa anderthalbstündigen Rundgang erfahren Besucher alles über die Sektherstellung im allgemeinen sowie die besondere Methode der traditionellen Flaschengärung bei Geldermann. Anschließend kann die Supérieure-Marke unter fachkundiger Leitung verkostet werden. Pro Person kostet die Führung drei Euro. Die Möglichkeit, den anschließend verkosteten Sekt und andere Sorten zu kaufen, besteht nach der Führung.

Die Geschichte der Geldermann Privatsektkellerei beginnt 1838, damals gingen zwei Aachener – William Deutz und Peter Geldermann – zur Sektherstellung in die Champagne und erlernten in Frankreich die hohe Kunst der traditionellen Flaschengärung. 1904 gründete Alfred Geldermann in Haguenau eine Dependance des Sekthauses, das aus Frankreich importierte Grundweine versektete. Wenige Jahre später zählte diese Niederlassung zu den bedeutendsten Sekterzeugern auf deutschem Boden. 1924 wurde das Unternehmen erneut verlegt und fand seine neue Heimat in Breisach – nicht zuletzt wegen der über 600 Jahre alten, direkt unter dem Breisacher Schlossberg gelegenen Keller. Sie bieten optimale Bedingungen für die Sektreife.

Die Trennung der Marke Deutz & Geldermann erfolgte im Jahr 1995: Deutz stand fortan für Champagner, Geldermann für Sekt. Noch immer werden in der Kellerei ausschließlich Sekte im traditionellen Verfahren hergestellt. Die Marke Geldermann steht für eine Cuvée aus Extravaganz, Eleganz und französischem Esprit. Sorgfältig ausgewählte Grundweine der Spitzenklasse, viele Jahre traditionell in der Flasche auf Hefe gereift – das ist Sektgenuss für höchste Ansprüche.

Führungen:

Täglich um 14 Uhr, ca. 1½ Stunden Dauer
Mo - Sa
Sonn- und Feiertage geschlossen
keine Voranmeldung notwendig

Kontakt:

Frau Petra Leber
Tel.: 0049 (0) 7667 83 42 58
Fax: 0049 (0) 7667 83 43 52
p.leber@rotkaeppchen-mumm.de

Musik und Kunst im Klavierhaus

Raum und Zeit für :

Ausstellungen

Konzerte

Alt und Jung

Instrumente

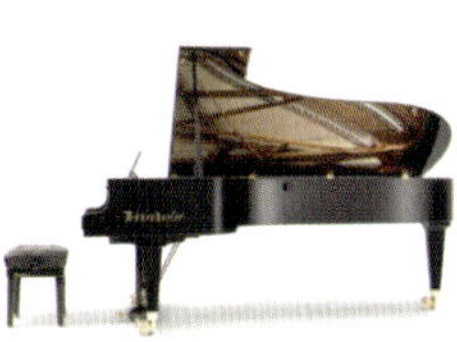

KLAVIERHAUS HESS

Gross und Klein

Unterricht

im Allmend 2
79364 Malterdingen

KLAVIERHAUS HESS
Instrumente mit Niveau

07644 - 6759
info@klavierhaus-hess.de

Johann Gebert

Drehorgelbau

In der Fußgängerzone steht ein etwas altertümlich gekleideter Herr mit einem Schwalbenschwanzfrack und Zylinder hinter einem hölzernen Kasten auf Rädern, dreht eine Kurbel und bringt den Passanten kräftige, volle Orgeltöne zu Gehör. Das ist kein Leierkastenmann, sondern ein Drehorgelspieler. Diese anachronistischen Instrumente halten zwar lange, aber nicht ewig, und müssen irgendwann überholt werden.

Ob Überholung oder Neubau nach alten Vorlagen und neuen Ideen - Drehorgelliebhaber und -eigentümer finden ihren Weg an den Kaiserstuhl, wo auf der linken Rheinseite in den Räumen eines ehemaligen Restaurants die Drehorgelwerkstatt von Johann Gebert in Volgelsheim zu finden ist.

Hier werden die alten Instrumente generalüberholt, was aufgrund oft fehlender Baupläne ein stilistisches Detektivspiel ist. Sehr zur Freude von Johann Gebert, dem es sichtlich Spaß macht, in seiner Werkstatt zusammen mit seinen Gehilfen sowohl ehrwürdige „Beinahe-Ruinen“ wieder in ebenso liebevoller wie aufwendiger Handarbeit instandzusetzen und besser zum Klingen zu bringen als sie zuvor klangen. Als auch neue Instrumente nach neuen Konzepten anzufertigen, inklusive dem obligaten stilechten Dekorationswerk in Form von Intarsien und Kantenschutzecken aus eigens gefertigtem Bronce-Guß.

Jede der neuen Orgeln ist einerseits besonders auf Kompaktheit und Leichtgewicht ausgelegt, andrerseits auch auf Dauerhaftigkeit und möglichst kräftigen Klang. Fußgängerzonen haben keine Akustik, in der man eine Stecknadel fallen hört. Bei einem Besuch im Atelier kommt man aus dem Staunen kaum noch heraus: Nicht allein der Materialmix aus Holz - etwa 15 Holzarten und an die 50 unterschiedliche Furniersorten für die Intarsien -, Metall, Karton und Leder zeigt, was für allgemeine (und umfassend gelernte) Fähigkeiten zur Bearbeitung dieser Materialien einem Drehorgelbauer abverlangt werden. Die notwendige sehr hohe Qualität der Handarbeit nötigt einfach Respekt ab. Das erklärt auch die Preise von ca. 5800 Euro aufwärts. Volle Auftragsbücher für die nächsten zwei Jahre erübrigen die Frage, ob es dafür auch noch Abnehmer gibt.

Es gibt Komponisten und Arrangeure, die Stücke speziell für Drehorgeln adaptieren. Johann Gebert hat den Kontakt zu ihnen, die Rollen oder Kartonstreifen, auf denen die transkribierten Noten dann programmiert werden, werden im eigenen Haus genagelt, bzw. gestanzt und mit der Drehkurbel, die über eine Balganlage gleichzeitig für den Wind für die 23 bis 70 Pfeifen einer „normalen“ Straßenorgel sorgt, angetrieben.

Als „heißer“ Tip: Johann Gebert hat in Waldkirch ein Ladengeschäft „Das Spielwerk“ eröffnet, Samstags treffen Sie ihn dort beim Verkauf von Spieluhren.

Kontakt:
Drehorgelbau Johann Gebert
1, rue du Neuf Brisach
F-68600 Volgelsheim
Tel. +33 389 72 90 49

Kontakt:
Das Spielwerk
Lange Strasse 19
79183 Waldkirch
Fr. 9.30 - 12.30Uhr und 15-18.30Uhr
Sa. 9.30 - 14Uhr

KlangSchönheit...

Seit über 12 Jahren entwickle und baue ich Saiteninstrumente verschiedenster Art. Meine Harfen, von der kleinen ***Keltischen Harfe*** „Sparrow“ bis hin zur 34 - saitigen ***Irischen Harfe*** „SeaMew“ (s. Abb.), sind in Konstruktion und Formgebung völlig eigenständige Entwicklungen.

Im Laufe der Jahre habe ich – meist in Zusammenarbeit mit Musiktherapeuten – eine Vielzahl einfach zu spielender Saiteninstrumente entwickelt, die in der Schule, in der Frühförderung, in der Musiktherapie, zur Improvisation und Meditation verwendet werden können: ***Monochorde*** (s. Abb.) ***Kanteles, Psalter, Leiern,*** uvm.

Speziell für den therapeutischen Einsatz entwickelte ich 1998 die ***„Variable Klangwiege“*** im Rahmen eines Forschungs-

projektes mit Prof. H. Kapteina von der Uni/GH Siegen. Sie wird in der Frühförderung für Kinder, in der Arbeit mit behinderten Menschen, in der neurologischen Reha und in anderen Bereichen eingesetzt.

Jedes einzelne Instrument aus der ***„Werkstatt für HarfenKlang“*** wird in sorgfältigster Handarbeit aus ausgewählten und lange abgelagerten Hölzern hergestellt. Die allermeisten Instrumente, welche meine Werkstatt verlassen, sind wirkliche Einzelstücke. Sie werden individuell auf die Wünsche der Auftraggeber abgestimmt. Jedes neu gebaute Exemplar bringt den kontinuierlichen Optimierungsprozess meiner Instrumente einen Schritt weiter: Weiterentwicklung der Klangqualität und der Schönheit der Form sowie die Verfeinerung von Konstruktion und Verarbeitung.

Besonders am Herzen liegen mir die Neu- oder Weiterentwicklung von Musikinstrumenten, gerade auch im (musik-) therapeutischen Bereich.

Wenn Sie weitere Informationen wünschen, besuchen Sie bitte meine schön bebilderte Website oder vereinbaren Sie einen Termin mit mir!

...aus der Werkstatt für HarfenKlang

Lorenz Münderlein Wilhelmstr.8
79 312 Emmendingen
07641-933 663
lorenz-muenderlein@harfenklang.de
www.harfenklang.de

Zithergruppe Ihringen

Als im Jahr 1987 der Zupfinstrumentenbauer Reiner Schrumpf in Ihringen seine Werkstatt eröffnete, trafen sich hier im gleichen Jahr zehn Interessenten, die das Spiel auf der Konzertzither erlernen wollten. Ein Lehrer war schnell gefunden, unterrichtet wird bis heute in der Werkstatt.
1992 wurde schließlich der Verein „Zithergruppe Ihringen“ gegründet. Seither veranstaltet der Verein jährlich ein eigenes Konzert und spielt bei vielen kleineren Veranstaltungen.
1997 nahm er am Wettbewerb für Volksmusik beim Südwestrundfunk teil, 1999 am Orchesterwettbewerb in Karlsruhe. Gespielt wurde auch bei Landeszitherkonzerten, Laienmusiktagen sowie bei einer Sendung „Fahr mal hin“ vom SWR3. Höhepunkt war die Teilnahme an den Internationalen Zithermusiktagen 2003 in Freiburg. Gespielt werden Volks-, Unterhaltungsmusik und Klassik. Zum Einsatz kommen Diskant-, Alt- und Basszither, sowie Gitarre und Hackbrett. Dirigiert wird die Gruppe von Carmen Börsig aus Meißenheim.

Das Instrument

Die Konzertzither ist ein relativ junges Instrument. Um das Jahr 1850 wurde die heute noch gültige Stimmung festgelegt. Sie besitzt für die Melodie ein Griffbrett mit fünf Saiten, für die Begleitung und Bass kommen noch einmal 27 – 37 Freisaiten hinzu. Es hat einen Tonumfang von ca. sechs Oktaven.

Wir spielen bei Geburtstagen, Weihnachtsfeiern, Hochzeiten etc.
Kontakt::
Reiner Schrumpf, Wasenweilerstraße 7, 79241 Ihringen, Tel.: 07668 / 7792

Reiner Schrumpf

Zupfinstrumentenbau – Ihringen

1955	geboren in St. Märgen als 4. Kind der Holzbildhauerin Ursula Schrumpf
1977 – 1980	Ausbildung als Zupfinstrumentenmacher im bayrischen Neumarkt / St.Vait
1980 – 1985	Angestellt im Musikalienhandel im Musikhaus Ruckmich in Freiburg
1984	Meisterprüfung in Nürnberg
1986	Umzug nach Ihringen
1987	Eröffnung der Werkstatt auf dem Weingut der Schwiegereltern

Schon früh wurde ich mit dem Rohstoff Holz durch den Beruf meiner Mutter vertraut. Neben der technischen Weiterentwicklung ist mir die künstlerische Gestaltung immer ein wichtiges Anliegen. Als ich 1987 meine eigene Werkstatt eröffnete, spezialisierte ich mich auf den Neubau von Konzertzithern (Quint-, Diskant-, Alt-, Bass-,), Hackbrettern, Konzert- und Folkgitarren. Meine Instrumente werden alle einzeln oder in kleinen Gruppen angefertigt, wobei ich auf die Verarbeitung von natürlichen Materialien und einheimischen Hölzern großen Wert lege. Ein Instrument aus meiner Werkstatt soll seinen Besitzer sein ganzes Leben begleiten.

Wasenweilerstraße 7
79241 Ihringen
Tel. 07668/7792
reiner-schrumpf@t-online.de

Neubau – Reparaturen – Sonderanfertigungen - Zubehör

noch mehr AHA's und OHO's

Erlebniswanderungen
Naturzentrum Kaiserstuhl
Tel.: 07633 / 82369

Geführte Radtouren / Kanutouren
durch den Kaiserstuhl, am Rhein entlang – auch kombiniert mit Kanutouren
Tel.: 0761/ 2023426 oder www.freiburg-aktiv.de

Outdoor-Teamtraining
Auf dem Hochseilgarten - Teamparcours Tuniberg in Breisach-Oberrimsingen
Tel.: 0761 / 2029811

Burkheimer Kräuterhof
Der Kräuterhof hat mit die größte Auswahl an Kräutern in Deutschland. BIO-Kräuter darf man hier nicht erwarten.
Führungen Tel. 07662 / 1583

***Artemisia* – Endingen-Königschaffhausen**
Versandgärntnerei von einheimischen Kräutern – biologisch aufgezogen
Tel. 07642 - 923370

***Aloke Bienenwachskerzen* - Oberbergen (Vogtsburg)**
Reine Bienenwachsproduktion – traditionelles Handwerk
Ein Naturprodukt zum Anzünden sind die Bienenwachskerzen, die Bettina und Klaus Weggler in Oberbergenam Kaiserstuhl herstellen. Aus besten Rohstoffen und mit viel Handarbeit entstehen hier duftende Kerzen, die unter dem Markennamen "Aloke" in alle Welt verkauft werden.

***Klavierhaus Hess* – Malterdingen**

Neue, alte, antike Instrumente.
Regelmäßige Kunstausstellungen und klassische Konzerte
www. klavierhaus-hess.de Tel. 07644-6759

Das Zentrum für Psychiatrie Emmendingen (ZPE)
ist Fachkrankenhaus und Pflegeheim mit differenziertem Versorgungsangebot für die ca. 1,3 Millionen Einwohner der Region Süd- und Mittelbaden Als Akademisches Lehrkrankenhaus des Universitätsklinikums Freiburg verfügt das ZPE über umfassende Weiterbildungs-möglichkeiten für Ärzte. Die Krankenpflegeschule bietet eine moderne und vollständige Krankenpflegeausbildung an. Das ZPE beteiligt sich am Aufbau des Gemeinde-psychiatrischen Verbundes und an der regionalen Weiterentwicklung der psychiatrischen Versorgungsangebote.

***Paul della Vanzo* – Emmendingen**

Astralian Hardwoods ist Direktimporteur von unterschiedlichen australischen Hölzern, Eukalyptusfrüchten und Banksiazapfen. Innovative und kreative Drechsler finden durch die Hölzer eine erweiterte künstlerische Herausforderung und neue handwerkliche Erfahrungen.
Holzprodukte -in aufwendiger Handarbeit entstanden – sind Unikate, die ihre ausdrucksstarke Oberflächenstruktur durch die charakteristische Farbe der Hölzer, in Kombination mit dem außergewöhnlichen Geschick des Künstlers, erhalten.
www.australianHardwoods.de

***Stefan Stroheker* – Ihringen**

Freischaffender Künstler und Designer, der vorwiegend mit Leder arbeitet. Kopfbedeckungen wie Hüte und Mützen oder die zweite Haut, sprich Mäntel, Jacken oder Taschen – es sind alles Unikate. Das benutze Leder ist sämisch oder mineralisch gegerbt, d.h. PCP-frei und ohne Formaldehyd und Lösungsmittel. Ziegen-, Rind- und Lammleder werden in der Regel verwendet.
Das **Lederatelier** findet man in: Riedengärtenstr. 32
Tel. 0179-5244823.

***Ölmühle* – Endingen-Königschaffhausen**

Gegenüber vom Gasthaus Adler befindet sich die alte Ölmühle, die heute noch von Werner Reinacher im Nebenerwerb betrieben wird. Man kann selber von der Schale befreite Walnüsse anliefern und erhält im entsprechenden Verhältnis frisch gepreßtes aromatisches Walnußöl.
Tel. 07642 - 7675
Will man nur Walnußöl kaufen, so kann man dies auch an der ehemaligen Tankstelle (Ortsausgang Richtung Sasbach) tun.

Erlebniswanderungen
Naturzentrum Kaiserstuhl
Tel.: 07633 / 82369

***Korbflechter Hans Hiß* – Endingen**

ein leidenschaftlicher Korbflechter, der aus Peddigrohr und Weide wunderschöne individuelle nützliche Körbe für viele Zwecke zaubert. Ob Einkaufskorb, Wäschekorb, Körbe für das Fahrrad, zum Äpfelpflücken oder als Wiege.
Totenkinzig 27 Tel. 07642-7454

Initiativen

Ein Verein zum Helfen für Kinder aus der Region Tschernobyl auf russischem Territorium.

Seit 1990 werden jedes Jahr Kinder (insgesamt 428) zu einem Erholungsaufenthalt nach Hartheim oder Todtmoos eingeladen.

Halbwertzeit e.V. wendet sich in erster Linie den Opfern zu, die sich am wenigsten helfen können: den Kindern.

Durch den Aufenthalt in Deutschland entkommen sie für kurze Zeit der immer noch verstrahlten Umwelt, der verseuchten Nahrung, und manchmal auch der Hoffnungslosigkeit in Russland . Diese Kinder werden hier medizinisch betreut und erhalten umfangreiche Therapieangebote. Auch finden Begegnungen mit Schulkindern aus der Region statt.

Durch die Erfahrungen auf dieser Reise kehren die Kinder mit einem anderen Bild von Leben heim. Mit neuer Kraft und hoffentlich auch mit Vertrauen fahren sie nach Hause zurück, um weiter zu machen und an notwendigen Veränderungen in ihrem kleinen Umfeld mit zu arbeiten.

Was tut Halbwertzeit e.V. noch?
Halbwertzeit hat ein Waisenhaus mit 75 Betten ausgerüstet. Eine Schule erhielt einen Schulbus, damit die Kinder 16km täglich - besonders während der kalten Winterzeit - laufen müssen.

Jährlich sendet *Halbwertzeit e.V.* einen LKW mit 40 Tonnen Hilfsgütern aller Art in die Region um Smolensk: Rollstühle, Gehhilfen, medizinisches Gerät, Kleidung und auch die Spielzeuge fanden schnell Abnehmer. Um an finanzielle Mittel zu kommen, organisiert Halbwertzeit e.V. jedes Jahr eine Benefizveranstaltung : "Die Feldkircher Schlosstage".

In dieses Fest werden die russischen Kinder stark mit eingebunden, um zu lernen, wie viel Mühe es macht, ihnen zu helfen.

Wenn Sie helfen wollen, unterstützen Sie uns durch Ihr Kommen zu den "Feldkircher Schlosstagen, durch die Mitgliedschaft im Verein *Halbwertzeit e.V.* oder durch eine Spende.

Die **Feldkircher Schlosstage** finden alljährlich im September statt – stets mit wechselnden Themen.

Geboten wird ein besonderer Abend, unter dem Motto „Helfen und Feiern" mit einem bunten Kulturprogramm, mit Kunstausstellungen und einer Vernissage.

Zum unterhaltsamen Programm bieten wir eine reichhaltige Speisekarte und gepflegte Weine.

Kontakte: Hildegard Augustinski
Tel: 07633 / 91160

Mail: h.aug.@gmx.de

Konten
Halbwertzeit e.V. Bad.Württb. Bank
Lörrach Konto-Nr: 4606378
BLZ 68320020

Gruppe Kaiserstuhl

Naturschutzbund Deutschland e.V. - NABU -
NABU Gruppe Kaiserstuhl e.V.
(www.nabu-kaiserstuhl.de)

Die NABU-Gruppe Kaiserstuhl wurde am 6.4.1991 gegründet, hervorgegangen aus der „Arbeitsgemeinschaft für Umwelt- u. Naturschutz".
Die regionale Untergruppe des Landesverbandes Baden-Württemberg umfasst das geographische Gebiet des Kaiserstuhls. Zur Zeit haben wir ca. 550 Mitglieder.

Allgemeine und Spezielle Aufgaben und Ziele des NABU sind:

- Schutz der Natur, der Landschaft und der Umwelt
- Registrieren der heimischen Tier- und Pflanzenarten
- Informationen für die Öffentlichkeit über Natur- und Umweltschutz durch Fachvorträge, Teilnahme an lokalen Veranstaltungen, Führungen und Exkursionen, Pressemitteilungen etc.
- Förderung des Apfel-Mango-Saft-Projekts zum Erhalt der Streuobstwiesen am Kaiserstuhl und Unterstützung naturnaher Bewirtschaftung auf den Philippinen, in Zusammenarbeit mit den Weltläden der Region Freiburg
- Anlage und Pflege von Biotopen, z. B. Streuobstwiesen, Halbtrockenrasen, Lößwände
- Anlage und Betreuung von Nisthilfen für bedrohte Vogelarten, z. B. Bienenfresser, Wiedehopf, Schleiereule, Wasseramsel, Eisvogel usw.
- Betreuung des Projekts „Wasserturm" in Eichstetten zur gezielten Information der Bevölkerung über die Schutzbedürfnisse der Natur
- Mitarbeit im Arbeitskreis Böschungspflege zum Schutz des wertvollen Netzes dieses artenreichen Trockenbiotop-Mosaiks
- Jährliche Durchführung des Projekts „BAT-Night" zur Information über das Leben der Fledermäuse
- Stellungnahme zu Planungen die in die Natur und die Landschaft eingreifen nach § 59 Bundesnaturschutzgesetz
- Aufbau und Förderung des NABU-Jugendverbands NAJU (Naturschutzjugend)

Bei uns kann und darf jede(r) mitmachen, die/der sich für die Natur interessiert und sich für den Schutz und Erhalt einer natürlichen Umwelt einsetzen möchte!

Vom NABU-Kaiserstuhl werden folgende Gebiete betreut und gepflegt:

- Streuobstwiese Etlisbach zwischen Eichstetten und Bötzingen. Größe ca. 1 ha. Mit ca. 100 z. T. sehr alten Hochstamm-Apfelbäumen, anderen Obstbäumen und Korbweiden. Mehrere alte Kultursorten haben dort ihren Platz gefunden. Der Saft fließt in das Apfel-Mango-Projekt.

- „Postilon-Böschung" bei Eichstetten. Größe ca. 0,3 ha. Dieser wertvolle Halbtrockenrasen ist u.a. ganzjährige Heimat der nördlichsten Population des Postillon-Falters im kontinentalen Europa.

Kontaktadressen: Engelbert Mayer Vorsitzender, Altweg 105, 79356 Eichstetten, Tel.: 07663/2910, eMail: engelbert.mayer@t-online.de
Dietmar Meyer stellv. Vorsitzender, Bruckmühlenstr. 6, 79235 Vogtsburg-Oberrotweil,Tel.: 07662/8756, eMail: meyer.oberrotweil@t-online.de
NABU-Bezirksverband Südbaden: Dr. Felix Bergmann, Habsburgerstraße 9, 79104 Freiburg, Tel.: 0761/58539529, eMail: suedbaden@nabu-bw.de

NatuRhena

ist ein **Verein zur Förderung grenzüberschreitenden Austauschs, innerhalb der Regio TriRhena, in den Bereichen der Beziehungen zwischen Mensch und Natur**

Gegründet wurde dieser Verein 1998 in Müllheim / Baden auf Grund der Initiative des elsässischen Naturpädagogen und –Liebhabers Jean-Paul AHR. Der Sitz ist in Illzach bei Mulhouse, wo der Verein auch eingetragen ist. (Beim Vergleich der verschiedenen Vereinsrechte stellten wir fest, dass das elsässische Lokalrecht den anderen vorzuziehen war.)

Die Idee ist, die Natur des geographischen Gebiets der Regio TriRhena allen seinen Bewohner näher zu bringen, egal wo sie wohnen, egal woher sie kommen.
Zahlreich sind die Vereine für Natur- und Umweltschutz, ebenso die der Natur- und Wanderfreunde..., aber wieviel Austausch gibt es « über die (Staats-)Grezen » hinweg ? Und bei wievielen Ausflügen ins Nachbarland gibt es auch eine Begegnung mit « Gleichgesinnten » eben dieses Nachbarlands ?
Die Antworten auf diese Fragen sind unsere Aktivitäten , u. A. : Naturexkursionen im « Dreiländereck », Kinderfreizeiten in Frühjahr, Sommer und Herbst, ein « 3—nationales » Ferienlager (für 11-14 Jährige) auf deutsch, französisch und alemanisch imn der Nähe des schweizer Nationalparks in Graubünden/Engadin, Hirschbrunft in den Vogesen ... und –nicht zuletzt- Dia- und VideoAbende (zum Teil auf Dialekt) in den Volkhochschulen der Region...

Weitere Aufgaben sind der Auf- und Ausbau von (grenzüberschreitenden) Partnerschaften zwischen den Vereinen dieses Bereichs in unserer Heimat ; so wird das o.g. Ferienlager in Partnerschaft mit **Pro Natura Basel** organisiert, die Kinderfreizeiten in Zusammenarbeit mit der **Naturschule Freiburg**. Gegenseitig können Übersetzungen angefertigt werden, die Programme der Partnervereine werden reziprok veröffentlicht und verteilt.

Teilnahme an unseren Aktivitäten, Veranstaltungen oder Exkursionen sind für Alle zugänglich, Mitgliedschaft im Verein ist zwar willkommen aber keine Bedingung. (Bei kostenpflichtigen Veranstaltungen kann es jedoch Preisnachlass für Mitglieder geben..)

Programme und Infos gibt's am Sitz des Vereins auf Anfrage :
11, rue de la Ferme, F 68110 ILLZACH Frankreich Tel & Fax +33 (0)389 66 24 34- oder per Internet an foldender Adresse : info@naturhena.org und unsere WebSite (im Umbau bis Frühjahr 2003) wird Ihnen auch weitere Infos geben können : www.naturhena.org

Weltladen Breisach

Weltladen Breisach in der Rheinstraße 2 , im Herzen der Stadt

Wenn die Länder des Überflusses den Entwicklungsländern gerechte Preise für ihre Produkte zahlen würden, könnten sie ihre Entwicklungshilfe für sich behalten.

Dom Helder Camara, brasilianischer Erzbischof

- Im Weltladen Breisach, getragen von der INITIATIVE EINE WELT e. V., versuchen die 18 Mitarbeiterinnen und Mitarbeiter mit ihrem ehrenamtliches Engagement die Folgen des ungerechten Welthandels für die Menschen des Südens zu lindern und ihnen nachhaltig bessere Lebenschancen zu bieten.
- Als Fachgeschäft des Fairen Handels strebt der Weltladen Breisach, wie die 800 anderen Weltläden in Deutschland, eine Handelspartnerschaft an, die auf Dialog, Transparenz und Respekt aufbaut, sich um mehr Gerechtigkeit im internationalen Handel bemüht und durch bessere Handelskonditionen stabile Einkommen, Schulbildung und Weiterbildung sichert .
- Fairer Handel bietet schönes Kunsthandwerk und Schmuck aus Afrika, Asien und Lateinamerika, Nahrungsmittel wie Kaffe, Tee, Reis, Bananen etc. aus ökologischem Anbau; aber er beschränkt sich nicht auf den Warenverkauf, sondern informiert – gemäß seiner entwicklungspolitischen Grundidee – über die Herkunft der Produkte, über die Produzentinnen und Produzenten und über die Zusammenhänge des Welthandels.

MO bis FR 9.30 – 12.30 und 14.30 – 18.30, SA 9 bis 13 Uhr
Telefon: 07667-933981 - www.weltladen-breisach.de

Wir bieten auch Schulklassen auf
Anfrage Informationsveranstaltungen

Weltladen BREISACH
Fachgeschäft für Fairen Handel

Sambuca e.V.
Netzwerk für altes und neues Heilpflanzenwissen

Der Verein Sambuca wurde 1998 als Netzwerk für altes und neues Heilpflanzenwissen gegründet und knüpft derzeit Fäden von Kenzingen und Umgebung aus.
Sambucus nigra, der schwarze Holunder, bekannt als ein heilkräftiger, starkwüchsiger Baum, als Lebens- und Schutzbaum von Haus und Hof, der Baum der uns wohl allen vertrauten Frau Holle... dies alles verbirgt sich hinter dem Vereinsnamen.

Altes Heilpflanzenwissen ausgraben, mit neuen Erkenntnissen verbinden und damit möglichst viele Menschen anstecken – dies ist das Ziel von Sambuca.
So bauen z.B. die Mitarbeiterinnen von Sambuca „Kräuter-1x1“ – Gruppen auf, die sich einmal monatlich treffen, um jeweils eine Pflanze in Theorie und Praxis kennen zu lernen. Darüber hinaus bietet der Verein mittlerweile eine zweijährige Heilpflanzenweiterbildung, Gartenführungen, Tages-seminare, Jahreskreisfeste u.v.m. an.

Höhepunkt der Vereinsaktivitäten ist das alljährliche Kräuterfest, das am ersten Wochenende im Oktober in Kenzingen gefeiert wird. Bei diesem Fest präsentiert sich Sambuca als vielfältiges Netzwerk, das Menschen mit den unterschiedlichsten Erfahrungen die Möglichkeit zum Austausch, zur Inspiration und zum Wachstum bietet.

Seit vielen Jahren übt das Thema Heilpflanzen einen grossen Zauber auf die Verantwortlichen aus. Mittlerweile sind viele heilpflanzeninteressierte Menschen in das Netzwerk integriert. So reifte die Idee, den Heilpflanzen und dem damit verbundenen Wissen einen eigenen Raum zu geben, d.h. Sambuca möchte zwischen Freiburg und Offenburg ein eigenes Heilpflanzenzentrum aufbauen: mit Kräutergarten, Seminarhaus, Blumencafe...

Sie möchten Sambuca kennen lernen? Herzlich Willkommen!
Besuchen Sie uns auf unsere Internetseite www.sambuca-netzwerk.de oder noch besser auf unserem rauschenden Kräuterfest am ersten Oktoberwochenende.
Infos per Telefon unter der Nummer: 07822/767637.

Der BUND am Kaiserstuhl

Zwei Ortsgruppen des Bund für Umwelt und Naturschutz sind in Endingen und Bahlingen am Kaiserstuhl in Sachen Umwelt- und Naturschutz aktiv.

BUND Bahlingen
Volker Adler
Bahnhofstr. 27
79353 Bahlingen

BUND Nördlicher Kaiserstuhl
Barbara Schmidt
Venusberg 4
79346 Endingen

Bienenfresser, Gottesanbeterin, Smaragdeidechse, Diptam und Küchenschelle gehören zu den seltenen Tieren und Pflanzen, die am Kaiserstuhl vorkommen. Im Frühling blühen die Kirschbäume der Ebene und auf den Trockenrasen des Badbergs und der Mondhalde die Küchenschellen und Orchideen. Gemeinsam sind die Naturschützer der verschiedenen Verbände dabei, die Lebensräume dieser Raritäten zu schützen und zu erhalten. Eine, auch am Kaiserstuhl, nicht immer leichte Aufgabe. Im Winzerdorf Bahlingen und am Nördlichen Kaiserstuhl sind BUND-Gruppen im praktischen Naturschutz engagiert. Harte körperliche Arbeit ist hier manchmal gefragt, und wer die langjährige BUND-Aktive Ulrike Friedrich mit Sense oder Kettensäge am steilen Lößhang sieht, um wertvollste Biotope am Sasbacher Limberg zu erhalten, kann nur staunen über dieses Engagement.

Der kleine Ort Wyhl, der den Kaiserstuhl bei Umweltschützern berühmt machte, liegt genau genommen wenige Kilometer nördlich am Rhein. In Wyhl wurde 1975 mit einer Bauplatzbesetzung ein Atomkraftwerk verhindert. Hier, im Wyhler Auewald, liegen wichtige Wurzeln der Umweltbewegung und des BUND. Für Naturliebhaber sehens- und besuchenswert sind die kleinen verbliebenen Reste der ursprünglichen Auewälder entlang des Rheins. In Teilbereichen ist der liebevolle Begriff "Rheinwalddschungel" für dieses Gebiet mit seinen Lianenwäldern, Eisvögeln, Pirolen, Graureihern und Kormoranen, mit seinen Grasfröschen, Gelbbauchunken, Ringelnattern und Prachtlibellen tatsächlich nicht übertrieben. Die geplanten Maßnahmen zum Hochwasserschutz am Rhein ökologisch und menschenverträglich zu optimieren, gehört zu den großen aktuellen Aufgaben des BUND.

Der gefährdete Kaiserstuhl ist leider auch Realität. Die Zeit der landschaftszerstörenden Großflurbereinigungen ist zwar schon lange vorbei und die Naturschützer haben mit ihrer Kritik am damaligen Gigantismus Recht behalten. Immer noch bringen Pflanzengifte und Düngung große Probleme für das Grundwasser am Kaiserstuhl. Deutlich wird das an der Schadstofffahne im Abstrom des Kaiserstuhls und an der Tatsache, dass Gemeinden wie Endingen und Sasbach für teures Geld neue nitratärmere Trinkwasserbrunnen erschließen mussten. Die Globalisierung mit zunehmendem internationalem Konkurrenzdruck macht auch den Winzern zu schaffen.
Dazu kommt ein enormer Flächenverbrauch und zunehmende Zersiedelung. Dreißig Jahre Wetterbericht aus Hamburger Sicht führen dazu, dass immer mehr Menschen im deutschen Sonnengürtel, im "Paradies am Oberrhein", leben wollen. Während an anderen Stellen der Republik die Bevölkerung bereits abnimmt, boomt und wuchert die Region zwischen Schwarzwald und Vogesen. Kleine Kaiserstuhlgemeinden wie Endingen wachsen viel zu schnell und die Stadt Freiburg streckt ein Siedlungsband Richtung Breisach. Das Gebiet westlich des Kaisertuhls leidet unter dem zunehmenden europäischen Transitverkehr. Dazu kommt eine umweltbelastende

französische Schwerindustriezone entlang des Rheins und das alternde EDF / EnBW - Atomkraftwerk Fessenheim, wo möglicherweise auch neue Reaktoren gebaut werden sollen.

Die Kaiserstühler Umweltbewegung hat sich vielleicht ein wenig zu lange auf den Erfolgen von Marckolsheim und Wyhl ausgeruht. Noch gehört das Kerngebiet des Kaiserstuhls tatsächlich zu den schönsten und wertvollsten Kultur- und Naturlandschaften Deutschlands, mit einer einzigartigen Flora und Fauna. Doch es scheint weltweit ein Nivellierungsprinzip zu geben, nach dem die wertvollen, einzigartigen Landschaften so lange vermarktet werden, bis aus Schönheit Mittelmaß wird. "Der Tourist zerstört das, was er sucht, indem er es findet" sagt Hans Magnus Enzensberger und beschreibt damit eines der zentralen Probleme des Tourismus überall auf der Welt. Es gilt die Landschaft am Kaiserstuhl zu bewahren und zu beschützen und dafür engagiert sich der BUND. Ein "Rühr mich nicht an" - Naturmuseum Kaiserstuhl, in einer zersiedelten, unter die Räder des europäischen Transitverkehrs gekommenen Region Oberrhein, kann nicht das Ziel der Entwicklung sein. Wenn die Gesellschaft insgesamt nicht nachhaltiger wird, dann haben auch die letzten schönen Nischen, zu den denen der Kaiserstuhl gehört, wenig Chancen.

Text: Axel Mayer

Umfassende Hintergrundinfos zu allen Themen und Kontakt zum BUND: www.bund-freiburg.de

weitere Initiativen

Stiftung Kaiserstühler Gärten
Eichstetter Stiftung zur Bewahrung der Kulturpflanzenvielfalt in der Region. Ein Dorf geht einen neuen Weg zu einer nachhaltigen Regionalentwicklung. Regional angepasste Kulturpflanzensorten sollen am natürlichen Standort erhalten und gezeigt werden. Die Saatgutvermehrung auf den Betrieben ist so ausgerichtet, daß die Kulturpflanzenvielfalt in der Region erhalten bleibt. Die Stiftung versteht sich zu dem noch als eine Ländliche Akademie, wo sich Theorie und Praxis begegnen.
Kontakt: Gärtnerei Hiß, Eichstetten Tel. 07663 – 4573 Hauptstr. 140

Naturzentrum Kaiserstuhl
Das Naturzentrum ist ein engagierter Verein unter der Trägerschaft des Schwarzwald-vereins. Er ist Anlaufstelle für alle naturkundlich interessierten Besucher und bietet spezielle Veranstaltungen zur Kaiserstühler Natur, geführte Wanderungen für alle Altersgruppen, Naturerlebnisausflüge für Familien und mehrtägige Seminare in Zusammenarbeit mit den Gemeinden und Ortsvereinen. Teilweise sind die Führungen auch in französischer Sprache. Kontakt und individuelle Angebote: Dr. Thomas Koch Tel. 07633 / 82369 oder Rheinhold Treiber – Im Westengarten 12 Ihringen

Adresse: Bachenstr. 42 in Ihringen neben dem Rathaus

Das Blaue Haus

Förderverein Jüdisches Gemeindezentrum - *Breisach*
Der Förderverein sucht die „Begegnung" mit Überlebenden der jüdischen Gemeinde und deren Nachkommen. Das Gemeindehaus ist Forum, Begegnungsstätte und mahnendes Museum zugleich.
Einen ganz großen Schritt ging diese Initiative, die sich auch grenzübergreifend mit einer schwierigen lokalen Vergangenheit auseinander-setzt im September 04, als im „Blauen Haus" ein Archiv und eine Bibliothek eröffnet wurde. Inzwischen verfügt die Bibliothek bereits über mehr als 1000 Titel. Darunter befinden sich Familiengebetbücher sowie auch Bücher über den jüdischen Glauben, Allgemeines über das jüdische Leben, über die Zeit im Nationalsozialismus, aber auch über das heutige Israel.
Kontakt: C. Walesch-Schneller Tel. 07667 / 80834

Körper + Geist

Elona Jakob

Kosmetik und Ayurveda

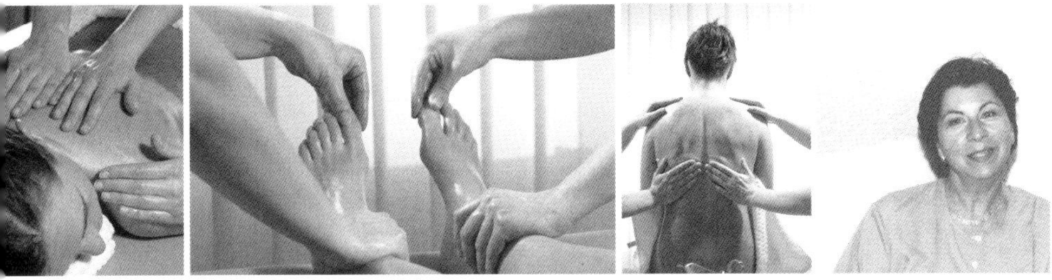

Ayurveda - die Balance von innen und außen

Ölmassagen, Pulvermassagen, Seidenhandschuhmassagen, Stirngüsse, Ingwertee sind sanfte Anwendungen der altindischen Medizin. Um zu verstehen, was das besondere an Ayurveda ist, muss man ihre weltanschaulichen Grundlagen kennen. Und da steht an erster Stelle die Lehre von den fünf Elementen und den drei Doshas. Die Grundidee des Ayurveda ist, daß der Mensch wie die umgebende Natur aus fünf Elementen besteht: Erde, Wasser, Feuer, Luft und Raum. Im menschlichen Körper sollten sie in Form von drei Energien wirken: Pitta, Kapha, Vata. Diese Doshas bringt ein Mensch in seiner eigenen Zusammenstellung mit, wenn er in diese Welt tritt, diese Balance sollte auch erhalten bleiben, denn wenn sie aus dem Gleichgewicht gerät, ist mindestens Unwohlsein bis hin zu schweren Krankheiten die Folge davon. Elona Jakob ist eine derjenigen Menschen, die Ihnen helfen können, Ihre eigene Balance wiederzufinden.

Sie ergänzte Ihre kosmetische Fachausbildung, (+ Make up Visagistin + Ayurveda Stilberaterin für jeden Konstitutiontyp) durch ein Studium des alten Wissens um Ayurveda. Ihre Studien am Mahindra-Institut in Birstein und an der Seva Akademie in München ergänzte sie noch durch verschiedene Fortbildungen. So war neben andern Weiterbildungen die intensive Ausbildung zur Ayurveda - Ernährungs -Beraterin (Richtige Ernährung, entsprechend den Konstitutiontypen nach Ayurweda, beeinflusst unser Wohlbefinden entscheidend), ein weiterer Schritt, um ihr Wissen um Ayurveda zu vertiefen. Diese umfangreiche und intensive Ausbildung beinhaltet unter anderem auch viele unterschiedliche Behandlungsformen, die sich hervorragend zur Entspannung und Stressbewältigung eignen. Eine immer wieder vertiefte Ausbildung, die Elona Jakob im Jahre 1999 mit Erfolg beendete, sowie eine ständige Weiterbildung sind neben einem sehr guten Einfühlungsvermögen die Grundlage und Voraussetzung für eine seit Jahren erfolgreiche Tätigkeit als Therapeutin.

Hier finden Sie eine kompetente Beratung für Ernährung, Köperpflege und Kleidung – alles, was wir an unsre Haut lassen, hat Einfluß auf unser Inneres, körperlich, seelisch und geistig.

Die ayurvedischen Ölmassagen unterscheiden sich in vielfacher Hinsicht von den westlichen Massagen. Es wird einerseits mit viel warmen Öl gearbeitet, das mehrere Tage aufbereitet wird und mit verschiedenen Kräutern abgekocht wurde. Zum anderen wird das Öl mit wenig Druck im gleichmäßigen Rhythmus synchron sorgfältig in die Haut eingearbeitet wird.
Die Stärken der Ayurvedische Behandlungen liegen darin, dass jeder in seiner Einzigartigkeit wahrgenommen wird. Sie sind daher niemals stereotyp und beziehen den Körper und die Seele mit ein.

Kontakt: Bachenstr. 9 — 79241 **Ihringen**
Tel. 0049 (0)7668-94781 — elona@t-online.de
www.ayurveda-jakob.de

Büro für Innenarchitektur
Lichtplanung
Geomantische Beratung

Kerstin Puche
Dipl. Ing. Innenarchitektur
Dipl. Geomantin (nach A.M.A.)

Die Innenarchitektur schafft lebendige und zusammenhängende Räume und Orte. Sie bringt das Innere des Menschen in die gebaute Umwelt und lässt so eine Wiederanbindung mit dem Umfeld zu. Sie ordnet und strukturiert, sie behütet und befriedet, sie schafft Freiräume und Zwischenräume, sie bildet Zusammenhänge und zeigt Grenzen, sie ist ein Abbild menschlicher Bedürfnisse. Der raumbildende Ausbau ist das Feld des Innenarchitekten, der von innen nach außen arbeitet. Seine Ausbildung umfaßt sämtliche architektonische Lehren, legt aber den Schwerpunkt mehr in der Gestaltumsetzung des Innenraums. Die lebendige und sinnliche Innenarchitektur lebt durch sich selbst und nicht durch den Stil des Erschaffers. Wenn der Architekt nur sich selbst verwirklichen will, bleibt die Architektur dem menschlichen Herz verschlossen.

Die Geomantie arbeitet von außen nach innen. Sie liest die Muster und Formen in der Landschaft. Sie drückt sich in der Wahrnehmung zur Erde aus. Sie sieht von einem Übersichtspunkt die Strukturen und nähert sich auf die Art dem zu bearbeitenden Ort. Sie sieht die Zusammenhänge und schaut mit dem inneren Auge. Sie sieht die nicht sicht bare Ordnung, die hinter allem steht. Sie sieht, dass die äußeren Häuser und Räume die Häuser und Räume unserer Seele spiegeln. Sie zeigt die Lebendigkeit allen Seins und die Resonanz zwischen allem. Sie beschreibt die Energieflüsse und die Kraftzusammenhänge von Orten und ihre Wechselwirkung zum Menschen. Sie verändert und vertieft unser Bild vom Leben.

Ich bin 36 Jahre alt und lebe mit meiner Familie seit fünf Jahren bei Freiburg. Seither verbinde ich die künstlerische Ebene der Innenarchitektur mit der wahrnehmenden Ebene der Geomantie und merke im Laufe der Jahre, dass diese Ebenen sich sehr stark berühren. Die wahrnehmende Ebene setzt voraus, dass wir uns selbst leer machen, um etwas aufnehmen zu können. Die künstlerische Ebene setzt das Aufgenommene um und gibt ihm einen sichtbaren Ausdruck.

Um die Seele eines Ortes zu spüren, halte inne,
werde ganz still und lausche.

Kontakt:

Kerstin Puche
Tel./Fax: 07664-962166
Talhauser Str. 23c • 79285 Ebringen
Email: kerpuc@t-online.de • Internet: www.kerpuc.de

Labyrinth
Martine Duval

Polarity – Der freie Fluß der Lebensenergie ist die Basis unserer Gesundheit.

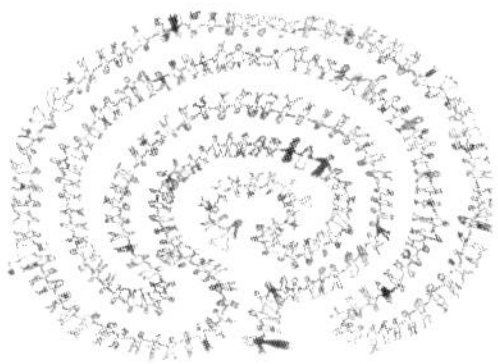

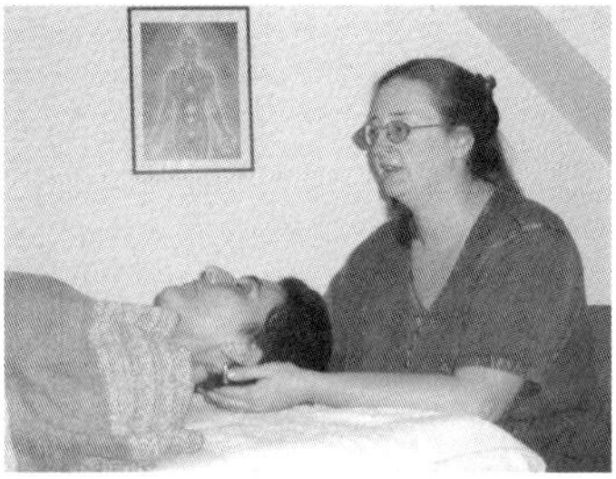

Was ist Gesundheit?

Es ist der Zustand völligen körperlichen, geistigen, seelischen und sozialen Wohlbefindens.
Weltgesundheitsorganisation (WHO)

„Das Labyrinth ist ein Symbol für unseren nicht immer geradlinigen Weg im Leben." *M. Duval*

Es ist zugleich auch ein wunderbares Leitbild für ihre Arbeit. Die individuelle Begleitung ihrer Klienten in ihren Gesundungsprozessen führt beide Seiten zu immer neuen Erkenntnissen und Einblicken. Diese Arbeit berührt das Wesentliche im Leben: das Körperliche und das Seelische, das Geistige sowie das Spirituelle – so wie es auch die Weltgesundheitsorganisation (WHO) definiert.

Polarity

Körperarbeit
Druckpunkttechnik, Arbeit an Reflexzonen, Dehnungen, tiefe Massagen und sanfte Berührungen beseitigen Energieblockaden und bringen die Energie wieder in Fluß. Die Beschwerden weichen und der Prozeß der Gesundung beginnt.

Polarity Yoga
Körperübungen, die den Energie Fluß steigern und dauerhaft die Gesundheit erhalten.

Innere Achtsamkeit
Gefühle und Körperempfindungen werden bewußter wahrgenommen.
„Der bewußte Umgang mit Gedanken, Achtsamkeit und innerer Aufmerksamtkeit." *Dr. Stone*

Ernährung
Die Polarityreinigungskur und ein bewußter Umgang mit Nahrungsmitteln fördern den Prozeß der Klärung und die Gesundung des eigenen Lebensstroms.

Polarity wird in mehr als 60 deutschen Städten praktiziert – auch in Breisach.
Mitglied im PVD www.polarity-verband.de

Martine Duval, Heilpraktikerin
hat in Tübingen Sozialpädagogik und in Paris klinische Psychopädagogik studiert.
Die ausgebildete Heilpraktikerin, die deutsch und französisch fließend spricht, hat sich ebenso fundiert mit *Homöopathie, Gesprächs- und Gestalttherapie, meditativem Tanz un*d der *Polarity-Therapie* beschäftigt. Mehr als 6 Jahre Erfahrung in der Altenpflege und tanztherapeutischen Nachsorge von Frauen mit Krebserkrankungen sind ebenso Teil ihrer Biographie.

Kontakt: D-79206 Breisach
Termine nach Vereinbarung
Telefonische Sprechstunde

Bahnhofstr. 15b
Tel.: 07667 / 912392
MO + FR 13.30 bis 14.30 +
MI 8.00 bis 9.00 Uhr

Waldorfkindergarten Burkheim

Entstanden als Elterninitiative im Jahr 1998 befindet sich der Kindergarten heute in einem ehemaligen Bauernhof mit großem Garten in der Mühlenstraße und bereichert die pädagogische Landschaft am Kaiserstuhl.

Kennzeichen ist ein fester Wochenrhythmus zwischen Kultur und Natur. Es gibt den Waldtag bei jedem Wetter, den Backtag, den Maltag, den Eurythmietag. Im Garten hinter dem Hasenstall bauen die Kinder Gemüse an und erleben so bewußt den Jahresablauf.

Öffnungszeiten Mo bis Fr 8.30 bis 12.30 Uhr

Mühlenstaße 11
79235 Vogtsburg Burkheim
Tel.: Frau Öhler-Spatz 07642 - 6078
Kindergarten 07662 - 935670

Kräuterwanderungen
Wildkräuterküche
Heilkräuterseminare

....Wir ahnen heute nicht mehr, was da für Mächte auf der Wiese, im Sumpf und auf den Felsen stehen.....
(Hans Blüher)

Wenn die Sonne im Frühjahr aus dem Süden in unsere Breiten zurückkehrt, bringt sie mit ihrer zunehmenden Kraft die Natur zum Keimen, Wachsen und Blühen. Die Vielfalt an Pflanzen, welche die Natur im Jahreslauf hervorbringt, begleitet uns durch das ganze Jahr, gibt uns Nahrung, Atemluft, Kleidung und stellt uns ihre Heilkräfte zur Verfügung.
Kräuterkundige Ärzte und Botaniker der Antike, Mönche und weise Frauen des Mittelalters wussten um ihre Kräfte und Anwendungen, haben die Rezepturen in vielen Kräuterbüchern festgehalten und an die nachfolgenden Generationen weitergegeben. Heilkräuter sind daher tief in den Traditionen aller Völker verwurzelt, sie erfahren eine große Verehrung in der Mythologie und bei den acht keltischen Jahreskreisfesten.

Ich möchte Sie einladen, an diesem alten Wissen teilzuhaben.

Lernen Sie in Heilkräuterscmiaren die wunderbaren Heilkräfte der einheimischen Wildkräuter kennen.

Lassen Sie sich zu einem ausgiebigen Kräuterspaziergang in der einmaligen Landschaft des Kaiserstuhles verführen, bei dem Sie Wissenswertes über die Heilkräfte der einheimischen Wildkräuter erfahren.

Geniessen Sie im Anschluss an die Wanderung ein Wildkräuter-Abendmenue bei dem Sie die phantasievolle und schmackhafte Verwendung der wild wachsenden Pflanzen in der badischen Küche probieren können.

Petra Stunz – Heilpraktikerin -
Wildkräuterwanderungen und Heilkräuterseminare am Kaiserstuhl und auf der Insel Elba/Italien
Brunnenstrasse 1 79346 Endingen- Amoltern Tel. 07642/930969 Fax 07642/928391
e-mail: alchemilla@lycos.de

Körper + Geist

Waldorfkindergarten **– Emmendingen**
Nelkenweg 11 Tel. 07641-54606

Lebensraum **– Emmendingen**
Therapiezentrum für integrative Heilmethoden
naturheilkundliche Behandlungen und esoterisches Heilen, sowie Vorträge
schulmedizinischen Therapien und komplementäre Heilweisen.
Familienberatung und Familienhilfe, Krisenbegleitung, Supervision
www.lebensraum-emmendingen.de

Più Voce **– Jechtingen**
Stimmbildung und Sprechschulung – Atem- und Stimmarbeiten
Manfred Saile – Dorfstr. 69 - 79361 Jechtingen Tel. 07662-949565
www.stimminstitut.de

Anaja und Ekram Chakrabarty **– Breisach**
Anjuli Ayurveda und Naturkosmetik, Entspannungsmassagen
revitalisierend und erfrischend, mal mit Öl - mal mit Seidenhandschuhen
Kaiserstuhlstr. 7 Tel. 0172-7173936 oder über den „Kapuzinergarten“ in Breisach

Martha Schreiner **– Breisach-Grezhausen**
Ganzkörper- und Gesichtsmassagen auf der Grundlage uralter schanistischer Traditionen.
Wellnessbegandlungen mit hochgradig entspannender und verjüngender Wirkung auf Geist, Körper und Seele.
Klosterhöfe 6 - Tel. 07664-59901

Rosemarie Erle **– Emmendingen**
Biographiearbeit – Besinnung auf den eigenen Lebensweg
„Leben kann man nur vorwärts, Leben verstehen nur rückwärts.“ *S. Kierkegraard*
In Einzelgesprächen oder auch in der Gruppe. Eigener Erlebnisse, Impulse, Fragen und Begegnungen werden hinterfragt, um Wege für eine eigene Neuordnung und Zukunftanregungen finden.
Torgasse 4 Tel. 07641-634520

Birgit Graf **– Emmendingen**

Körper- und Bewegungsschulung TRAGER

Körper- und Bewegungswahrnehmung nach Trager und Mentastics oder die Frage nach der Leichtigkeit des Seins klären.

Tel. 07641 - 937262

Claus Kostka **– Emmendingen**
Paar- und Einzeltherapie, Beziehungstrainings, Atemtherapie und Familienaufstellungen
Außerdem diverse Seminare wie:
„Die Macht des Atems“ – „Mitten ins Leben“ – „Lösungen“ – „Die Seele heilt“
Kontakt: Kerstin Martens Rathausweg 4 Tel. 07641 – 7963
www.clauskostka.de

bioLOGISCH

Steinhaldehof

Helmut und Eva Fischer

Der zu Endingen gehörende Weiler Amoltern ist die einzige Kaiserstühler Ansiedlung ohne Durchgangsverkehr. Amoltern, an den Hängen des Katharinenberges gelegen, zählt wohl zu schönsten Orten des Kaiserstuhls.

Hier liegt - von der Sonne günstig bedacht - idyllisch am Dorfrand der Steinhaldehof. Der über mehrere Generationen bestehende landwirtschaftliche Hof war einst im Dorfkern untergebracht, wurde dann aber aus Platzgründen 1979 ausgesiedelt. Helmut und Eva Fischer sind überzeugte Biolandwirte, die bereits 1991 ihren Betrieb auf eine biologische Anbauweise umgestellt haben. Sie sind sowohl NATURLAND- als auch ECOVIN-Mitglied. Das heißt zwar Verzicht auf üppige Ernten und Erträge, wie sie konventionelle Betriebe einfahren. Dafür aber bieten sie gesunde Früchte mit dem besten Aroma an, das die Natur bieten kann. Mit den Boden- und Wetterschutzmaßnahmen werden sie zudem noch ihrer Verantwortung gegenüber der Natur gerecht.

Die Fischers gehen mit den Jahreszeiten und bieten genau das an, was diese so gedeihen lassen. Die Voraussetzungen sind hier im Kaiserstuhl geradezu paradiesisch. Eine riesige Palette an Früchten und Gemüsesorten wächst hier heran und dies immer um einiges früher als sonst wo.

Obst. Erdbeeren, Kirschen, Zwetschgen, Äpfel und Trauben – in dieser Folge, aber mit vielen Spezialitäten und Sorten. Das sind die Früchte, mit denen sie ihre Kunden verwöhnen. Da sind zum Beispiel die Äpfel, die es über das ganze Jahr gibt. Angefangen mit dem Klarapfel schon im frühen Sommer, dann der Grafensteiner, Delba, Estivale, Elstar, Rubinette oder die resistenten Sorten Pilot und Topas. Aber auch der Florina sowie der Boskop sind typische Spezialitäten des Hofes. Bei den Trauben sind neben den köstlichen Tafeltrauben vor allem die Regent- und die weiße Bacchustraube hervorzuheben.

Gemüse und Salate. Große, knackige und süße Karotten, Salat- und Puréekartoffeln, Feldsalat – die Auswahl ist reichlich. Ergänzt und zugekauft wird – verständlicherweise – dann, wenn der Hagel zuschlägt oder aus anderen Gründen die Ernte ungünstig ausfällt.

Wein. Natürlich und ebenso biologisch wird über die Badische Winzergemeinschaft vermarktet und auch als Bio-Wein dort ausgewiesen. Grauburgunder, Müller, Spätburgunder, Chardonnay und Sylvaner sind die Sorten von den Fischers, die man dort bekommt.

Märkte:

Mittwoch	14.30 - 18.30	Freiburg - Vauban
Freitag	14.00 - 18.30	Freiburg - Herden
Samstag	8.00 - 13.00	Freiburg - Zähringen
	8.00 - 13.00	Freiburg - Littenweiler
	8.00 - 12.00	Endingen

D – 79346 Endingen-Amoltern
Tel.: 0049 (0)7642 / 9076958
Steinhaldehof.Fischer@t-online.de

WEINGUT Schaffner

WEINGUT SCHAFFNER

Hauptstr. 82, 79268 Bötzingen
Tel.: 07663-4417 Fax: 07663-4495
email: kf04@weingut-schaffner.de
www.weingut-schaffner.de

Gewölbekeller

Weine - Secco - Sekt
Traubensaft - Edelbrände

- Weinverkauf
- Weinproben
- Weinseminare
- Weinbergsbegehungen
- Weinzubehör
- Geschenke
- Naturkost
- Käse

Straußwirtschaft "Löwenstrauße"

Mitte März - Mitte Mai
Mitte Sept. - Mitte Nov.

genaue Zeiten bitte erfragen

Für Thomas und Esther Schaffner ist "Qualität statt Quantität" oberste Devise, was zum Erfolg des Weinguts beiträgt. Um ausschließlich gesundes Lesegut zu erhalten, erfolgt auf allen Parzellen eine mehrmalige Selektion. Sämtliche Trauben der 4,5 ha großen Anbaufläche werden mit der Hand gelesen.

Die körperreichen Weißweine zeichnen sich durch ihren säuremilden, fruchtigen Charakter aus.
Die besten und kräftigsten Chardonnays reifen eine Zeit lang im Holzfaß. Dadurch bekommen sie eine samtig weiche Note, die die fruchtigen Aromen zusätzlich hervor hebt.
Im Barriquefaß werden nur Spitzenweine ausgebaut, wobei die Holznote dezent ist und trotzdem klar den kräftigen Wein unterstützt.
Charakteristisch für das Weingut Schaffner sind die roten Cuvées. Der "Rubino", der sich bei den Kunden größter Beliebtheit erfreut, erhält ebenfalls im Barriquefaß den letzten Schliff. Er hat zwei mal hintereinander hohe Auszeichnungen erhalten, wie z.B. "Goldene Auszeichung bei internationaler Rotweinverkostung 2003" oder "Bester Badischer Biowein 2004". Im Jahr 2004 erhielt das Weingut gleich mehrere Auszeichnungen für verschiedene Weine. Dieser Erfolg zeigt dem Winzermeister Thomas Schaffner, daß es sich lohnt, sich ganz für die Weine hinzugeben. Der Anbau von pilzfesten Rebsorten, wie z.B. Helios, Johanniter, Regent, Cabernet Caroll, Prior nimmt mittlerweile einen hohen Stellenwert ein. Mit diesen Traubensorten ist es möglich, Weine mit südländischem Charakter herzustellen. Lassen Sie sich von der Vielfalt überraschen.

Für persönliche Weinauslieferungen nimmt sich Familie Schaffner ebenso Zeit wie für Weinproben, Präsentationen und Seminare.

Wir sind für Sie da:

Täglich nach Vereinbarung

und

Freitag 9.00 - 12.30 Uhr
16.00 - 19.00 Uhr
Samstag 10.00 - 16.00 Uhr

Herzlich willkommen,
wir freuen uns auf Sie!
Thomas und Esther Schaffner

Weingut Dr. Benz

Wein aus gutem Grund

Das Weingut liegt in der Vorbergzone des Schwarzwaldes im Weinbaugebiet Baden, etwa 20 km nördlich von Freiburg im Breisgau.

Hier - zwischen Rheinebene und Schwarzwald - herrschen optimale klimatische Bedingungen für den Qualitätsweinbau. Sonnenschein und Regen stehen den Weinstöcken in der richtigen Menge zur Verfügung.

Die anstehenden Löß-Lehmböden sind tiefgründig und sehr wüchsig - darum können hier in Verbindung mit dem bio-dynamischen Anbau Jahr für Jahr wertvolle Weine von großer Bekömmlichkeit und wunderbarem Geschmack geschaffen werden.

Nach über 10 Jahren erfolgreicher Arbeit im organisch-biologischen Weinbau, wird nun seit dem Jahrgang 2002 nach den Grundsätzen des biologisch-dynamischen Weinbaus gearbeitet. Dabei geht es darum, noch tiefer in das Wesen des Lebens von Boden und Pflanzen zu schauen um diese Erkenntnisse in die tägliche Arbeit einbringen zu können.

Zudem kommen neue und schon fast vergessene Rebsorten in den Anbau, die robust und resistent gegen Krankheitserreger sind und damit dem Sinn des ökologischen Weinbaus in idealer Weise entsprechen. Sorten wie Johanniter, Regent und Léon-Millot ergänzen das klassische Weinangebot vom WEINGUT DR. BENZ und schenken den Weinfreunden ein noch größeres Spektrum an Aromen und auch Genuß.

Öffnungszeiten Weinverkauf:

Di. - Fr.:	9 - 12 Uhr
	14 - 17.30 Uhr
Sa.:	9 - 12 Uhr
So. + Mo.:	geschlossen

Jeden 1. Do. des Monats: 17 - 20 Uhr Erlebnisweineinkauf; Weinprobe mit einem kleinen Appetitanreger

Außerhalb der Geschäftszeiten nach telefonischer Vereinbarung, Weinprobe und Weingutbesichtigung nach Absprache.

- Ökologischer Weinbau (ECO-Vin)
- Traditionelle Burgundersorten
- Neu pilzresistente Rebsorten
- Trockene, durchgegorene Weine
- Klassische Sektherstellung

Kontakt:

Weingut Dr. Benz
Kirchberghof
D - 79341 Kenzingen-Bombach
Tel. 00 49 (0) 7644 1261
Fax: 00 49 (0) 7644 4054
E-Mail: info@weingut-dr-benz.de
website: weingut-dr-benz.de

ÖKOLOGISCHES WEINGUT

TRAUTWEIN

Tradition, die verpflichtet. Bereits seit mehr als 300 Jahren wird im Hause Trautwein, in Bahlingen am Kaiserstuhl, hochwertiger Wein erzeugt. Elfriede und Hans-Peter Trautwein, sind stolz auf diese Tradition. Aber auch aus anderen Gründen nehmen sie eine besondere Position unter den Kaiserstühler Winzern ein.

Einerseits legen sie größten Wert auf hohe Qualität und andererseits produzieren sie nach strengen ökologischen Anbaumethoden und das, wie man sieht, mit Anerkennungen, die sich sehen lassen können.
Seit dem 1997/98er Jahrgang ist das Weingut im **Gault Millau WeinGuide** Deutschland als empfehlenswerter Betrieb aufgeführt, in der Ausgabe 2004 sogar mit einem Träubchen bewertet.
Herauszuheben aus den vielen Auszeichnungen sind wiederholt die Silbermdaille beim **Chardonnay du Monde** für die Chardonnay-Edition RS und der 3. Platz auf der **International Wine Challenge, London** für den 2002er Gewürztraminer (Spätlese).

Seit 2004 sind die Trautweins, die zu den Pionieren des Biologischen Weinanbaus (seit 1980) und seit einigen Jahren zu den **TOP TEN** der Öko-Weinbauern Badens zählen, nun auch im noch strengeren Demeter-Verband aufgenommen.
Biologisch anbauen heißt hier, nur organische Düngern verwenden, um den Humusgehalt und das Bodenleben zu fördern. Statt der üblichen Chemie nutzt man die natürlichen Feinde der Schadinsekten und verschiedene Kräuterauszüge zur Pflanzenkräftigung.

Das Weingut Trautwein erstreckt sich über eine Weinbergfläche von 8 ha, dazu gehört eine Hausbrennerei zur Herstellung edler Destillate (mehrfach prämiert) und ein über 200 Jahre alter Sektkeller im Kirchberg, wo der Sekt mindestens zwei Jahre lang lagert. Die Weinpalette ist breit gefächert. Durch reduzierte Erträge sind die Weine besonders ausdrucksvoll und fruchtig. Zu den Spezialitäten und Rennern muß man unbedingt die vorwiegend trocken ausgebauten Sorten **Chardonnay, Gewürztraminer, Spätburgunder** und **Grauburgunder** nennen.
Um den ausgesuchten Spitzenweinen noch mehr Ausdruckskraft und Langlebigkeit zu vermitteln, lagern vor allem die Burgundersorten im kleinen Holzfass. Das ist eines der Geheimnisse, mit den man höchste international Erfolge einheimst.

geöffnet: Mo bis Fr 9.00 – 12.00 und 14.00 – 18.00 Sa 9.00 – 16.00

D-79353 Bahlingen Riegeler Straße 2 Tel. 0049 (0)7663-2650

www.Trautweingut.com E-Mail: info@trautweingut.com

Heinrich Gretzmeier

Ökowein- und Sektgut • Alte Hausbrennerei • Straußenwirtschaft

Straußi. *Probier's mal mit Gemütlichkeit ...* - Für die Familie Gretzmeier ist es ein wie „Reinheitsgebot", ihre Straußi so zu führen wie früher. Hier werden noch alle Gerichte selbst zubereitet. Auch stammen die Produkte vorwiegend aus eigenem Anbau. Dass sie nach biologischen Anbaumethoden erzeugt werden, wollen die Gretzmeiers nicht so betonen. Das Ambiente und die Qualität müssen stimmen.
Die Speisekarte bietet Leckeres und Bodenständiges aus Oma`s Küche: Flammekuchen, saisonale Salate und Gemüsesorten, Bibliskäs, Obatzen, Ziegenkäse, Schafskäse ... und dazu Holzofenbrot. Nach Fanta und Cola wird man hier vergebens suchen. Hier trinkt man und frau und kind die hauseigenen köstlichen und vitaminreichen Traubensäfte.
Alle Weinsorten, und das sind nicht wenige, bis hin zum Eiswein, werden offen ausgeschenkt.
Geöffnet täglich außer samstags von Mitte März – Anfang Mai und Mitte August bis Ende Oktober jeweils von 17 bis 24 Uhr. Sonn- und feiertags schon ab 16 Uhr.

Wein- und Sektgut. Charakteristisch für Gretzmeiers Weinsorten ist der südländische Akzent, den besonders das junge Publikum zu schätzen weiß. Zu den Hits zählt der rote und der weiße „Zwulcher", eine eigene Cuvée-Kreation. Außergewöhnlich sind die Rebsorten Muskateller und Gewürztraminer, die in unserer Regionen kaum noch zu finden sind. Qualität ist Trumpf- so setzt man im Weinanbau auf strenge Ertragsreduzierung. Die Rotweine sind zu 100% Maische vergoren und lagern meist in Holzfässern (Barrique). Zu den Spezialitäten gehört auch der Sekt mit seiner traditionellen Flaschengärung und der einzigartigen bis zu 13 Jahre langen (!) Hefelagerung.

Überwiegend private Weinliebhaber – darunter sehr viele Studenten - kommen zum Ökowein- und Sektgut. Aber auch die gehobene Gastronomie und der gut sortierte Fachhandel kauft hier ein. Über den internationalen Weinversand gelangen die Weine sogar bis nach Japan.

Weinproben fernab von den üblichen Verkaufsshows. Weinproben werden hier zu einem besonderen Erlebnis sowohl für Kenner und als auch für Laien, die Kenner werden wollen. Ob bei Chardonnay Trockenbeerenauslese oder MuskatellerAuslese - hier paaren sich Genuß, Vergnügen und Fortbildung.

Blick in die Straußenwirtschaft

Heinrich Gretzmeier

D - 79291 Merdingen
Tel. 0049 (0)7668 / 94230

Wolfshöhle 3

www.gretzmeier.de
gretzmeier@gmx.de

Pulvermühle

Biolandbetrieb in Volgelsheim/Elsass

Die Pulvermühle nahe Volgelsheim bei Neuf Brisach wird seit 1832 als Bauernhof bewirtschaftet, vorher wurde dort Kanonenpulver für die damals neue Festungsstadt Neuf-Brisach gemahlen.

Die Zeiten sind heute friedlicher geworden. Hatten noch die Großeltern von Dany Schmidt, der heute zusammen mit Anny und Jacky den Hof als Bioland-Betrieb führt, Mehl gemahlen, so reicht das auf ca. 60ha erzeugte Angebot heute von Obst, Gemüse, Getreide bis zu Schweinen und Kaninchen. Der Hof ist schon seit 5 Generationen im Familienbesitz. Die Familie Schmidt stellte bereits 1965 auf biologischen Anbau gemäß den Richtlinien von „Nature et Progrés" um, etablierte später zusammen mit der Ferme Durr in Boofzheim und vier anderen Betrieben das Label „Alsace Bio" und arbeitet seit 1980 nach „Bioland"- Richtlinien. Dieser Hof kann zu Recht als ein Pionierbetrieb des ökologischen Landbaus bezeichnet werden.

Der Vertrieb der biologisch angebauten Produkte findet hauptsächlich im Elsaß seine Abnehmer, dazu kommt noch der Verkauf ab Hof und die Präsenz auf dem Markt in Mulhouse (Marché du Canal couvert).

Die Familie Schmidt legt viel Wert auf eine natürliche Umgebung und pflanzt auch Hecken und Büsche an. Wichtig sind Bodenfruchtbarkeit, die durch Gründüngung mit Luzerne erhalten wird. Das eigene biologisch angebaute Getreide geht nach dem Dreschen als Stroh zur Pferdezucht von Dany Schmidts Cousin und kommt als Pferdemist wieder zum Hof zurück, so daß nur minimale Düngermengen zugekauft werden müssen. Dem diesjährig grassierenden Läusebefall begegnet man mit Marienkäfern.

Kontakt:

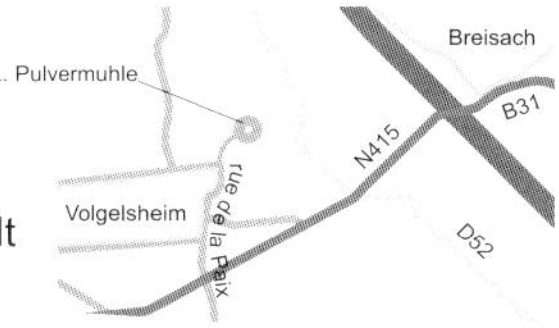

E.A.R.L Pulvermuhle
Anny et Dany Schmidt
68600 Volgelsheim
Tel.: 00 33 (0) 3 89 72 86 41
Fax.: 00 33 (0) 3 89 72 38 71
web.: http://perso.wanadoo.fr/la_pulvermuhle/

Verkauf ab Hof:

Mi. und Fr. 18-20Uhr

Marché du Canal couvert, Mulhouse

Di: 7-13Uhr
Do. 7-14Uhr
Sa. 6-15Uhr

Svedas Naturkost

Marlene Svedas

Im Herzen von Breisach in der Rheinstr. 16
finden Sie unser Naturkostfachgeschäft.

.
Wir sind ein vom Bundesverband Naturkost-Naturwaren (BNN) kontrolliertes Fachgeschäft, das auf Sortiment, Bio-Qualität und richtige Deklaration überprüft wird. Zu erkennen an diesem „N“.

.
Wir führen ein vollständiges Naturkostsortiment.

Täglich frisches Obst und Gemüse von Biobauern aus der Region Kaiserstuhl, nach den jahreszeitlichen Möglichkeiten sowie auch Raritäten. Zum Beispiel Shiitakepilze, Zuckerbananen.
Auch ist die Auswahl an Käsesorten und Milchprodukten sehr groß.
Natürlich darf das täglich frische Brot und Gebäck nicht fehlen, von unseren Demeter- und Biolandbäcker.

In der Abteilung „Naturkosmetik“ bieten wir hochwertige Produkte von ***Dr. Hauschka***, ***Logona*** und einiger anderer Hersteller an. Und nicht zu vergessen das Waschmittel-Sortiment von ***Sonett***.

Um unserem Umweltbewusstsein gerecht zu werden, liefern die Elektrizitätswerke Schönau den Strombedarf atomstromfrei.

Danke für Ihr Interesse. Wir freuen uns auf Ihren Besuch.

Svedas Naturkost

Öffnungszeiten:
MO - SA 9.00 bis 13.00 Uhr
MO - FR 14.30 bis 18.30 Uhr

Rheinstraße 16 79206 Breisach Telefon 07667 / 7628 Fax 07667 / 6974

Ökologisches Weingut Rabenhof

Bernd Sacherer-Zorn

Die Weinorte **Oberrotweil** und **Bischoffingen** liegen im Westen des **vulkanischen Kaiserstuhls** zwischen Schwarzwald und Vogesen am Rhein. Diese Wärmeinsel mit zum Teil mediterranem Charakter ist nicht nur für seine ausgesprochene Vielfalt an Pflanzen und Tieren bekannt, sondern auch für seine exzellenten Weine.
Hier betreibt schon seit vielen Generationen die Familie Sacherer Weinbau. 1996 gründete Sie das Weingut und baut seither ihre Weine selber aus. Zudem werden Trester, Hefebrand, Kirsch, Zwetschgen und Obstbrände in der fast 60 Jahre alten Hausbrennerei destilliert. Probieren Sie einmal einen über zehn Jahre im Barrique gereiften Weinhefebrand oder Trester!

Bereits seit 1975 werden die Weinberge organisch gedüngt. Auf Herbizide und Insektizide verzichtet man ebenso. Seit 1981 wird ökologischer Weinbau praktiziert - seit 1995 **sogar als BIOLAND-Betrieb**.

Der Charakter der Kulturlandschaft spiegelt sich in ihren Weinen wieder. Auf fruchtbaren Lössböden und dem wärmehaltenden Vulkangestein entstehen feurige **Spätburgunder**, kräftige **Graue Burgunder**, elegante **Weißburgunder** und duftige **Rieslinge**. Ein wichtiges Segment sind auch pilztolerante Rebsorten wie **Cabernet Carol**, **Regent**, **Helios**, **Solaris** und **Johanniter**.

Die vollreifen Trauben werden selbstverständlich von Hand gelesen und sehr schonend gepresst. Ein sorgfältiger Ausbau ohne Schönungsmittel und ohne Säurekorrektur garantiert die Qualität und Einzigartigkeit. Die Gärung der Weine erfolgt mit den natürlich vorkommenden Hefen ohne Zuckeranreicherung (Chaptalisation) im kühlen Keller. Die bukettbetonten, spritzigen Weine werden bevorzugt in Edelstahltanks, die besten Qualitäten in Holzfässern und Barriques vergoren und ausgebaut. Der biologische Säureabbau (malolaktische Gärung) bedingt die harmonische Säure dieser gehaltvollen Weine. Die maischevergorenen Rotweine reifen bis zu 24 Monate in Barriques bevor sie ungefiltert auf Flaschen gezogen werden.

Weinproben im Rebhäuschen – mitten in der Natur. Dieser doppelte Genuss wird dem Gast noch lange in Erinnerung bleiben. Bernd Sacherer ist nicht nur ein kompetenter Winzer, sondern auch Kenner der heimischen Flora und Fauna. Gerne vermittelt er den Besuchern die Besonderheiten des Kaiserstuhls – und so manches Mal wandert er mit ihnen durch die Weinberge und die typischen Hohlgassen, streift die Niederwälder und die Halbtrocken-rasen, zeigt ihnen die Bienenfresser oder die Ameisenlöwen.

Probier's mal mit Gemütlichkeit... ! Bei schlechtem Wetter geht's in die gemütliche Probierstube.

Übrigens, zur Weinprobe werden nur ausgesuchte Käse-spezialitäten gereicht - selbstverständlich auch aus ökologischem Anbau.

Kontakt:
Familie Sacherer-Zorn
Neuer Weg 2 79235 Vogtsburg-Bischoffingen
Tel. 07662 – 247 Fax 07662 - 947741
www.rabenhof.de e-mail: info@rabenhof.de

BIO-Produkte

aus kontrolliert biologischem Anbau und artgemäßer Tierhaltung erhalten Sie bei folgenden Erzeugern:

ECOVIN	**Weingut Dr. Benz** Kirchberghof 79341 Kenzingen-Bombach Tel: 07644/1261 www.weingut-dr-benz.de	Burgunder pilzresistente Sorten Sekt
ECOVIN	**Weingut Schaffner** **Thomas u. Esther Schaffner** Hauptstr. 82 79268 Bötzingen Tel: 07663/ 4417 www.weingut-schaffner.de	Wein und Zubehör, Weinseminare Naturkostladen Straußi
ECOVIN	**Weingut Elfriede u. Hans-Peter Trautwein** Riegeler Str. 2 79353 Bahlingen Tel: 07663/ 2650 www.trautweingut.com	Burgundersorten Chardonnay, Gewürztraminer
ECOVIN	**Heinrich Gretzmeier** Wolfshöhle 3 79281 Merdingen Tel: 07668/ 94230 www.gretzmeier.de	Wein – Burgundersorten Cuvée, Zwulcher Sekt Schaps Straußi
Bioland ÖKOLOGISCHER LANDBAU	**Domäne Hochburg, Meyer & Wendt GbR** 79312 Emmendingen Tel. 07641/915775	Wein, Getreide, Brot, Molkereiprodukte
Bioland ÖKOLOGISCHER LANDBAU	**Pulvernühle** **Anny u. Danny Schmidt** F- 68600 Volgelsheim Tel: 0033 (0)389 728641	Getreide, Obst, Gemüse Schweine, Hühner, Kaninchen
Bioland ÖKOLOGISCHER LANDBAU	**Rabenhof** Familie Sacherer-Zorn 79235 Vogtsburg-Bischoffingen Neuer Weg 2 Tel: 07662 – 247	Riesling, Burgundersorten - Cabernet Carol, Regent, Helios, Solaris und Johanniter
ECOVIN	**Steinhaldehof** **Helmut und Eva Fischer** 79346 Endingen-Amoltern Tel: 07642 / 906958	Gemüse, Obst, Salate Wein – Abgabe über die Genossenschaft
demeter	**Christian u. Andrea Hiß** Hauptstr. 140 79356 Eichstetten Tel: (07663) 4573 www.demeterhof-hiss.de	Hofladen „Querbeet“ Gemüse, Obst und andere Lebensmittel
	Svedas Naturkostladen **Marlene Svedas** Rheinstr. 16 79206 Breisach Tel: (07667) 7628	Gemüse, Salate, Obst Brot, Käse, Milchprodukte Kosmetika, Waschmittel

BIO-Produkte

aus kontrolliert biologischem Anbau und artgemäßer Tierhaltung erhalten Sie bei folgenden Erzeugern:

Bioland ÖKOLOGISCHER LANDBAU	**H - PIX – R** Eisenbahnstr. 19 79241 Ihringen Tel: 07668/879 www.weingut-pix.de	Wein, Hinterwälder
Bioland ÖKOLOGISCHER LANDBAU	**Winzerhof** **Alexander u. Hubert Leber** Amoltertalgasse 25 79235 Vogtsburg-Schelingen Tel: 07662/1372	Wein
Bioland ÖKOLOGISCHER LANDBAU	**Viehweide Schelingen** W. Rath Viehweide/Hessental 79235 Vogtsburg Tel: 07662/1765	Honig, Imkereiprodukte
Bioland ÖKOLOGISCHER LANDBAU	**Bernhard & Sabine Ambs** Möslestr. 1 79281 March-Neuershausen Tel: 07665-4517	Getreide, Wurst
Bioland ÖKOLOGISCHER LANDBAU	**Gärtnerei Distel** Herrenstr. 12 79346 Endingen- Kiechlingsbergen Tel. 07642/4352	Gemüse, Obst
Bioland ÖKOLOGISCHER LANDBAU	Hermann Helde & Sohn 79361 Sasbach-Jechtingen Emil-Gött-Str. 1 Tel: 07662/6116	Wein, Sekt
Bioland ÖKOLOGISCHER LANDBAU	**Dachswanger Mühle** Reinhard u. Lebrecht Schneider 79224 Umkirch Tel: 07665/940160	Getreide, Brot, Milchprodukte
Bioland ÖKOLOGISCHER LANDBAU	**Obsthof Kiechle** Schäferstraße 1 79346 Schallstd-Mengen Tel: 07664/5339	Wein, Säfte, Gemüse, Obst, Salate
Bioland ÖKOLOGISCHER LANDBAU	**Rebschneckle** Im Westengarten 10a 79241 Ihringen Tel: 07668-7439	Wein
Bioland ÖKOLOGISCHER LANDBAU	**Höfflin Schambachhof** 79268 Bötzingen Tel: 07663/1474 www.schamhof.de	Gemüse, Salate, Obst Brot, Käse, Milchprodukte Wein,

BIO-Produkte

aus kontrolliert biologischem Anbau und artgemäßer Tierhaltung erhalten Sie bei folgenden Erzeugern:

Bioland ÖKOLOGISCHER LANDBAU	**Marta & Rudi Drehe** Hauptstr. 83 79356 Eichstetten Tel: 07663/3211	Getreide, Brote, Molkereiprodukte, Säfte
Bioland ÖKOLOGISCHER LANDBAU	**Elisabeth & Werner Rinklin** Im Röthenbach 25 79356 Eichstetten Tel: 07663/3522	Imkereiprodukte
Bioland ÖKOLOGISCHER LANDBAU	**Rinklin** Hauptstr. 94 79356 Eichstetten Tel: 07663/99218	Wein
Bioland ÖKOLOGISCHER LANDBAU	**Weingut Klaus Vorgrimmle** St. Erentrudisstraße 63 79112 Freiburg-Munzingen Tel: 07664/2489	Wein
Bioland ÖKOLOGISCHER LANDBAU	**Gemüsebau am Klosterhof** Klosterweg 1 79194 Gundelfingen Tel. 0761/5899236	Getreide, Brote, Molkereiprodukte, Säfte
ECOVIN	**Klaus Vorgrimmler** Ehrentrudisstr.63 79112 Freiburg-Munzingen Tel: 07664/2489	Wein
ECOVIN	**Sonnenbrunnen** 79112 Freiburg-Opfingen Tel: 07664/59273	Wein
ECOVIN	**Weingut Isele** Kaibengasse 3 79235 Ihringen Tel: 07662/6347	Wein
ECOVIN	**Walter Schür** Bahnhofstr. 38 79235 Oberrotweil Tel: 07662/6916	Wein
ECOVIN	**Hofgut Consequence** Manfred+Eva Maria Schmid Talstr. 15 79235 Bischoffingen Tel: 07662/94087 www.germanwine.de	Wein

BIO-Produkte südlich des Kaiserstuhls

aus kontrolliert biologischem Anbau und artgemäßer Tierhaltung erhalten Sie bei folgenden Erzeugern:

demeter	**Gärtnerei Berg** Niederfeld 1 79589 Binzen Tel: (07621) 968310	**Schwerpunkt: Gemüse- und Salate-Abonnements** **DEMETER Lehr- und Schaugarten** April - Oktober
demeter ECOVIN	**Hofgut Sonnenschein** **Sonja und Markus Bürgin** Dorfstr. 33 79529 Fischingen Tel: (07628) 9879	Obst, Apfelsaft, Süß- und Sauerkirschen im Glas, Gutedel, Regent, Weißburgunder, Blauer Spätburgunder, Neuer Wein, Branntweine, Liköre
demeter	**Klosterhof A. Grether und K.Räuber-Grether** Mühlenstr. 4 79400 Kandern-Sitzenkirch Tel: (07626) 1467	Obst, Getreide, Brot, Milch und Milchprodukte, Fleisch und Wurst
demeter	**H. Vollmer + I. Goerz-Vollmer** Lippisbacher Hof 1 gegenüber Käsacker Post:79429 Malsburg-Marzell Tel: (07626) 7954	Getreide, Milch und Milchprodukte, Fleisch und Wurstwaren
demeter	**Gärtnerei Amaranth** Im Abbrich 1 79426 Buggingen Tel: (07631) 8646	Gemüse, Kartoffeln, Obst, Trauben, Saft
Bioland ÖKOLOGISCHER LANDBAU	**Christoph Krumm** Lettenweg 12 79689 Maulburg Tel: (07622) 9490	Getreide, Mehl, 5 Sorten Holzofenbrot, Dinkelbrot, Hefegebäck, Eier, Honig, Fleisch und Rindswurst, Obst, Gemüse, Saft
Bioland ÖKOLOGISCHER LANDBAU	**J. Hoch-Reinhard** **Aussiedlergärtnerei** 79592 Fischingen Tel: (07628) 941701	Freilandgemüse, Beeren, Obst, Kartoffeln, Saft, Brot, Eier, Beet- und Balkonpflanzen, Kräuter
ECOVIN	**J. und B. Krumm** Hauptstr. 6 79424 Auggen Tel: 07631 / 2556	Gutedel bis Grauburgunder Winzersekt Auch Hotel
demeter	**Hanebecks Hof** **Jürgen u. Anja Schmid** Schliengen – Obereggenen Tel: (07635) 8425	
demeter	**Gärtnerei Piluweri** Am Stockacker 79379 Müllheim-Hügelheim Tel: (07631) 5756	Gemüse, Salate, Kräuter, Erdbeeren, Kartoffeln Raritäten: z. Bsp. Pastinaken, Artischocken, Topinambur

BIO-Produkte südlich des Kaiserstuhls

aus kontrolliert biologischem Anbau und artgemäßer Tierhaltung erhalten Sie bei folgenden Erzeugern:

Bioland ÖKOLOGISCHER LANDBAU	**Gemüseanbau Riedlingen** Im Gässli 20 79400 Kandern Tel: (07626) 8454	Gemüse, Kartoffeln, Obst
Bioland ÖKOLOGISCHER LANDBAU	**Wolfgang Sprich Staudengärtnerei** Papierweg 20 79400 Kandern Tel: (07626) 6855	Kräuter, winterharte Stauden Versandhandel
Bioland ÖKOLOGISCHER LANDBAU	**Familie Sprich** Grosse Gass 36 79576 Weil-Haltingen Tel: (07621) 688030	Gemüse, Brot, Nudeln, Eier, Geflügel, Gutedel, Weißburgunder, Spätburgunder Rotwein Schnäpse und Liköre
ECOVIN	**Weingut Wendelin Brugger** Bachtelgasse 8 79295 Laufen Tel: (07634) 8957	Gutedel, Nobling, Muskateller, Gewürztraminer, Weiß-, Grau- und Spätburgunder, Winzersekt, Hefebrand,Trester, Kirsch
ECOVIN	**Weingut Günter Kaufmann** Basler Str. 46 79588 Efringen-Kirchen Tel: (07628) 2256 / 941356	Winzersekt, Pinot rosé, Nobling, Riesling, Grau- und Weißburgunder, Rotweine auch Barrique-Ausbau, neuer Wein
ECOVIN	**Harteneck** Brezelstr. 15 79418 Schliengen Tel: (07635) 8837	Verschiedene Rot- und Weißweine, Sekt, Obstbrände, Weinbrand, Traubenlikör, Traubenkernöl Rotweinessig
demeter ECOVIN	**Winzer- und Obsthof Brenneisen** Doretmatt 1 79295 Sulzburg / Laufen Tel: 07634 / 69188	Apfelsaft, Traubensaft, Tafeläpfel Rot- und Weisseine – Cuveé
ECOVIN	**Weingut Ruesch** Gebirgstr. 18 79426 Buggingen Te: 07631 / 4533	Gutedel, Johanniter, Weissherbst, Spätburgunder, Gewürztraminer Edelbrände, Sekt Getreide, Kartoffeln, Sojabohnen
ECOVIN	**Weingut Aenis** Hauptstr. 34 75900 Binzen Te: 07621 / 63915	Diverse Weinsorten Spargel

BIO-Produkte südlich des Kaiserstuhls

aus kontrolliert biologischem Anbau und artgemäßer Tierhaltung erhalten Sie bei folgenden Erzeugern:

Bioland ÖKOLOGISCHER LANDBAU	**Käserei Glöckner Hof** Kaltwasser 2 79244 Münstertal Tel: (07636) 518	Käse von Ziegen und Kühen, geräucherte Käsesorten
demeter	**Biol.-dynamischer Landbau** **Joachim Widmaier** **Marga Scheulin-Widmaier** Weingartenstr. 18 79426 Buggingen Tel: (07634) 35686	Getreide, Kartoffeln, Feldgemüse, Ackerfutterbau
ECOVIN	**Weingut Köpfer** Dorfstr. 22 79219 Staufen-Grunern Tel: (07634) 8957	Gutedel, diverse Burgundersorten, weiß und rot, Chardonnay, Riesling, Selektionsweine Weinmuseum
ECOVIN	**Weingut** **Fritz und Nicole Lampp** Am Sulzbach 114 79423 Heitersheim Tel: (07634) 4272	Diverse regionaltypische weiße und rote Weinsorten, Spargel Straußenwirtschaft
ECOVIN	**Daniel Feuerstein** Hauptstr. 8 79423 Heitersheim Tel: (07634) 2289	diverse regionaltypische weiße und rote Weinsorten
ECOVIN	**Wilhelm Zähringer** Johanniterstr. 61 79423 Heitersheim Tel: (07634) 1025	diverse regionaltypische weiße und rote Weinsorten
ECOVIN	**Weingut Mißbach** Schönbergstr. 52 79258 Ebringen Te: 07664 / 6513	diverse regionaltypische weiße und rote Weinsorten
ECOVIN	**Weingut Matthias Seywald** Alfred-Löffler-Str. 12 79282 Ballrechtingen-Dottingen Te: 07634 / 8956	diverse regionaltypische weiße und rote Weinsorten, Sekt und Edelbrände

Index - alphabetisch

SAS	Sasbach
VO	Vogtsburg
BR	Breisach
EM	Emmendingen
KENZ	Kenzingen
END	Endingen

Der Markgräfler Kulturführer
für die Region

Haltingen bis Laufen

ist im April 2003 erschienen.
148 Seiten, Preis 6,00 €

Sie finden in diesem Kulturführer viele außergewöhnliche Adressen und Tipps. Dinge, die nicht jeder kennt, aber kennenlernen möchte.

Ein noch versteckter Familienzirkus, ein Demeter Lehr- und Schaugarten, Kabarettisten, viele Biobetriebe, ein privates Sommertheater unter einer lauschigen Kastanie, Kulturprogramme von engagierten Kulturinitiativen, eine prämierte Jugendjazzgruppe, einen Bodypainter, ein bemerkenswerter Lehmbaubetrieb, Bioläden, Künstler und Kunsthandwerker aus der Region und vieles mehr.

Im Buchhandel und auf den Verkehrsämtern erhältlich.

siehe auch: www.kv-artundweise.de

Der Markgräfler Kulturführer
für die Region

Lörrach, Weil am Rhein, Schopfheim, Riehen und Umgebung

ist im März 2004
erschienen.

224 Seiten, Preis 9,00 €

Sie finden in diesem Kulturhandbuch viele Kulturangebote, außergewöhnliche Adressen und Tipps. Dinge, die nicht jeder kennt, aber gerne kennenlernen möchte. Eine Offenbarung von Geheimtipps.

Biobetriebe - Kanutouren - Unikatbuchbinder - ausgefallene Galerien - Kulturangebote von der Klassik bis zur Clownerie - viele, viele Künstler und Ateliers - Kulturkneipen mit außergewöhnlichen Kulissen und Kulturprogrammen - ein römisches Restaurant für 10-gängige Gelage - Goethes *Faust* und Sturm *Lothar* vereinigt in einem Skulpturendrama - ein dezentrales Öko-Kaufhaus - einen einzigartigen Indianerladen - humorvolle, handgeschnitzte Spielorgeln - Ballettschulen renommierter Künstler - Bühnen, Museen und Bibliotheken in der Regio - Kulturinitiativen - alemannische Liedermacher - engagierte Organisationen - und vieles, vieles mehr.

KulturTour mit der Breisgau S-Bahn

Kumedi Theater im Kopfbahnhof Riegel

Leopoldskanal

nostalgische Bahnhöfe - hier Achkarren

Elz und Dreisam bei Riegel

... im Kaiserstuhl auch
Spitzen **BIO**-Weine

typische
Terrassenland-
schaft ►

rund um den Kaiserstuhl

Sternenweg: Kunst, die verbindet

Jakobschanze: Architektur und Kultur

Schnitzerei-
kunsthandwerk

Alberto Haus:
Fassaden zie-
hen an

Kunst- und Kunsthandwerkstage in Burkheim

Fast wie in der Champagne....▼

▼ Hecken, Weinkultur und Trockenrasen

Halt machen auf Gleis 1 in Hugstetten

historischer Marktplatz in Endingen

Skulpturenwege

Wer ist der Rosenzüchter?

Berufsfischer im Taubergießen ►